T0280049

José C. Vales

# Enseñar a hablar a un monstruo

José C. Vales

# Enseñar a hablar a un monstruo

Sobre el origen del lenguaje, de las lenguas y de la escritura

Obra editada en colaboración con Editorial Planeta – España


Bajo el sello editorial PLANETA M.R.
Avenida Presidente Masarik núm. 111,
Piso 2, Polanco V Sección, Miguel Hidalgo
C.P. 11560, Ciudad de México
www.planetadelibros.com.mx



Primera edición impresa en España: septiembre de 2022
ISBN: 978-84-233-6189-2

Primera edición en formato epub en México: noviembre de 2022
ISBN: 978-607-07-9463-6

Primera edición impresa en México: noviembre de 2022
ISBN: 978-607-07-9453-7



Impreso en los talleres de Litográfica Ingramex, S.A. de C.V.
Centeno núm. 162-1, colonia Granjas Esmeralda, Ciudad de México
Impreso en México –*Printed in Mexico*

Y el hombre le puso nombre a todos los ganados, a la multitud de aves del cielo y a todos los animales del campo.

Génesis 2, 20

La noticia de muchas lenguas se puede tener por gran felicidad en la tierra.

Sebastián de Covarrubias

# ÍNDICE

# *MARGINALIA*

## Nota del autor

Hace unos años, cuando la escritora y profesora Silvia Herreros de Tejada me pidió que torturara filológicamente a los alumnos de sus cursos de literatura, recordamos un pasaje poco citado de aquel breve (y fundamental) ensayo de Roman Jakobson en el que subrayaba que un erudito en literatura estaría completamente perdido si fuera indiferente a los problemas que plantea la lengua y no estuviera al corriente de los métodos lingüísticos actuales.

Aunque la docencia de los aspectos estéticos de la literatura suele ser más atractiva y amable, nos pareció que nuestros alumnos universitarios necesitaban, al menos, un cierto barniz lingüístico imprescindible. Desde luego, no entraríamos en las menudencias gramaticales que ya debían conocer si habían pasado por la escuela preparatoria, así que mi labor, en aquella ocasión, consistía en informar a los alumnos sobre tres o cuatro aspectos relevantes de la disciplina: algunas cuestiones concernientes a la historia de las lenguas y la sociolingüística, el léxico y la semántica, la pragmática, los registros y el *decorum*, algunos rudimentos de la retórica clásica relacionados con otros aspectos lingüísticos y, tal vez, algunas nociones de estilística.

Los alumnos, en general ajenos a todo cuanto pudiera llamarse filología, me miraban con ojos estupefactos, aterrorizados ante la posibilidad de que bajo el epígrafe de «Lingüística» se escondiera otra artimaña para volver a los complementos directos, los árboles sintácticos, las funciones del *se*, los morfemas, lexemas y monemas, y otros laberintos por los que habían pasado en su infancia y adolescencia sin que semejantes conceptos hubieran hecho mella en sus tiernos espíritus. Pero mi cometido, bien al contrario, era únicamente convencer a aquellos futuros guionistas, escritores o redactores de la necesidad de valorar en su justa medida los materiales que utilizamos para comunicarnos y ser conscientes de su significado y relevancia. (Debo confesar que, pese a mis promesas, los alumnos me miraban con desconfianza. Al parecer, albergaban la certeza de que, de un momento a otro, intentaría explicarles las peculiaridades de las oraciones condicionales —¡prótasis!, ¡apódosis!— o la supervivencia de los casos latinos en los pronombres.)

Pero la lengua es mucho más —muchísimo más— que concordancias, pronombres enclíticos, oraciones especificativas o pronombres relativos con antecedente explícito. En realidad, la lengua es un territorio asombroso, plagado de historias apasionantes, misterios y rincones, por el que puede transitarse con interés, gusto y placer. Como casi todo lo humano, la lengua se puede componer como un relato o, más bien, como una sucesión de relatos: una intrincada red de acontecimientos que ha dado lugar a las herramientas con las que ejecutamos los procesos de comunicación y, naturalmente, a la panoplia de consecuencias comunicativas que de ellos se derivan: desde los cantos eróticos bíblicos al *Ulises* de Joyce, desde la contabilidad babilonia a un sesudo artículo en *The New York Times*, desde los *cartuchos* egipcios al último *best seller* de supermercado y desde los cantares heroicos medievales a la poesía sentimental de las redes sociales, pasando —desde luego— por los textos de Cervantes o Tolstói, las canciones de Bob Dylan o Leonard Cohen y los guiones de Billy Wilder o Woody Allen; también son comunicación las inscripciones de propaganda política de Pompeya y los alardes de ingenio en las puertas de los servicios en los locales nocturnos actuales, así como los artículos de economía en los periódicos, los miles de novelas guardadas en los cajones y las agresiones de «Borja estuvo aquí, 1988» en los monumentos históricos.

La Era de la Información seguramente no lo es en absoluto; le cuadra más la denominación de Era de la Comunicación, porque nuestro mundo ha enloquecido con el deseo de comunicar, expresar y decirlo todo y a todas horas: el deseo de emplear la lengua oral y escrita (los fines parecen ser un asunto menor) ha hecho presa en las ansias humanas, e internet ha propiciado que nuestras áreas de Broca estén desatadas y como poseídas por el anhelo furioso de comunicar hasta la más mínima ocurrencia de nuestras sinapsis. De modo que, en este torbellino (un huracán, más bien) de comunicación enloquecida, quizá no esté de más curiosear en los comienzos y los avatares de semejante capacidad humana.

Mientras preparaba aquellas clases de lingüística, fui anotando —para mi uso particular— algunos asuntos que me parecían especialmente apasionantes —y relevantes, también— y a los que no suele concedérseles mucha atención, ni en las escuelas ni en las universidades. Pero a medida que (desde mi sillón) recorría la sabana africana con aquellos semihumanos que daban alaridos para comunicarse, o me adentraba en las cuevas para indagar en los extraños símbolos de tinte ocre, o me llenaba los zapatos de polvo babilonio junto a los antiquísimos zigurats, o me enlodaba en un pantanal de lenguas que tal vez ni siquiera existieron, empecé a sospechar que en mis apuntes marginales podía encontrarse muy bien una parte de la verdadera sustancia de la especialidad que llamamos «lingüística», esto es: el estudio de los orígenes, la evolución, el desarrollo, la estructura y el funcionamiento de las lenguas. Me pareció útil recopilar esos fragmentos y añadir algunos otros «relatos» que pudieran conformar un panorama amable e instructivo de la lingüística histórica y de la historia de la lingüística (asuntos muy diferentes, como fácilmente puede comprenderse).

Tal es el origen de este muestrario de notas sobre el nacimiento del lenguaje, la formación de las lenguas y los primeros alfabetos. Muchos de estos textos son, en realidad, escolios o comentarios a propósito de conceptos que damos por sentados y que, sin embargo, tal vez merecerían más discusión y debate. En todo caso, sería un error abordar la lectura de este libro como quien acude a un manual universitario o a un ensayo convencional. En esta colección de observaciones y apuntes lingüísticos, a menudo se ha preferido recorrer caminos secundarios, donde nos encontraremos con ensayistas olvidados, eruditos extravagantes, teóricos perdidos, opiniones discutibles y lenguas moribundas. En los gabinetes de curiosidades, como en los enciclopedistas antiguos de maravillas y asombros y en los autores ingeniosos y discretos, con frecuencia se encuentran luces nuevas que iluminan los conocimientos tradicionales. Confío en que san Isidoro, Pedro Mexía, Nebrija o el padre Feijoo, entre otros muchos invitados, hagan aportaciones nuevas y radiantes que alumbren las propuestas conocidas de los neurocientíficos y filólogos habituales.

Y si los profesores, los especialistas en la materia y quienes dedican todos sus esfuerzos a las tareas literarias difícilmente encontrarán aquí más que un divertimento, tal vez los estudiantes y los aficionados a los vericuetos de la historia de las lenguas descubran alguna hebra nueva y peculiar de la que jalar. Si algo pueden sacar en claro los jóvenes que se acerquen a estos escolios, será que deben tratar con consideración y respeto un mecanismo (el lenguaje) que con seguridad ha sido imprescindible en la constitución de la civilización humana.

No hay, me parece, objeto más digno de ser tratado que el lenguaje, porque fue el lenguaje el que hizo al hombre y está, como decía Charles Bally, al servicio de la vida.

Se terminó de componer este libro, precisamente, en una época en la que la vida se tambaleaba en el mundo. Sirvió también para que el autor pudiera tener un asidero en medio de las desdichas de aquellos días.

Debo agradecer aquí el ánimo y el apoyo de muchísimos amigos que en distinto grado, pero con la misma cordialidad, impulsaron la redacción de estas páginas. Al nombre de la profesora Silvia Herreros de Tejada, citada al comienzo de este preámbulo y que siempre estuvo convencida de la utilidad de este libro, debo añadir los de Olga García Arrabal, Berta Noy, Sonia Antón y Elsa Veiga, cuyas opiniones y consideraciones editoriales, literarias y librescas tengo siempre muy en cuenta. En el mismo sentido, agradezco sobremanera las advertencias y apuntes de Miguel Munárriz, que me llevaron a textos que había descuidado o que había pasado por alto. Y no quiero olvidar a Lola Martín, de Turner, que me proporcionó algunos libros muy necesarios para completar el trabajo.

Tengo que agradecer especialmente aquí las sabias

apreciaciones de Luis Magrinyà, cuyas aportaciones he procurado incorporar al texto. Solicitar la opinión de Luis fue un atrevimiento y contar con su generosidad, sin duda, un lujo.

Finalmente, será imprescindible recordar que esta colección de apuntes lingüísticos se completó gracias al empeño y el aliento de Palmira Márquez, a la que debo más de lo que es discreto expresar aquí. Lo sepa o no, su desinteresada amistad ha hecho por estas páginas tanto como su elegante e inteligente profesionalidad.

Este libro está dedicado a Bel.

# PRELIMINARES CON MARILYN

*«I'm feeling much better, thank you.»*

El día 11 de julio de 1961 los periodistas y una multitud de curiosos se agolpaban a la entrada del Hospital Policlínico de Nueva York. Se decía que, con toda seguridad, Marilyn Monroe abandonaría la institución en la que había estado ingresada unos días y donde se había sometido —al parecer— a una operación en la que le habían extirpado la vesícula biliar. Hay varias grabaciones y abundante material fotográfico y cinematográfico de la escena, porque Marilyn Monroe era una gran estrella de Hollywood y, aunque nunca ganó un Oscar, ya había protagonizado algunas de las mejores comedias de la historia del cine, como *Los caballeros las prefieren rubias*, *Cómo atrapar a un millonario*, *La comezón del séptimo año* o *El príncipe y la corista*.

En una de las filmaciones, la actriz, rodeada de policías, amigos y otros intrusos, zarandeada insensiblemente por curiosos y periodistas, intenta acceder a un taxi o a un vehículo privado. En un momento dado, Marilyn se voltea y, aunque la filmación no tiene muy buen sonido, se le oye decir: *«I'm feeling much better, thank you»* («Estoy mucho mejor, gracias», o, si se prefiere, «Me encuentro mucho mejor, gracias»). La estrella sonríe amablemente, con un gesto un poco cansado, y se mete en el coche.

Es evidente que alguien le preguntó cómo se encontraba o qué tal estaba, porque la actriz se volteó intencionadamente y contestó con elegancia y educación. No parece que haya nada especial en esa filmación, más allá de la importancia del personaje y del interés que el episodio podría tener para los millones de fans de MM. Sin embargo, un filólogo atento a las extraordinarias complejidades de la comunicación humana no dejaría pasar determinados aspectos que seguramente consideraría relevantes.

En primer lugar, tendría en cuenta la CNV (comunicación no verbal) y se detendría en un aspecto esencial: que, a pesar de las difíciles circunstancias, la actriz se voltea, despliega una sonrisa hollywoodense y lanza un mensaje paralingüístico muy claro —aunque no del todo logrado—. Marilyn dice con su sonrisa y su gesto que se encuentra bien, aunque el cansancio de su cuerpo y su rostro parezcan desmentirlo. Además, como respuesta lingüística a una andanada de preguntas procedentes de varios frentes, el cerebro de la actriz pone en marcha un proceso asombroso y, en cuestión de décimas de segundo, organiza los pulmones, la tráquea, la epiglotis, las cuerdas vocales, la cavidad bucal, en coordinación con el paladar, la lengua, los dientes, los labios y las fosas nasales, para emitir unos sonidos concretos:

/aɪm fiːlɪŋ mʌʧ bɛtə · θæŋk juː/

Durante los tres segundos escasos que dura esta *acción lingüística*, además, el cerebro ha tenido que enviar los mensajes correspondientes al rostro y a las decenas de músculos que lo integran, incluidos los complejísimos músculos oculares, para ejecutar correctamente el mensaje y, asimismo, seguir enviando mensajes no verbales de confianza, ánimo y alegría (sin mucho éxito).

La sucesión de sonidos vocálicos (¡hasta ocho distintos!) y consonánticos, incluidos dos nasales bastante difíciles, un raro interdental (la lengua entre los dientes debe permitir pasar una cantidad de aire muy precisa para ejecutar la complejísima /θ/ de *thank*) y un velar casi inmediato cuyo punto de articulación está en el fondo de la garganta, /k/, suponen un verdadero milagro de producción sonora: más de veinte sonidos consecutivos, con tres o cuatro pausas infinitesimales, son la representación de una idea, codificada y descodificable.

La emisión del mensaje se realiza en una lengua concreta, un sistema fonético, gramatical y léxico elaborado durante siglos y fijado aproximadamente en los dos últimos, pero con una larga historia que se remonta a invasiones celtas y vikingas, ocupaciones francesas, obligaciones latinas y dispersiones mundiales. Aunque es la lengua que históricamente utilizaron los británicos, la que emplea nuestra recordada Lorelei Lee de *Los caballeros las prefieren rubias* es más bien un *dialecto*, bastante relajado tanto en la fonética como en la gramática. La organización del mensaje, no obstante, se ajusta a los criterios gramaticales tradicionales de esa lengua, muy importante en el concierto mundial: la hablan unos 1 500 millones de personas, aunque habría otros 6 300 millones de personas en el mundo que desgraciadamente no habrían podido saber si la *sex symbol* estadounidense se encontraba bien o mal tras la operación de vesícula.

El acto lingüístico no comenzó en realidad cuando Marilyn Monroe se dio media vuelta para contestar: previamente, su área de Wernicke (situada en el lóbulo temporal postero-inferior, junto al área auditiva de Heschl) tuvo que descodificar un grupo de sonidos que oyó a su alrededor; necesariamente, esos sonidos componían también un mensaje cifrado en el código que ambos entendían y que llamamos lengua inglesa. Si el periodista le hubiera dicho *«Hvernig hefurðu það?»* o *«Zelan zaude?»*, seguramente la actriz ni siquiera habría prestado atención. Compartir un código les vino muy bien a ambos, porque Marilyn Monroe pudo saber qué era lo que preguntaba el periodista y el periodista pudo averiguar lo que deseaba.

El mensaje, codificado en unas fórmulas específicas y convencionales —fonéticas y gramaticales—, quedó registrado además para la posteridad: no solo lo entendieron el periodista y quienes se encontraban en la puerta del Policlínico neoyorquino aquel día de julio, sino que lo pudieron entender también millones de personas cuando la cinta se proyectó en los cines y se emitió por televisión. Y luego, con las sucesivas reemisiones, lo han visto y entendido millones de personas más y lo verán muchos millones más a lo largo de la historia. Con la traducción que se ha hecho aquí (en otro idioma, con un código diferente y unas convenciones bien distintas a las de la lengua inglesa), otras decenas de personas sabrán también que Marilyn se encontraba mucho mejor, gracias, al salir del hospital.

Por muy asombroso que pueda parecer el acto comunicativo —un verdadero milagro de la evolución—, la lingüística encierra maravillas aún mayores: el lenguaje es, sobre todo, un producto de nuestro cerebro, y el cerebro lleva milenios entrenando esta capacidad fabulosa para comunicar lo que piensa.

Por eso, a la extraordinaria complejidad del hecho comunicativo hay que añadir la extraordinaria complejidad del pensamiento humano. Curiosamente, el enunciado de Marilyn Monroe era fonética y gramaticalmente impecable.

Pero falso.

# I

# ALARIDOS GRAMATICALES

## Notas sobre el origen del lenguaje

I

# EL MISTERIOSO CASO DEL ORIGEN DEL LENGUAJE

El origen de las lenguas siempre ha estado entre los principales intereses de los intelectuales y eruditos de todos los tiempos. Los propios autores de los libros sagrados intentaron dar con una explicación a la asombrosa diversidad de lenguas y a la estrafalaria combinación de ideas, respiración, sonidos, audición y comprensión que se derivaba de las realizaciones del habla. Desde los historiadores griegos —como veremos— a las últimas ocurrencias más o menos científicas, el ser humano ha sentido la ineludible necesidad de explicar el fenómeno del lenguaje, tan alejado de la animalidad —al parecer— y tan cercano a la divinidad que se hizo verbo.

En la actualidad, muchos científicos del campo de la psicología cognitiva afirman que el surgimiento del lenguaje es probablemente «el problema científico más atractivo y difícil que puede plantearse» en la disciplina lingüística. Y no falta quien diga que el origen del lenguaje es «el misterio fundamental de la lingüística».[1]

Pero a este interés actual se ha llegado después de que la filología, y la lingüística en particular, decidiera desvincularse por completo del problema. A mediados del siglo XIX, hubo sociedades científicas que literalmente *prohibieron* que se enviaran comunicaciones o ensayos sobre el origen de las lenguas. Y la razón fundamental no se encontraba en la cantidad de ocurrencias e invenciones que se proponían, sino en la convicción de que era imposible llegar a tener un conocimiento científicamente comprobado sobre un tema tan turbio. Así que durante más de un siglo —hasta mediado el XX— la lingüística y la filología se ocuparon de las estructuras generales y gramaticales, de la sintaxis y la morfología, de la semántica y el léxico, de la fonética y la fonología, de las relaciones con la poética, etcétera, pero no del origen del lenguaje.

En general, unos párrafos bastaban para solventar la cuestión, señalando una fecha indefinida para el comienzo de la comunicación hablada (hace un millón de años, o cien mil o treinta mil, dependiendo de los autores), y se esclarecía enseguida el misterio presentándonos a seres humanos conversando amigablemente sobre la jefatura de la tribu, el Sol divino, la caza del mamut o las propiedades ponzoñosas de tal o cual planta. Es decir, se presentaba el origen del lenguaje como un suceso repentino, casi como un milagro.

Noam Chomsky, uno de los grandes lingüistas de nuestro tiempo, propuso una idea (conocida hoy como «teoría de la discontinuidad») para explicar el paso de una sociedad humana sin lenguaje a una sociedad humana con lenguaje. La teoría de la discontinuidad, en resumen, sugiere que hace unos cien mil años se produjo una mutación genética que propició de manera instantánea —y asombrosamente— la facultad lingüística.[2] La teoría se denomina a veces «catastrofista», porque se atiene a la terminología matemática, según la cual una mínima alteración en los parámetros de un sistema dinámico provoca un cambio brusco y definitivo: en este caso, una leve mutación habría propiciado el prodigioso nacimiento del lenguaje.

Para la mayoría de los especialistas, sin embargo, la hipótesis de la mutación genética repentina es tan inverosímil como la historia de Osiris descendiendo sobre las aguas del Nilo y entregándoles a los humildes egipcios el recetario de la cerveza. Aunque Chomsky estuviera en lo cierto, dicen sus detractores, el proceso de adquisición del lenguaje se explicaría mejor desde la evolución y la continuidad (esto es, desde un desarrollo progresivo), y así lo admiten hoy la mayoría de los especialistas. Una mutación genética no convierte a un simio en un hombre ni a un león en un gato: solo un proceso de innumerables y microscópicas mutaciones (y adaptaciones) puede ir conformando nuevas habilidades, nuevas capacidades y, en fin, nuevos seres. Así pues, debió de haber habilidades prelingüísticas (aunque plenamente comunicativas), antes de que los hombres tuvieran a su disposición una estructura de lengua.

Hay que admitir que, con todo, Chomsky no parece haber estado muy interesado en el debate y que han sido sus seguidores quienes han desarrollado lo que muchas veces no fueron más que comentarios ocasionales. El ideólogo de la GU (gramática universal) no descartaba que hubiera existido alguna ventaja evolutiva en la aparición del lenguaje, pero afirmaba que los orígenes fueron seguramente «accidentales». De todos modos, para Chomsky *el misterioso caso del origen del lenguaje* era un asunto que debían resolver los biólogos o los naturalistas. Las críticas a su idea de la mutación genética repentina y accidental acabaron siendo furibundas, porque despreciaba la evolución como un elemento fundamental, un desprecio que acercaba su postura —desdeñosa y simplista— al creacionismo y al milagro divino.

Otra «estrella» de la psicolingüística, Steven Pinker, consideró en su momento que el lenguaje era una facultad intrínsecamente humana y que, por lo tanto, bastó el tiempo y la ocasión para que se desarrollara: fue, en definitiva, una adaptación biológica propia de la selección natural.[3] Pinker, que de todos modos partía de conceptos chomskianos, pensaba que no había ninguna razón por la que las ciencias interdisciplinares no pudieran abordar el estudio de la evolución del lenguaje. La pereza metodológica que afirmaba que tal problema no era asunto de la lingüística quedaba así definitivamente apartada.

Una de las ideas centrales de las propuestas iniciales de Steven Pinker y su discípulo Paul Bloom fue que la humanidad siempre ha tenido lenguaje. «No han existido criaturas que pudiéramos considerar efectivamente humanas, no han existido sociedades organizadas de personas que cazaran, recolectaran y cuidaran de sus hijos [...] sin lenguaje.»[4] Pinker y Bloom también recordaron que todas las lenguas eran igual de complejas y servían, todas, a una misma función: la comunicación. Por tanto, el lenguaje había nacido como respuesta a una necesidad y, creándose la necesidad, se desarrolló el órgano, como decían los alumnos en clase de biología. El órgano de la comunicación es el lenguaje. «No había ninguna razón para que el lenguaje no hubiera evolucionado paso a paso, como tantos otros productos de la evolución.»[5] En definitiva, la propuesta de Pinker y Bloom era que todos los elementos que integran el lenguaje (morfosintaxis, entonación, léxico o poética) evolucionaron y se refinaron con la misma precisión que cualquier otro órgano, impulsados por la supervivencia y la reproducción. (Actualmente se cree que el cerebro y el lenguaje establecieron una relación simbiótica, de tal modo que el lenguaje aceleró los procesos cognitivos cerebrales y el cerebro proporcionó más herramientas al lenguaje.)

Estas dos teorías de índole psicolingüística atañen a

las operaciones y relaciones entre los procesos cognitivos y los procesos comunicativos. Pero quizá Chomsky tenía razón cuando apuntaba que tal vez habría que empezar por la biología. Y ¿qué pueden ofrecernos la historia y las ciencias naturales sobre ese momento glorioso en el que un ser parecido a nosotros le explicó a otro, con algo más que gruñidos, que había un león a la orilla del río o que un mamut pastaba en la pradera? O, en otras palabras: ¿de qué hablaban los cazadores recolectores de la tundra siberiana o de la sabana africana (si es que hablaban de algo)?

Desde luego, dicen los expertos,[6] aquellos seres primitivos (anteriores incluso a los neandertales) tuvieron que comunicarse en alguna especie de lengua. Pero eso no es mucho decir: hay infinidad de animales que tienen lenguajes con los que se comunican; a veces dichos lenguajes se reducen a movimientos (una especie de lenguaje corporal, podría decirse), pero en ocasiones son lenguajes orales. Los delfines, los babuinos, los pájaros y algunos roedores se comunican con otros miembros de su especie (incluso con miembros de otras especies) con gritos, chasquidos, aullidos o silbidos, generalmente para advertir de un peligro o de la presencia de un depredador, pero también para localizarse o con el fin de procrear. En fin: para desarrollar un lenguaje oral basta con tener lo que se denomina «aparato fonador», que consiste básicamente en unos pulmones que expulsen el aire y una serie de obstáculos que modifiquen ese impulso para convertirlo en sonidos distintos y repetibles. Pero, desde luego, eso no va mucho más allá de lo que hacen el viento en la chimenea o las olas en los sopladeros costeros. Es evidente que ese no es nuestro lenguaje: nuestro lenguaje tiene ciertas características especiales.

Claro que es importante saber cuándo empezaron los

homínidos a señalar los árboles, o los depredadores, o los ríos, o las piedras. Pero resulta aún más interesante entender que en un momento dado se cruzó el «umbral» lingüístico en el que se comenzaron a nombrar entidades abstractas. Probablemente el giro esencial tuvo lugar cuando un grupo de homínidos comenzó a hablar del pasado y del futuro. Los animales (y los niños hasta los cinco o seis años) viven en un eterno presente (lo cual no significa que no tengan memoria y perspectivas). Además, la mutación de la que hablaba Chomsky o la evolución cognitiva de Pinker habrían permitido hablar de *posibilidades*, de objetos, seres o situaciones que no eran reales o que no estaban presentes, e incluso de seres que solo existen en nuestra imaginación, como los dioses o la mala suerte o la confianza. No sabemos si algunos animales son capaces de pensar así (sospechamos que algunos mamíferos sí pueden), pero no son capaces de comunicarlo.

Este modelo de comunicación se denomina «simbólico». Los especialistas no son muy concretos ni precisos al respecto: «Hace sesenta mil o cuarenta mil años ocurrió de pronto algún fenómeno de índole desconocida en la organización del cerebro humano o en la estructura de la laringe y la lengua que favoreció el pleno desarrollo de la facultad de hablar».[7] El profesor Jared Diamond denomina este proceso Gran Salto Adelante (*Big Leap Forward*). Los defensores de esta teoría aseguran que hace unos cincuenta mil años se produjo un clic repentino en nuestro cerebro, de donde surgieron los grandes avances del Neolítico, apoyados en una sorprendente y reveladora capacidad cognitiva. Estas teorías de saltos repentinos y mutaciones milagrosas, como hemos visto, hacen torcer el gesto a Christian David o Steven Pinker, para quienes buena parte de los miembros del género

*Homo* tuvo que hablar una o varias «lenguas primigenias» en África cuyo lentísimo desarrollo habría durado decenas de miles de años, y que solo *parecen* surgir repentinamente en Europa cuando se consolidaron las grandes migraciones africanas y asiáticas de hace unos cincuenta mil años.

Si tuviéramos que avanzar alguna idea sobre cómo serían aquellas «lenguas primigenias» (llamadas protosapiens, protohumanas o protomundo), seguramente optaríamos por hablar de gruñidos, alaridos, gritos, chillidos u otras formas más o menos simples de comunicar las nociones esenciales de la vida salvaje, como «atención», «peligro», «hambre», «ira», «dolor», «inquietud», «miedo» o «sumisión». Pero es difícil concebir esos alaridos como un lenguaje, especialmente si concretamos la definición de lenguaje como la facultad de comunicar algo «mediante signos vocales convencionales».[8]

2

# BOW-WOW, POOH-POOH Y YO-HE-HO

El joven Friedrich Max Müller (1823-1900), que había nacido en el seno de una familia de poetas y artistas, decidió abandonar los encantos de las musas para dedicarse a las arduas labores de la filología. Envenenado con los enigmas de la lengua y el pensamiento, se adentró en el estudio de las civilizaciones más antiguas. Del latín pasó al griego, y de aquí al árabe, al persa, al sánscrito y a las lenguas del Indo. Max Müller es famoso, sobre todo, por ser el editor de la monumental colección de textos sagrados de la India (*Sacred Books of the East*), muchos de ellos traducidos por él mismo, y que publicó en la editorial universitaria de Oxford entre 1879 y 1894.

En diversos lugares, pero sobre todo en una conferencia sobre el origen del lenguaje,[1] en 1861, Müller admitió que «está muy claro que no hay ningún modo de resolver el origen del lenguaje *desde el punto de vista histórico*, ni de explicar lo que ocurrió en el momento y el lugar concretos donde se produjo».

Y añade:

> La historia no comienza hasta mucho después de que el hombre haya adquirido la facultad del lenguaje, e incluso las tradiciones más antiguas guardan silencio sobre cómo el hombre llegó a estar en posesión de sus primeros

> pensamientos y palabras. Nada, sin duda, sería más interesante que conocer, por documentos históricos, el proceso exacto por el cual el primer hombre comenzó a balbucear sus primeras palabras: así podríamos librarnos de una vez de todas esas teorías sobre el origen del lenguaje.

Müller, en todo caso, negaba un único principio radical en la adquisición del lenguaje y asimilaba esta posición al antropocentrismo que propone un origen divino para todo lo que no somos capaces de explicar desde el punto de vista científico. Y, después de exponer que la facultad del lenguaje es intrínsecamente humana, sentenciaba que el lenguaje es «nuestro Rubicón» y ningún animal se ha atrevido a cruzarlo. Pero, sobre todo, el lenguaje es un *indicio externo* de nuestra superioridad intelectual sobre el resto de los animales. No afirmamos nuestra superioridad sobre los animales por saber hablar, sino por las facultades que nos permiten hablar.

Müller es famosísimo, además, por exponer algunas teorías extraordinarias sobre el origen del lenguaje.

Para resolver el enigma, Müller resumió varias ideas tradicionales que, para abreviar, concretó en dos y las denominó «teoría Bow-wow» y «teoría Pooh-pooh». «De acuerdo con la primera [el origen del lenguaje radicaría] en la imitación de los sonidos, y de acuerdo con la segunda, en las interjecciones involuntarias.» Dice Müller que la teoría Bow-wow tuvo muchos seguidores entre los pensadores y filósofos del siglo XVIII y, un tanto burlón, se apresura a explicarla:

> Se supone, entonces, que el hombre, aun siendo mudo todavía, oía las *voces* de los pájaros, de los perros, de las vacas, el trueno en las nubes, el bramido del mar, los rumores del bosque, los murmullos del arroyo y los susurros de

la brisa. Intentaba imitar esos sonidos y encontró algunos gritos imitativos que le resultaron útiles como signos que representarían los objetos de los que procedían.

Müller atribuye esta teoría (la teoría onomatopéyica) al filósofo romántico Johann Gottfried Herder, cuya explicación sentimental de por qué llamamos «cordero» al cordero es ciertamente peregrina. (Ah, el animalito blanco, suave y lanudo que bala y hace *laaamm*: *lamm* es 'cordero' en alemán.) Por supuesto, dice nuestro filólogo, todas las lenguas tienen nombres procedentes de la imitación de los sonidos naturales, pero constituyen un conjunto menor en nuestros diccionarios.

Aunque, claro, siempre se puede mantener alguna conversación —si bien bastante limitada— con estos recursos. En este sentido, el maestro y filólogo Frederic W. Farrar contaba en su libro sobre el origen del lenguaje que un viajero inglés que recorría China, queriendo saber qué animal era el que le habían servido en el plato, preguntó: «¿Cuac, cuac?», a lo que el cocinero contestó: «Guau, guau».[2] Recuérdese que en muchas ocasiones a los niños más pequeños, delante de un perro, primero se le dice que es «un guau-guau», hasta que finalmente el niño es capaz de asimilar que la palabra «perro» designa a ese animal... aunque entre la palabra y el objeto designado no haya ninguna relación evidente.

Los hispanohablantes llamamos «cuco» a un pájaro que emite, aproximadamente, un canto semejante a la palabra que lo designa. El nombre de esta ave es onomatopéyico: procede del latín tardío *cucus* y este del griego κόκκυξ (*kókkyx*); probablemente el sánscrito *kokila* esté en el origen de la palabra. Pero, por otro lado, tenemos *golondrina*, *gallina*, *avestruz*, *gorrión* o *buitre*, cuyos nombres no guardan ninguna relación (aparente o actual) ni con los cantos ni con los graznidos de esas aves.

A veces los filólogos hacen todo lo posible para que haya algo onomatopéyico en nuestras palabras, pero en ocasiones ni siquiera eso es posible: da la impresión de que una gran cantidad de palabras se apartó muy pronto de aquello que designaban. Ni en *gato*, ni en *chat* (francés), *cat* o *kitten* (inglés), ni en *kater* (alemán), ni en *cattus* (latín tardío) ni en *mârjâra* (sánscrito) parece haber nada que nos recuerde el *miau* español, el *mew* inglés, o el *nyan nyan* japonés.

La segunda teoría se denomina interjeccional o, en la broma de Müller, la «teoría Pooh-pooh». Según esta hipótesis, las primeras lenguas nacieron a partir de las emociones humanas (dolor, temor, alegría, y sus derivados: llanto, risa, temblor, etcétera).[3] El filólogo John Horne Tooke (1736-1812) lo explicaba así: «El reino del lenguaje se levanta sobre las ruinas de las interjecciones».[4] Pero no parece existir mucha relación entre la interjección *ja ja* o «*ha ha*» y las palabras *risa* o *reír*, aunque sí con *carcajear*, por ejemplo. La relación aún parece más débil respecto a *laugh* (inglés), *lache* (alemán), el danés *grine* o *barre* (euskera). Admite Müller que desde luego las interjecciones pudieron tener algún papel en los orígenes del lenguaje, pero eso no significa que las lenguas tengan ahí su origen. *Arrear* (de ¡*arre*!), *aupar* (de ¡*aúpa*!) o *jalear* (de ¡*hala*!) son verbos compuestos a partir de interjecciones, pero el número de ejemplos es escasísimo.

Una tercera hipótesis, que Müller denominaba humorísticamente la «teoría Ding-dong», sugiere fórmulas más afinadas que la pura relación onomatopéyica o interjeccional. En este caso, y apelando a los trabajos filológicos sobre las raíces más antiguas, los estudiosos podrían descubrir sutiles remembranzas fónicas con las que los antiguos hombres designaron el mundo en que vivían. Nuestro filólogo se basa en teorías contrapuestas (o quizá complementarias) de Adam Smith y Leibniz. Cuando se formó la palabra *river* ('río') por vez primera, nos dice Müller, sin duda estaban reproduciéndose memorias y recuerdos de la antiquísima raíz *ru-* o *sru-*, que significa 'correr', 'discurrir'. La voz inglesa procede del inglés medio *rivere*, que a su vez es la evolución de un supuesto **rīpāria* (latín vulgar), femenino de *rīpārius*, que dio en castellano *ribera*. El *río* español deriva de *rivus* (arroyo). En rumano es *râu*, en croata *rijeka* y en búlgaro *река* /reka/, pero hay lenguas que tomaron como base la antigua raíz indoeuropea **bhleu-* (**blaut-*, **bhleugw-*, 'rebosar', 'fluir'), de donde el latino *flumen*, el alemán *fluss*, el italiano *fiume* o el inglés *flow*. Naturalmente, esos recuerdos fonéticos apenas si pueden encontrarse en algunos términos que remitan a elementos básicos muy antiguos. Por ejemplo, del indoeuropeo *genə-*, que significaba 'nacer', tenemos el latino *gens* y derivados como *gender*, *génesis*, *genial*, *congénito* o *genitivo*.

«Hay un pensamiento, una idea, un recuerdo petrificado en el lenguaje», dice con ensoñación romántica nuestro guía Müller. Y propone que examinemos la palabra más antigua que tenemos para *nombre*. Se trata de la voz del sánscrito *nâman*. (La suposición indoeuropea es **nŏ-men*.) En latín es *nomen* y **namōn* en germánico. Las distintas variantes de las lenguas modernas europeas (*nombre*, *name*, *nom*, *nome*, *nom*, *nanf*, *navn*, *ainm*, etcétera) proceden todas de esa raíz primigenia.

Nombrar es clasificar, es ordenar, es categorizar; eso es lo que hace nuestro cerebro cuando nombramos: conceptualizamos el mundo que tenemos a nuestro alrededor. A los estudiantes se les explica en clase una estructura que denominamos el «triángulo semiótico».

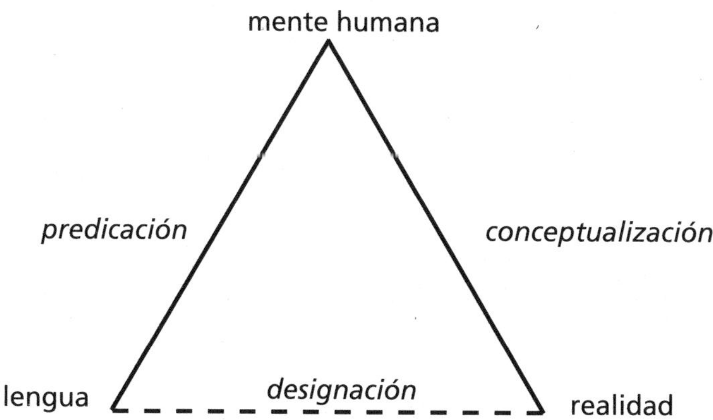


Esto significa, en esencia, que el cerebro humano, por el proceso denominado predicación, nombra el mundo, y con el lenguaje designamos la realidad; pero nuestro cerebro, a la vez que nombra, conceptualiza (ordena, clasifica y cataloga) el mundo nombrado por las palabras. La gran aportación de la filología en este punto es de carácter cognitivo: los nombres no designan tanto objetos como conceptos (la categorización) derivados de ideas generales.

Según Müller, podemos acudir a cualquier palabra y descubriremos que, allí, al fondo, en lo más recóndito de la historia de las lenguas late aquella primera voz-idea con la que se nombró el objeto. La palabra «animal» deriva de la voz latina *anima* (de donde también, *alma*); pero *anima* hace referencia a respirar, a vivir, y su raíz indoeuropea es **anə-*, que significaba 'respirar'. De aquí proceden *animal*, *animismo*, *animosidad*, *ecuanimidad*, *pusilánime*... y, desde luego, la voz de procedencia griega *anemómetro* (ἄνεμος, *anemos*), el aparato que sirve para medir el viento: la respiración del mundo.[5]

Y bien, ¿cómo se nombraba a sí mismo el hombre? ¿Qué concepto tenía de sí? (Bueno, para empezar y enlazar con lo inmediatamente anterior, convendrá recordar que durante muchos siglos se hablaba de «almas» cuando se pretendía contar personas, y los diccionarios actuales aún recogen este uso.) En principio, *hombre* y *homme* (fr.), *uomo* (it.) y *home* (cat.), *om* (rum.) y *homem* (port.), derivan del latín *homo*, cuya raíz indoeuropea (*[*dh*]*ghom-on-*) es la misma [¿?] que *humus* ('tierra') y *humilis* ('humilde'). *Homo*, por lo tanto, expresaría la idea de un ser hecho con el barro de la tierra, dice Müller con aire piadoso. El sánscrito también utilizaba la voz *marta* ('el que muere') para designar al hombre: del indoeuropeo **mer-*, hacer daño, herir. Y es interesante una precisión antropológica del autor: que los antiguos poetas difícilmente podrían llamarse mortales si no creyeran que hay algo que es inmortal.

Pero incluso esas antiquísimas raíces indoeuropeas y sánscritas parecen muy evolucionadas. Y no es fácil dar una explicación ajustada al hecho de que *nâman* signifique 'nombre' o *genə-* signifique 'nacer'.

En este catálogo de recursos filológicos imaginativos hay que citar al profesor escocés Alexander Murray (1775-1813), que en su *History of the European Languages*[6] se atrevió a decir que solo habían existido nueve raíces primitivas: *ag*, *bag*, *dwag*, *cwag*, *lag*, *mag*, *nag*, *rag*, *swag*.

1. Golpear o mover con rapidez con el fin de penetrar con algo afilado se decía *ag! ag!*
   Si el movimiento era menos repentino, pero causaba el mismo efecto, se decía *wag*.
   Si se hacía con mucha fuerza y con gran esfuerzo, *hwag*.

Se trata de variantes de una sola palabra, que también sirven para designar el movimiento del agua, el fuego, el viento y las flechas.

2. Golpear con violencia y fuerza, *bag* o *bwag*; *fag* y *pag* serían variantes de estas formas.
3. Ejecutar un golpe violento y fuerte, *dwag*, de donde nacen las variantes *thwag* y *twag*.
4. Mover o golpear con un balanceo o con impulso, *gwag* o *cwag*.
5. Golpear con flexibilidad, *lag* o *hlag*.
6. Presionar con fuerza o impulso para apretar, magullar o aplastar, *mag*.
7. Golpear y destrozar de un modo aplastante, *nag* y *hnag*.
8. Golpear de un modo violento, penetrante y destructivo, *rag* o *hrag*.
9. Empujar con fuerza, *swag*.[7]

Y añade: «Estas nueve palabras son los cimientos del lenguaje, sobre los que se ha levantado el edificio más útil y maravilloso que haya podido erigir el ingenio humano». Murray consigue que todas las lenguas antiguas nazcan de estas voces; propuso algunas variantes para su lista y señaló, además, que probablemente habían surgido como interjecciones (¿o gruñidos?) que en un momento posterior habían evolucionado hasta desarrollar casos, géneros, personas, modos, verbos, adverbios, preposiciones... Pero Murray no tuvo mucho éxito con su teoría de los nueve gruñidos primitivos: lo habitual es que los filólogos del siglo XIX pensaran que hubo una «explosión» de voces que se fueron puliendo, eliminando, concentrando, de acuerdo con la «selección natural» que había puesto de moda el señor Darwin.

Aún habría que citar otra teoría curiosa: se trata de

una propuesta que se formula como una hipótesis de carácter social y sugiere que muchos términos de nuestras lenguas derivarían del trabajo en común, del esfuerzo, del ritmo, de la organización (de ahí que se llame *«the Yo-he-ho Theory»*). Esta teoría alude a los cánticos festivos, las canciones de labor, las rítmicas canciones de marcha, y aunque pone de manifiesto una de las características esenciales del lenguaje (su carácter social), es bastante pobre a la hora de ofrecer explicaciones filológicamente convincentes.

3

# JANE AUSTEN, CHOMSKY Y UN MARCIANO FILÓLOGO

Durante muchos años creímos firmemente que pensábamos con palabras. Se aseguraba esa idea en las aulas, a jóvenes bachilleres o a universitarios, y se les repetía con toda la certeza que proporciona la ignorancia transmitida a lo largo de los años que «pensamos con palabras». Caminamos por la calle, o hacemos deporte, o nos bañamos, o cocinamos, y, entretanto, «hablamos solos», discutimos imaginariamente con el jefe, damos una contestación ingeniosa en una reunión de amigos pasada o futura, imaginamos palabras sentimentales e infalibles para convencer a nuestros amantes... Es decir: todos los indicios, al parecer, sugieren que pensamos con palabras. Por tanto, desde el punto de vista de la educación, cuantas más palabras conozcamos, mejor podremos pensar. Y cuanto mejor conozcamos las palabras, más nítido, preciso y elegante será nuestro discurso y, por ende, nuestro pensamiento y nuestro mundo. O eso es lo que se nos ha dicho constantemente desde los años de la escuela, en una reelaboración simplista de las teorías de Wittgenstein (v. *infra*).

Pero lo cierto es que a veces pensamos con palabras y a veces no. De hecho, para que exista pensamiento, no son necesarias las palabras. Los recién nacidos y los niños muy pequeños piensan y apenas conocen palabras; los monos, los perros y los delfines piensan y no conocen palabras; hay personas que no han oído jamás una palabra y, desde luego, piensan. En realidad, como diría un cínico, la mayoría de las cosas las hacemos sin pensar, y menos con palabras. Y hay personas que piensan, pero no saben expresar lo que piensan, luego es imposible que utilicen las palabras para pensar. En definitiva, existe *el pensamiento no verbal.*

Algunos lingüistas han afirmado —quizá un tanto precipitadamente— que uno de los «universales lingüísticos» (es decir, las características que cumplen *todas* las lenguas humanas) es que «todo pensamiento se puede expresar con palabras».[1] Cualquiera que se detenga a reflexionar un poco sobre los conglomerados mentales que burbujean en los cerebros humanos se percatará de que no todos los pensamientos se pueden expresar con palabras y de que, si nos ponemos estrictos, las palabras son incapaces de representar en su totalidad casi ningún pensamiento.

Creer que solo pensamos con palabras ha conducido al determinismo lingüístico, una hipótesis que planteó el lingüista estadounidense Benjamin Whorf en la primera mitad del siglo XX a partir de los trabajos de un clásico de la lingüística moderna, Edward Sapir. La idea, formulada técnicamente y conocida como hipótesis Whorf-Sapir, puede resumirse en los siguientes términos: el lenguaje (también las lenguas) determina y configura el pensamiento. Como puede comprenderse fácilmente, las personas con distintas lenguas se verán afectadas por la riqueza o la pobreza de las mismas. Era una idea antigua, esbozada a lo largo de la historia en trabajos dispersos, y concentrada en las palabras de Von Humboldt: «La diversidad de lenguas no es una diversidad de signos, sino una diversidad de visiones del mundo».[2] Naturalmente, de esta proposición se sigue que un infante tiene una visión del mundo distinta de la de un catedrático de Cambridge, lo cual puede admitirse; pero también implica que un inglés, un español o un chino tienen visiones del mundo distintas, y muy distintas, además, respecto a los masáis, los dogón o los aborígenes australianos. Tener distintas visiones del mundo no tiene por qué ser conflictivo; pero lo es cuando las visiones del mundo se clasifican por su interés, su precisión o su valor. Entonces las teorías se deslizan por pendientes peligrosas.

Steven Pinker, que ha pasado buena parte de su vida examinando las relaciones entre el pensamiento y el lenguaje, es aquí tajante: «El determinismo lingüístico es una idea completamente absurda».[3] Y ofrece suficientes ejemplos para concluir que, si no es completamente absurda, puede que no ande muy lejos de serlo. Pero, aparte de los ejemplos, lo interesante es la demostración teórica: el pensamiento y el lenguaje son aspectos completamente distintos del conocimiento y operan en nuestro cerebro de manera también completamente diferente. Cualquier idea o pensamiento que tengamos, dice Pinker, engloba tal cantidad de información que tardaríamos días, semanas y años en comunicar con precisión lo que pensamos. «Cuando se trata de comunicar un pensamiento a otra persona, el alcance de nuestra atención es reducido y el habla, demasiado lenta. Para trasladar información a la cabeza de otra persona en un tiempo razonablemente breve, el hablante solo puede codificar una fracción de su mensaje en forma de palabras y debe confiar en que el oyente aporte la información restante.» Por esta razón nos cuesta entender con precisión lo que piensan los demás: primero, porque los demás no son capaces de expresar con total precisión lo que quieren decir; y, en segundo término, porque los receptores no somos capaces de completar con precisión lo que los demás quieren decirnos.

Jane Austen, uno de los grandes nombres de la literatura universal, debe su fama, entre otras muchas virtudes, a su habilidad en la descripción de los caracteres humanos. La mayoría de sus devotos lectores asisten al desarrollo de las tramas con la sensación de que el verdadero problema de los personajes es que no son capaces de *decir* lo que *piensan*. Es cierto que, en buena medida, la incapacidad para expresar sus pensamientos se podría deber a las condiciones impuestas por la sociedad georgiana inglesa. Pero también hay una incompetencia lingüística a la hora de expresar los sentimientos y esa incompetencia está en el origen de muchos de los embrollos y malentendidos de las novelas de Austen.

En *Orgullo y prejuicio* (*Pride and Prejudice*, 1813), por ejemplo, la historia gira en torno a dos jóvenes (Darcy y Elizabeth) que se aman desesperadamente pero son incapaces de verbalizar su amor. La novela discurre por caminos variopintos (una vecina que se casa, una hermana que espera el gesto de un caballero, otra hermana que se fuga, unos bailes que vuelven locas a las muchachas, un padre desinteresado, una madre histérica, etcétera), pero la verdadera trama es la que el lector está intuyendo constantemente y la novelista no declara: el proceso de enamoramiento apasionado de los dos protagonistas.

En uno de los episodios más divertidos y tensos de la novela (II, ix), cuando parece que Darcy y Elizabeth no se soportan, el caballero va a visitar a la joven y toda la conversación, anodina y carente de interés, salvo precisamente *por lo que no dicen*, está plagada de expresiones como «le dijo que pensaba», «se disculpó», «creo haber entendido», «nunca he oído decir eso», «temía hablar», «creo que sí», «yo lo llamaría», «nunca habría considerado», «no pretendo decir», «¡pero qué significa esto...!». Y la conversación definitiva de quien no desea verbalizar sus ideas o sus sentimientos: «A continuación mantuvieron un breve diálogo, tranquilo y conciso por ambas partes sobre el asunto del tiempo... y enseguida se le puso punto final».[4] Se trata de un pasaje casi escogido al azar, porque a lo largo de toda la novela pueden espigarse multitud de expresiones de este tipo, donde unos y otros dudan de la posibilidad de comunicarse y entenderse. Podría decirse que la historia de Lizzy Bennet y el señor Darcy no es tanto una novela sobre orgullos y prejuicios como sobre incomunicación e incomprensión.

En realidad, la mayor parte de las novelas de Austen tienen esta asombrosa característica: que lo que ocurre es precisamente lo que no se cuenta. *Emma*, la novela que muchos consideran lo mejor de la producción de Austen, no es más que la historia de un hombre, el señor Knightly, que adora a una joven entrometida y casamentera, Emma Woodhouse, pero es tan incapaz de decirlo como ella de entenderlo. Y en *Sentido y sensibilidad*, Marianne Dashwood le dice a su hermana mayor Elinor: «Ninguna de las dos tiene nada que decir; tú, porque no te comunicas, y yo, porque no escondo nada».[5]

Pero volvamos a la teoría según la cual nuestra capacidad lingüística y nuestra lengua particular conforman nuestras estructuras mentales. En el origen del determinismo, me parece, radica la idea de que el lenguaje se aprende y se piensa. En nuestras expresiones aún conservamos la noción de que los niños «aprenden a hablar» o la insistencia de que tal o cual persona «habla bien» o «habla mal», dependiendo de si se ajusta o no a ciertas prescripciones académicas o al gusto de algún particular.

Noam Chomsky[6] ya describió en los años cincuenta del pasado siglo que los niños no *aprendían* prácticamente nada en relación con la capacidad lingüística: de hecho, los niños dicen frases que no han oído jamás y se las arreglan para componer otras que probablemente no se han pronunciado nunca. Es decir, las lenguas no son repertorios de frases: «El cerebro debe de tener una receta o un programa que le permite construir un conjunto ilimitado de oraciones a partir de una lista finita de palabras».[7] La gran idea de Chomsky es que en nuestro cerebro está operativo el órgano que genera el lenguaje y que se adapta a las lenguas concretas del mundo, pero cuya estructura es igual en todos los seres humanos. Se trata de una «gramática mental» de carácter orgánico. Los niños, dice Pinker al glosar a Chomsky, «desarrollan estas complejas gramáticas con gran rapidez y sin instrucción formal». Nadie necesita saber qué es un complemento directo o un pronombre enclítico para utilizarlos perfectamente. Esto se debe, en primer lugar, a lo que Leibniz llamaba «un saber claro y confuso»: es decir, seguro técnicamente, pero que el hablante no puede justificar teóricamente.[8] Así, los niños actúan con su lengua como si estuvieran recurriendo a plantillas mentales (recuérdese, por ejemplo, cómo operan los infantes cuando tienen que conjugar los verbos irregulares) que les permiten elaborar discursos complejos que no se les han enseñado y que jamás han escuchado. Así nació la idea chomskiana de la gramática universal.

Los seres humanos, según la teoría de Chomsky de la adquisición del lenguaje, disponemos de un programa, un dispositivo o un órgano que nos permite desarrollar el lenguaje: un órgano innato, especializado en combinatoria de palabras, estructuras, fonemas o significados. El hablante emplea la lengua aplicando una «plantilla» concreta de una lengua determinada, una plantilla que es muy semejante en todas las lenguas del mundo, porque se basa en las especificaciones generales de la gramática universal. En el libro *Estructuras sintácticas*, considerado el «manifiesto psicolingüístico» de Chomsky, se explica nítidamente que nuestro «dispositivo lingüístico» guarda relación con la gramática, esto es, con las estructuras sintácticas, no con los significados. Un niño puede reírse con la frase «Los elefantes vuelan bajo los días de luna llena», porque entiende su carácter absurdo, pero desde luego no cuestionará su validez gramatical. Chomsky ha ido perfilando su teoría, añadiendo conceptos como los *principios* y los *parámetros* de la gramática universal: los principios son las propiedades universales, o pautas universales, que atañen a todas las lenguas, y los parámetros son los recursos propios de cada lengua concreta, que la diferencian y distinguen de otras, y son particulares y específicos. Los parámetros se adquieren y se estudian; los principios son innatos.

La idea chomskiana de la GU o gramática universal, es decir, esas pautas innatas activadas por el dispositivo cerebral que nos permite hablar y comunicarnos, nos conduce de nuevo y de una vez por todas a la amable indagación de estas páginas: ¿se supone que todas las lenguas tienen esas pautas innatas y se adaptan a la gramática universal chomskiana porque tienen un origen único y común? ¿Es, precisamente, por tener un origen único y común por lo que todas las lenguas cuentan con esa plantilla básica que es la gramática universal? Algunos especialistas han llegado a la conclusión de que, efectivamente, hay «una maquinaria encargada de manipular símbolos que, sin excepción alguna, subyace a todas las lenguas del mundo».[9] Por eso decía Chomsky que «tenemos poderosas razones para creer que todas las lenguas humanas son muy similares; un científico marciano que viniera a observar a los humanos podría concluir que hay solo una única lengua, con algunas variantes menores».[10] Ocurre que hay bastantes propiedades del lenguaje que no se encuentran entre los principios de la gramática universal y, por esta razón, las lenguas nos parecen tan diferentes. Pero también son diferentes un perro, un koala, un cocodrilo y un pingüino, y sin embargo todos ellos tienen una estructura ósea bastante parecida, con un cráneo, una columna vertebral, cuatro extremidades y una cola más o menos visible, aparte de muchos órganos internos similares y con funciones semejantes.[11] Lo mismo ocurre con las lenguas: las aparentes diferencias insalvables entre el castellano y el japonés, o entre el euskera y el griego, lo son menos cuando atendemos a los principios básicos de la gramática universal (la diferenciación entre sustantivos y verbos y otras clases de palabras, por ejemplo, se da en todas las lenguas, así como la jerarquización de los elementos oracionales y su dependencia estructural, las concordancias obligadas, las reglas flexivas, etcétera).

La idea de una gramática universal, o unos principios que podrían afectar a todas las lenguas por igual, no nació con Chomsky: tiene una larga historia que algunos remontan a Roger Bacon (*ca.* 1214-1294), el escolástico conocido como Doctor Mirabilis, que en su *Summa Grammatica* (*ca.* 1245) advertía que la gramática es, en esencia, una e idéntica en todas las lenguas, aunque puede variar ocasionalmente en algunas.[12]

Y en el siglo XVII se publicó la influyente gramática de Port-Royal (*Grammaire générale et raisonnée contenant les fondemens de l'art de parler, expliqués d'une manière claire et naturelle*, 1660), a cargo de los jansenistas Antoine Arnauld y Claude Lancelot. Para lo que nos interesa aquí debemos acudir a la segunda parte,[13] donde los autores buscan lo que puede haber de «espiritual» en la gramática;[14] y se añade que la lengua es una de las grandes pruebas de la razón, pues nos valemos de ella para expresar nuestros pensamientos, y con la maravillosa invención de poder expresar infinitas frases con solo veinticinco o treinta sonidos, con los que podemos describir todos los «movimientos de nuestra alma». Lancelot y Arnauld se remiten a la filosofía clásica que asegura que las «operaciones del espíritu» son concebir, juzgar y razonar, y empleamos la lengua no solo para expresarnos, sino para juzgar y razonar; el lenguaje, por tanto, es una derivación del pensamiento y todos los seres racionales «necesitan signos para describir lo que ocurre en sus espíritus». Muy poco se diferencia este «dispositivo» que permite describir los movimientos del alma del «dispositivo» de los lingüistas neurocientíficos del siglo XXI: unos y otros parecen coincidir en la existencia de principios fundamentales (lógicos, unos; biológicos, otros) que afectan a la capacidad humana del lenguaje y a las distintas lenguas concretas.

En el siglo XX, otro personaje recurrente en las aulas de filología, el danés Otto Jespersen (1860-1943), también participó de la idea de la existencia de principios fundamentales en el desarrollo lingüístico. En *Filosofía de la gramática* aborda el complejo asunto de una gramática universal.[15] La cuestión, en opinión de Jespersen, es sencilla: si las categorías que organizan las lenguas son lógicas, habrá una gramática universal; pero si las categorías son lingüísticas, lo que habrá será gramáticas particulares. Después de un amplio resumen razonado, Jespersen llega a la conclusión de que (a pesar de las reticencias de muchos lingüistas) parece evidente que hay «ideas gramaticales o categorías de carácter universal» en todos los procesos lingüísticos. Y avanza, algunas décadas antes que Chomsky, que el fundamento del lenguaje no radica en las palabras, sino en las relaciones entre las palabras: en la sintaxis.

# 4

# ¿UN *BIG BANG* LINGÜÍSTICO?

Puede que haya alguna razón para tener una visión lineal de la historia. Suele decirse que el monoteísmo influyó en esta idea, porque Dios propone unos objetivos que el hombre debe ir cumpliendo —como en un camino, o como en un peregrinaje— a lo largo de sus años. Tal vez nos aferremos a esta percepción lineal de la historia porque aún tenemos grabada en nuestro imaginario la idea griega de que el tiempo no es más que el «tiempo de vida». El tiempo, en Aristóteles, era también movimiento. El concepto de progreso, tan ilustrado, tan industrial, tan decimonónico y tan capitalista, también habrá influido en nuestra idea lineal del tiempo. Por descontado, la imperiosa influencia del darwinismo no hizo sino fortalecer la conciencia de que los seres (pero también las organizaciones humanas y el pensamiento) *evolucionan*; esto es, que pasan de A a B y de B a C, y ese trayecto es progresivo. (Por desgracia, solemos quedarnos asombrados con la *evolución* y no reparamos en el decisivo concepto de *adaptación*, pero esa es otra historia.)

En cualquier caso, lo evidente es que parecemos incapaces de percibir el tiempo más que como una autopista con carriles de servicio y carreteras secundarias. Sin embargo, tal vez deberíamos concebirlo más como un laberinto, de múltiples entradas y salidas, conexiones, puentes, pasadizos, galerías, relaciones, superaciones y sumisiones.

Dado que concebimos la existencia de la especie humana como un árbol (el árbol genealógico) o una estructura filogenética, entendemos —con una simpleza casi aterradora, aunque elegante y milagrosa— que hay un origen único de la vida y que todos los seres del mundo son hoy vástagos de aquella lejana y mítica célula que surgió milagrosamente hace aproximadamente cuatro mil millones de años. ¿Por qué estamos tan seguros de que la vida solo ha surgido una única vez en el planeta y en un solo lugar?

Respecto a los humanos, seguramente hay quien aún piensa que la evolución de la especie sigue siendo una escalera que va desde los monos al *Homo sapiens* pasando por los gorilas o los chimpancés. (Este era el fundamento de las burlas contra el darwinismo en el siglo XIX.) Pero, en realidad, las familias de los gorilas y los chimpancés se separaron de la rama antropoide mucho antes de que la nueva especie se asemejara mínimamente a nosotros y, desde luego, muchos miles de años antes de que nuestro antepasado humano desarrollara el aparato fonador. El neandertal, el *Homo sapiens* arcaico y el *Homo sapiens* moderno tampoco están en la misma línea, sino que son ramas diferentes derivadas del *Homo erectus*. Los árboles genealógicos son inmensos esquemas de vías muertas y esquejes de nuevos frutos y frutos podridos. Por lo que se sabe del comportamiento de dos especies distintas, el neandertal y el *Homo sapiens*, diversos grupos de protohumanos podrían haberse injertado a lo largo de la historia para formar humanos nuevos.[1] Este tipo de árboles genealógicos dan muy buen resultado desde el punto de vista gráfico; otra cosa es que se ciñan a la verdad.

Sea como fuere, parecemos empeñados en la singularidad de los orígenes. Sin embargo, no habría ninguna razón por la que la vida no hubiera podido surgir en lugares distintos del planeta y en momentos distintos de la paleohistoria, dando lugar a variantes distintas de seres vivos, a lo largo de los últimos cuatro mil millones de años. La teoría del LUA (*last universal ancestor*), el ancestro común de toda la vida en la Tierra, ya quedó descrita en 1859, cuando Darwin escribió: «Por lo tanto, debería inferir por analogía que probablemente todos los seres orgánicos que han vivido en la Tierra han descendido de una sola *forma primordial*, en la cual respiró la vida por vez primera».[2] Los genetistas también descubrieron en los años sesenta que el código genético era universal y eso, al parecer, demostraría la existencia del LUA. En todo caso, lo que demostraría sería que existen los milagros y la voluntad humana de vincular la biología y la religión a toda costa.

Con las lenguas ocurre algo parecido. Por alguna razón, nos empeñamos en imaginar una lengua original, un LUA lingüístico a partir del cual poder dibujar nuestro bonito árbol genealógico y de taxonomía lingüística. Sin embargo, como parece que existe también en el mundo de la biología, las lenguas de distintas familias pueden influirse y mezclarse, dando lugar a formas híbridas que siguen sus propios caminos. Y aún hay otros problemas cuando se trata de dibujar el árbol genealógico de las lenguas; por ejemplo, la diferenciación de variedades y dialectos, los préstamos entre lenguas o la posibilidad de convergencia de lenguas distintas por evolución.[3]

Y del mismo modo que Darwin propuso una única *forma primordial* a partir de la cual surgen todas las formas de vida de la Tierra, así algunos lingüistas han defendido la existencia de una única *protolengua* a partir de la cual surgen todas las lenguas que ha habido, hay y habrá en el mundo. Uno de los más insignes defensores de esta protolengua única fue el biólogo italiano Luigi Luca Cavalli-Sforza (1922-2018), que vinculó decisivamente (y un poco decimonónicamente) la genética de los pueblos y las lenguas. Establecía una única protolengua o lengua original desconocida, de la que derivarían todas las lenguas a medida que los pueblos se diseminaban por el mundo en grupos africanos, asiáticos, oceánicos, americanos, tibetanos, polinesios, australianos, siberianos, europeos, chinos, etcétera, etcétera. Y como, al parecer, el género humano tiene un único origen en el África oriental, la característica lingüística también tendría allí su origen único. Este *big bang* lingüístico, dice, ocurrió hace apenas unos cien mil años. Si el lenguaje fue fruto de la invención de un solo humano, o de un grupo de humanos, entonces los milagros son más comunes de lo que creíamos: la generación de una lengua requiere tantos elementos complejos (memorización, simbolismo, categorización, abstracción, convención, temporización, designación, invención, falsificación, etcétera, aparte de la activación de decenas de músculos, huesos, tendones y cartílagos) que la idea de un grupo humano creándola de la nada no puede ser sino un milagro, una monstruosidad o una ocurrencia.

El debate, en fin, consiste en decidir entre monogénesis y poligénesis.

Tal vez deberíamos recordar que el lenguaje no es una invención (como el hacha o la palanca, aunque el lingüista Daniel Everett y otros piensan que tiene mucho de aprendizaje cultural), sino una *característica* humana (un «instinto», dice Steven Pinker), como la capacidad para volar de un gorrión o la de respirar bajo el agua de las truchas o las anguilas. «El lenguaje pudo haber surgido, y probablemente surgió [...] gracias a la renovación de circuitos cerebrales de los primates.»[4] El lenguaje, en fin, es una actividad propia del cerebro, entiéndase: casi un *órgano*. Así pues, si el lenguaje es un elemento consustancial a la humanidad, habría que considerar la posibilidad de que se diera en numerosos grupos humanos sucesiva, paralela o simultáneamente a lo largo de algunos miles e incluso cientos de miles de años.

Algunos especialistas han llegado a la conclusión de que este órgano (el órgano del lenguaje) comenzó a funcionar tal vez hace más de tres millones de años. Los chimpancés y otros simios superiores cuentan también con las áreas de Broca y de Wernicke, responsables en buena medida de la producción del lenguaje, y, sin embargo, en estos animales esas áreas no están *activadas*, al menos no lo están para un lenguaje simbólico como el nuestro. Por el contrario, dice Pinker, en el *Australopithecus afarensis* (Lucy), que vivió hace cuatro millones de años, o quizá más, ya deberíamos poder encontrar «los primeros atisbos del lenguaje».[5] Esto es: probablemente Lucy ya tenía algo que decir. En otros grupos de homínidos, más cercanos, encontramos razones para creer que existía un grado de comunicación bastante avanzado. La cooperación y los trabajos tecnológicos del *Homo habilis* (hace dos millones y medio de años) se corresponden con un desarrollo muy probable también de la comunicación. En todo caso, puede que estos homínidos tuvieran una suerte de lenguaje primitivo pero no estuvieran utilizando las áreas cerebrales del lenguaje que lo configuran tal y como lo entendemos hoy. Teniendo en cuenta que el *Homo erectus* (hace un millón y medio de años) utilizaba hachas y dominaba el fuego, podríamos inferir que también empleaba algún tipo de lenguaje, «aunque tampoco hay datos que permitan asegurarlo».[6] Los especialistas sospechan que tenían alguna forma de lenguaje, seguramente básica y primitiva, pero lenguaje al fin y al cabo. Y es más razonable pensar en formulaciones culturales progresivas a lo largo de varios millones de años que en *estallidos divinos* hace apenas doscientos mil años, cuando se produce la extraordinaria aparición del *Homo sapiens*. Sin embargo, aún hay quien repite la idea de que el lenguaje se desarrolló en el Paleolítico superior, hace solo unos treinta mil años, junto al arte rupestre y los trabajos decorativos y fúnebres (pero el arte o la espiritualidad no dependen de las mismas áreas cerebrales que el lenguaje).

> Es difícil creer que [el *Homo sapiens*, hace doscientos mil años] careciera de lenguaje, habida cuenta de que era idéntico a nosotros desde el punto de vista biológico y de que no hay ninguna sociedad humana que carezca del mismo. [...] Así pues, es muy probable que el instinto del lenguaje se hallara bien instalado en nuestra especie mucho antes de que surgieran las manifestaciones culturales del Paleolítico superior en Europa.[7]

La idea de la aparición del lenguaje en los seres humanos se ha retrasado hasta el Paleolítico superior porque en el arte rupestre (desde hace cuarenta mil años, en Indonesia) encontramos símbolos que parecen remitir a conceptos (puntos, manos, rayas, dibujos figurativos) que estarían relacionados con ideas lingüísticas. Es decir, algunos paleontólogos vinculan la religión, la imaginación, la ficción o la magia a la elaboración lingüística, pero no parece haber ninguna razón para que el lenguaje no se haya podido desarrollar independientemente de esas configuraciones mentales. Y, sobre todo, no hay ninguna razón para que el lenguaje no se haya podido desarrollar mucho antes. El arte rupestre no es el primer lenguaje,[8] sino la primera forma de expresar gráficamente el lenguaje, y, como se verá más adelante, hay un salto conceptual asombroso entre la capacidad para hablar y la capacidad para expresar gráficamente lo que se habla. Un salto conceptual que tal vez duró cuarenta mil años, la distancia que va de dibujar el contorno de una mano en una cueva de Indonesia a los símbolos ideográficos, la protoescritura de Eurasia y los primeros textos cuneiformes de hace cuatro o cinco mil años.

## 5

# ¿POR QUÉ BRILLAN LAS ESTRELLAS?

Dice Gaston Dorren con su buen humor habitual que, después de estudiar algunas lenguas dificilísimas, como el vietnamita, una idea le quedó más que clara: que el sonido de una palabra guarda una relación completamente irrelevante con su significado.[1] Bueno, eso es lo que continuamente nos está sugiriendo la lengua: no hay nada en *bed* (ingl.) que nos indique que puede referirse a un mueble bastante útil para dormir, y no hay nada en *labea* (eusk.) que nos permita intuir que designa un lugar donde se puede cocer el pan o asar una pata de jabalí.

Ferdinand de Saussure es el padre de la lingüística moderna. Todos los aprendices de filólogos han pasado obligatoriamente por su *Curso*, redactado por dos alumnos a partir de las clases que impartió el profesor en la Universidad de Ginebra entre 1907 y 1911.[2] Aunque muchas de sus apreciaciones se discuten hoy ardientemente, su legado es sin duda esencial en los estudios filológicos.

Pues bien, Ferdinand de Saussure fue uno de los grandes teóricos y defensores de la teoría de la arbitrariedad lingüística. Decía que el significado (concepto, idea) y el significante (imagen acústica, o grafía) tienen una relación arbitraria. «Podemos decir, más sencillamente: *el signo lingüístico es arbitrario*».[3] Por supuesto, que el signo sea arbitrario no quiere decir que cualquier hablante pueda elegir el significante que quiera para designar un significado. Lo que se quiere decir es que el signo es *inmotivado*: no hay ningún vínculo en la realidad entre la palabra y el objeto designado. A la característica de arbitrariedad, según Saussure, habría que añadir otra no menos importante, de la que ya hemos hecho algún apunte anteriormente: en un grupo social, un signo arbitrario —esto es, una palabra— adquiere su plena sustancia cuando entra a formar parte de la costumbre colectiva; es decir, cuando es *convencional*. La sociedad llega a un acuerdo (a veces con evoluciones posteriores, y también con diferencias geográficas) por el que a un significante le corresponde un significado.

Y sí, efectivamente, como se ha señalado antes, no hay ninguna razón por la que la voz /ʎit/ o su representación gráfica *llit* (catalán, 'cama') pueda inducirnos a pensar en un mueble destinado, generalmente, al descanso nocturno. Pero, desde el punto de vista lingüístico, el asunto no es tan sencillo. Bien al contrario, es bastante más complejo.

Saussure no podía ignorar que —como hemos visto— algunas palabras sí guardan cierta relación con el objeto designado. Cita expresamente las onomatopeyas y las exclamaciones. Con todo, el profesor concedió a estas voces una importancia muy menor: las verdaderas onomatopeyas (*tictac*, *gluglú*, *miau*, *cuco*, etcétera) «no solamente son poco numerosas, sino que su elección es ya en cierta medida arbitraria, porque no son más que la imitación aproximativa y ya semiconvencional de ciertos ruidos». Y, efectivamente, esa imitación *aproximativa* y *semiconvencional* es la que permite que el ladrido del perro sea *ouaoua* en francés, *wauwau* en alemán y *guau* en español. Por lo demás, como vimos con la voz *cuco* (derivada del antiguo sánscrito), estas formulaciones onomatopéyicas también sufren la evolución fonética, morfológica e incluso semántica del resto. Saussure propone el ejemplo de la voz latina tardía *pipio* ('pichón'), del latín clásico *pipere* ('piar'), que derivó en *pipion* o *pibion* en el latín vulgar y finalmente en *pijon* o *pigeon*, 'paloma'. (El *pichón* español procede del italiano *piccione*, aunque su origen último también es *pipione*.)

Respecto a las exclamaciones, da la impresión de que Saussure no les concedió demasiada relevancia, a juzgar por los apuntes que tomaron en clase sus alumnos Bally y Sechehaye: podrían considerarse «expresiones espontáneas de la realidad», pero en la mayoría de ellas resulta muy difícil encontrar la conexión necesaria entre el significado y el significante. Los ejemplos: *ay* (esp.), *aïe* (fr.), *au* (alemán), etcétera.

El gran Ferdinand de Saussure (o los alumnos que compilaron su famoso *Curso*) tal vez pasó con demasiada premura por determinadas características de las estructuras internas de la generación de voces. Lo que se está cuestionando en las últimas décadas es la idea saussuriana de la arbitrariedad de los signos lingüísticos. ¿Podemos admitir como verdad universal esa arbitrariedad solo porque, aparentemente, eso sea lo que ocurre *en general*?

Los filólogos modernos han documentado, sobre todo en las lenguas del África subsahariana y en el Lejano Oriente, «un uso intensivo de lo que se ha dado en llamar "simbolismo fonético"».[4] Las palabras que utilizan el simbolismo del sonido (fonosimbolismo) para expresar rasgos de su significado y que pueden remitir al olor, al sonido, a la forma, al movimiento u otros aspectos se llaman «ideófonos». (Es importante, sobre todo, no confundirlos con las onomatopeyas.) El término, sin embargo, tenía ya cierto recorrido científico: lo acuñó el filólogo y matemático inglés Alexander J. Ellis (1814-1890), que trabajó especialmente la fonética y descubrió que había palabras cuyo sonido ya se percibe como una idea y se transmite como una unidad significativa ideal.[5] Los especialistas en lenguas africanas han descubierto que hay ideófonos que representan acciones o ideas, que reproducen o expresan impresiones o percepciones, que expresan o reflejan emociones o sentimientos, que crean imágenes completas, y otros más que sirven para animar el discurso. Además, es importante señalar que los ideófonos tienen un fortísimo componente cultural y que no siempre un ideófono coreano tiene el mismo efecto en un hablante coreano que en un portugués o en un griego.

Para intentar comprender en qué consisten los ideófonos, recurriremos a un ejemplo clásico de cuento infantil, cuando «una serpiente se deslizaba susurrante por la maleza»; para explicárselo al niño, solemos decir: «¡Ssssh! ¡Sssh!». Esta expresión es una onomatopeya, pero la idea de la serpiente deslizándose por la hierba ya estaba en los ideófonos anteriores: *deslizar* y *susurrar*. ¿Por qué el verbo *susurrar* (< *susurrare*) ya nos está informando del sonido y la acción sin necesidad de una definición? ¿Por qué *deslizar* tiene en su sonido buena parte de su significado? Lo cierto es que la sucesión de sonidos sibilantes (*s-s*), a veces combinados (*b-s-b-s*), expresan con mucha precisión la acción: *bisbisear*, *sisear*. Podrían aducirse razones onomatopéyicas (aliteraciones), pero hay fonemas, como el palatal de nuestro dígrafo *ll*, que indican brillos, chasquidos, luminosidad, chispazos con su única presencia: *estrella*, *brillar*, *centella*, *brillante*, *llama*, *llamear*, *estallar*, *estrellar*, *centellear*, *anillo*, *maravilla*, etcétera. ¿Acaso hay algo en ese sonido palatal que indique luminosidad o fulgor? Las combinaciones *-spl-* y

*-mbr-* y otras son también muy luminosas, como en *resplandeciente*, *resplandor*, *deslumbrante*, *lumbre*, *alumbrar*, *espléndido*, *esplendor*, etcétera. En inglés, esa idea de brillo se transmite con el grupo *gl-* (*glitter*, *glimmer*, *glow*; 'brillo', 'destello', 'resplandor').

A veces pido a mis alumnos que me digan nombres de personas y objetos que sean claros y luminosos. La respuesta siempre es la misma: *Alba*, *Clara*, *Blanca*, *sábana*, *llama*, *cal*... ¿Por qué la letra *a* y el sonido /a/ expresan con frecuencia luminosidad y pureza? Es curioso que el sonido /i/ remita a objetos y seres pequeños y frágiles (*mini*, *pipí*, *chiquitín*), y que los sonidos vocálicos /o/ y /u/ remitan a lugares y objetos *oscuros* y *umbrosos*. Se ha propuesto que la pronunciación de la *a* obliga a una abertura grande de la cavidad bucal, mientras que la *i* cierra o empequeñece la boca.

El fonema vibrante alveolar simple o múltiple /r/ se relaciona en muchas lenguas con objetos que se desplazan, que *ruedan* o son *redondos* (a veces con la connivencia de la *d*), como en *correr*, *rodar*, *rueda*, *rollo*, *rodear*, *carro*, *redondear*, *ronda*, *round* (redondo), *ring* (ingl., anillo), *run* (ingl., correr), *rodó* (cat., redondo), *rund* (danés, redondo), *rûn* (frisón oriental, redondo), *rownd* (galés, redondo). Hay que remarcar que esto se da en las lenguas itálicas y germánicas, pero no en las eslavas, por ejemplo, ni en otros grupos. El castellano prefirió elaborar la palabra «redondo» a partir de **retundu(m)* < *rota* (rueda), en vez de emplear *circum*. Parece que, hace miles de años, la raíz indoeuropea **ret-* ya daba idea de algo redondo o que rueda o que se mueve, y de ahí nacen todas las palabras que hemos visto y otras, como *rotonda*, *rotar*, *roulette*, *rolling*, *running*, etcétera. ¿Estaba ya la idea de redondez y movimiento en esa raíz indoeuropea y, sobre todo, en la *r*? Sócrates (o Platón, más bien) pensaba que sí:

> En primer lugar, me parece que la *r* viene a ser el instrumento de todo movimiento. [...] Quien acuñó los nombres [las palabras] encontró en la letra *r* un precioso instrumento de movimiento a la hora de representar el «traslado», de ahí que en muchas ocasiones la emplee a tales efectos. En primer lugar, en el propio verbo *fluir* (*rheîn*) y en *corriente* (*rhoe*), que imitan el movimiento a través de dicha letra, así como en *temblor* (*trómos*), *correr* (*trechein*), o incluso en verbos como *percutir* (*kroúein*), *romper* (*thraúein*), *desgarrar* (*ereíkein*), *quebrantar* (*thrýptein*), *triturar* (*kermatízein*) o *girar* (*rhymbeîn*), palabras, todas ellas, cuya acción se representa principalmente a través de la *r*.[6]

Hay otros ejemplos, algunos de evidente origen onomatopéyico, como los grupos *-b-b-*, *-b-r-*, *-bl-*, que con frecuencia expresan ideas relacionadas con líquidos hirviendo: *borbotear*, *burbuja*, *burbujear*, *borbollar*, *borboteo*; o los grupos *-b-b* y *-b-l-*, que remiten a parlotear sin control, como *babel*, *blablablá*, *balbucear* o *barbotar*. En otro sentido, la presencia de la interdental *-z-* suele proporcionar visualizaciones relativas a objetos sinuosos y sibilantes, como en *deslizar*, *zigzaguear*, *zipizape* o *zarandear*. Las combinaciones *-p-t-*, por ejemplo, suelen ofrecer un simbolismo fonético bastante violento: *patada*, *patear*, *pisotear*, *patalear*, *patinar*, *patatús*, *petardo*, *empotrar*, etcétera.

Otra curiosidad, vinculada con el fenómeno onomatopéyico, aunque no solo, es que buena parte de las lenguas utilizan el sonido nasal /n/ para hablar de la *nariz*: *nose* (inglés), *nos* (búlgaro), *nas* (catalán), *nef* (islandés), *nos* (ruso), *nosis* (lituano), *näsa* (sueco)... Claro que en euskera es *sudurra*.

Admitamos que hay miles de ejemplos en los que estas correlaciones no tienen el simbolismo fonético que les hemos adjudicado. Pero, entonces, ¿son solo casualidades? «Los lingüistas han comparado miles de palabras en español, en inglés y en otras lenguas, y han confirmado que su fonética simbólica va más allá de lo que podría ofrecer el mero azar.»[7]

## 6

# UNA LENGUA SIN NÚMEROS NI COLORES

Desde luego, no todo el mundo piensa que fue Dios quien concedió al ser humano la capacidad de hablar. Y con frecuencia se duda del derecho divino que supuestamente concedió Yahvéh al hombre para nombrar las cosas del mundo: «Todo ser viviente llevaría el nombre que le impusiera el hombre».[1] También hay muchos descreídos de la Torre de Babel y del relato de la confusión de lenguas. Además, en la actualidad hay no pocas discrepancias respecto a las teorías modernas que explicarían cómo pudo adquirir el hombre esta capacidad singular y extraordinaria: por evolución, por mutación, por adaptación, por imitación, por invención, por generación espontánea, por sus cualidades innatas, por un instinto animal, por cooperación, por necesidad... (Aunque aquí apenas si nos ocupamos de recopilar algunas referencias curiosas, podría decirse que la sospecha que pretendemos difundir es que la habilidad del lenguaje bien podría ser el resultado de todas esas circunstancias, y alguna más, incluida la creencia de que Yahvéh fue quien dio la palabra al hombre: seguramente primero fue el verbo y luego el sustantivo.)[2] Y aunque, en general, las teorías que proponen un instinto natural y una gramática universal son hoy las más aceptadas, también tienen sus detractores.

Daniel Everett es un lingüista estadounidense que, en buena medida, contradice las ideas más populares de las grandes estrellas de la disciplina (Chomsky y Pinker, por concretar). Uno de los valores más apreciables de Everett es que, a su especialidad como lingüista, añade conocimientos de antropología, arqueología, neurociencia o primatología, y que, además, ha estudiado sobre el terreno (y no en los despachos) lenguas que ha aprendido y que conoce bien.[3] Everett, filólogo (y misionero), tuvo la fortuna de encontrarse en lo más profundo del Amazonas con un pueblo cuya lengua iba a depararle sorpresas notables. Desde 1986 ha publicado y narrado sus experiencias con el pueblo pirahã, haciendo hincapié sobre todo en ciertas características que claramente contradicen las teorías lingüísticas en boga.

En la introducción a su obra sobre los orígenes del lenguaje, el profesor Everett advierte: «La historia de cómo los humanos llegaron a tener la capacidad del lenguaje es, en su mayor parte, una historia que no se ha contado».[4] Y, en el mismo párrafo, no pierde el tiempo en proponer claramente su tesis:

> Niego que el lenguaje sea un instinto de cualquier tipo, y también niego que sea innato o congénito.

En su trabajo de demolición de las teorías lingüísticas más alabadas, Everett recurre a los estudios de psicología del polaco-estadounidense Kurt Goldstein (1878-1965), según el cual el lenguaje no se concentra exclusivamente en áreas concretas del cerebro, sino que forma una parte integral del mismo. Por eso, dice, «el lenguaje surge del individuo en su totalidad, y no solo de ciertas regiones específicas del cerebro». Esto, en su opinión, quiebra el razonamiento de las teorías de la discontinuidad radical o del *big bang* lingüístico: «Estos hechos confirman la idea de que el lenguaje no tiene un desarrollo relativamente reciente, digamos de cincuenta a cien mil años, o que sea una característica única del *Homo sapiens*. Mis investigaciones sugieren que el lenguaje comenzó hace más de un millón de años y ha existido durante más de sesenta mil generaciones».[5] Así pues, el héroe de nuestra historia no es el *Homo sapiens*, sino el *Homo erectus*, «el pionero del lenguaje, de la cultura, de las migraciones humanas y de la aventura». La idea, además, es que el lenguaje lógicamente ya estaría presente en las tres ramas derivadas del *Homo erectus* y del *Homo erectus ergaster*: es decir, en los neandertales, en los denisovanos y en los sapiens.

Por si estas revelaciones no fueran suficientes, Everett propone otra aún más revolucionaria... o reaccionaria, dependiendo del punto de vista que se adopte. Por lo que ha averiguado a lo largo de muchos años de estudio e investigación, Everett tiene la seguridad de que el lenguaje fue una herramienta cultural *inventada* por la necesidad. Que el lenguaje (no las lenguas) sea un producto cultural y no una característica intrínseca del ser humano es seguramente la bofetada lingüística más importante a los estudios neurocientíficos del último medio siglo. «El lenguaje fue inventado desde la cultura y se formó y se hizo posible gracias a nuestro cerebro grande y denso. Esta combinación de cerebro y cultura explica por qué los humanos han sido los únicos capaces de hablar.»

Porque, efectivamente, la mayoría de los historiadores y lingüistas hablan del lenguaje como una «invención», pero lo hacen por usar una suerte de sinónimo para describir la aparición sorprendente de una capacidad humana extraordinaria. Sin embargo, para Everett, la palabra «invención», referida al origen del lenguaje, no es en absoluto una metáfora, sino una palabra ajustada. Dice: «Los seres humanos *crearon* símbolos, gramática y lenguaje donde no los había». Y la palabra «crearon» la subraya el autor.

Obviamente, si el lenguaje fue una invención humana, es la invención más asombrosa que pueda imaginarse, porque fue el lenguaje —más que probablemente— lo que convirtió a ciertos grupos de homínidos piojosos en la sociedad tecnológica que ha sido capaz de enviar sondas espaciales más allá de los confines del sistema solar.

El lenguaje, en fin, sería un producto cultural y, como tal, se fue elaborando progresiva y socialmente, con la creatividad, las ideas, las torpezas y el conocimiento general de los miembros de las primeras sociedades.

> Algunos expertos dicen que el lenguaje es un instinto, más que la invención de una comunidad de mentes. La mayoría de la gente, sin embargo, sabe que los instintos son reflejos simples y no aprendidos. Un instinto es el deseo de mamar de un bebé. Pero el lenguaje se aprende y es complejo, una labor de funciones y formas desarrolladas y perfeccionadas por las culturas humanas desde el amanecer de nuestra especie.[6]

No sería justo sugerir que Everett considera que el lenguaje es únicamente un producto de la sociedad o de la cultura: es un producto que nace de la unión de ciertas capacidades biológicas (un cerebro especialmente grande, flexible y adaptativo) con un cierto medio sociocultural. Y, como tal, el lenguaje es una herramienta con la que solucionamos los problemas de comunicación y cohesión social.[7] Conviene abrir el foco y ampliar perspectivas, aunque estemos tratando de un asunto tan relevante para la cultura humana como el lenguaje: «Es fácil comprender —y más fácil aún decir— que el lenguaje no lo es todo».[8]

En la cultura se genera el lenguaje, según Everett. Pero si el lenguaje es una invención, ¿a qué se debe que la mayoría de las lenguas sean tan parecidas? ¿Por qué tienen tanto en común? Si fueran invenciones culturales, se diferenciarían mucho más... y el marciano de Chomsky no generalizaría con tanta alegría. Para empezar, el mayor problema de las generalizaciones y de las gramáticas universales es que, con frecuencia, no se han examinado todas las lenguas y se han desestimado como tales las que, teóricamente, no tienen la complejidad que al parecer deben tener las lenguas.

Daniel Everett utilizó sus estudios de la lengua del pueblo mura-pirahã para desmontar, sobre todo, la idea de la gramática universal. La lengua pirahã es increíblemente simple en su catálogo fonético: tiene solo diez (u once) fonemas, con algunas variantes particulares y numerosos alófonos (*p*, *b*, *t*, *s*, *k*, *g*, *χ*, *h*), y solo tres sonidos vocálicos (*a*, *i*, *o*). Hay otra lengua en polinesia (rotoka) que también tiene una sorprendente escasez de fonemas; es una lengua que cuenta con escritura (¡de alfabeto latino!), pero solo tiene las consonantes *g*, *k*, *p*, *r*, *s*, *t* y *v*. (El cabardiano o circasiano oriental, que se habla en la república rusa de Kabardino-Balkaria, también cuenta únicamente con tres fonemas vocálicos; en cambio, tiene casi cincuenta sonidos consonánticos, y la mitad son fricativos; el español tiene cinco sonidos vocálicos y diecinueve consonánticos.)

Estas características se quedarían en anécdotas o rarezas si no fuera porque la lengua pirahã tiene otras que la convierten en un caso verdaderamente excepcional: por ejemplo, tiene una recursividad muy limitada, de manera que resulta imposible encajar una frase dentro de otra (como las oraciones de relativo, por ejemplo) o enlazar varios sintagmas nominales. La recursividad es una característica de la mayoría de las lenguas, pero no de todas, y es uno de los elementos en los que Chomsky puso más énfasis para proclamar su gramática universal. Los pirahãs tienen un sistema pronominal limitadísimo (y probablemente importado), y no emplean los tiempos «perfectivos» (sus observaciones «siempre están ancladas al momento en que se habla»);[9] tampoco tienen voz pasiva; en los sustantivos, no tienen ni prefijos ni sufijos, ni singular ni plural, ni elementos con formas irregulares, y posee un sistema de voces de parentesco ciertamente limitado. Además, como en su cultura rige un principio de inmediatez radical (solo parece existir el presente), no existen ni los numerales ni la aritmética: viven en un entorno en el que los números no existen o no se consideran; tampoco tienen voces para los colores.

Desde la orgullosa *superioridad* occidental y la amnesia cultural que nos impide recordar el principio básico de que todas las lenguas son perfectas en tanto sirven a su cometido, es fácil acabar pensando que esta lengua es un modelo primitivo y con carencias. Pero estas carencias no son tales, en realidad. Las lenguas se adaptan a su entorno cultural y las lenguas esquimales no tienen por qué tener un léxico que abarque los distintos tipos de tierra desértica, al igual que los bereberes pueden prescindir de las distintas formas que tienen los lapones de denominar las formaciones heladas y la nieve. Como dice Everett, desde el punto de vista de la evolución, las criaturas utilizan lo que necesitan, no lo que *no* necesitan.[10] Lo mismo puede decirse del ámbito cultural. Y eso nada tiene que ver con la perfección o imperfección, el desarrollo o la precariedad de una lengua. En definitiva:

> No es posible estudiar con eficacia las lenguas al margen de su contexto cultural, sobre todo cuando sus culturas difieren radicalmente de la cultura del investigador.[11]

La teoría del lenguaje de Chomsky (como la variante de Pinker) tiene sin duda una elegancia matemática, pero, a juicio de Everett, se enfrenta a un problema tan sencillo como grave: «... que las lenguas no se parecen tanto como él se imaginaba, sino que presentan diferencias muy profundas».[12] (La acusación de voluntarismo no es poca cosa: «Las teorías pueden ser útiles cuando se adaptan a una realidad del entorno. En caso contrario, son como un lecho de Procusto, y habrá que estirar y trocear los hechos para ajustarlos a su medida».)[13]

Las características de las lenguas como el pirahã desmienten la idea de una gramática universal, según Everett, y también demuestran que la lingüística no es un subapartado de la psicología o la neurociencia, sino de la antropología. Ni el conductismo de B. F. Skinner (de breve predicamento, basado en la idea de que el lenguaje no es más que hábito, aprendizaje e imitación, repetición, aceptación, etcétera) ni el biologismo de Chomsky y Pinker han concedido la importancia debida, por ejemplo, a la necesidad de la comunicación, a la naturaleza de la sociedad en que se crea esa comunicación o a la cultura que arropa esos procesos comunicativos. Y lenguas como la del pueblo pirahã están ahí para recordarnos la importancia de estos elementos en el origen del lenguaje humano.

# 7

# EL ENIGMA NÚMERO 6

El médico y fisiólogo Emil du Bois-Reymond (1818-1896) podría haber sido uno de los discípulos de los profesores Krempe y Waldman en Ingolstadt.[1] Su principal interés estuvo siempre en la electrofisiología experimental. Estaba convencido de que los músculos podían reaccionar a los impulsos eléctricos y trabajó como un verdadero Victor Frankenstein para demostrarlo. En 1872 era ya un profesor reputadísimo en Berlín y participaba con asiduidad en las sociedades y academias científicas, especialmente en la Academia Prusiana de las Ciencias (o Academia de Berlín), donde ostentaba un cargo de importancia. Ese año de 1872, precisamente, Du Bois-Reymond iba a pronunciar un discurso que se convertiría en la piedra de toque intelectual para todos los científicos desde entonces. El discurso se titulaba «Sobre los límites de nuestro entendimiento de la naturaleza» («*Über die Grenzen des Naturerkennens*», 1872).[2] El discurso tenía, desde luego, mucho de filosófico, por más que las referencias siempre fueran científicas. Du Bois-Reymond estableció lo que se dio en denominar los siete enigmas del mundo: los siete problemas de la naturaleza que nunca van a estar al alcance de nuestra razón y comprensión.[3]

1. La naturaleza última de la fuerza y la materia.
2. El origen del movimiento.
3. El origen de la vida.
4. El orden teleológico de la naturaleza.
5. El origen de las sensaciones simples.
6. El origen del pensamiento inteligente y el lenguaje.
7. La cuestión del libre albedrío.

Todos los científicos se retuercen incómodos en sus asientos cuando se les dice que hay aspectos del mundo y la naturaleza que no pueden conocerse o que hay enigmas que no pueden resolverse. Por lo que toca a Du Bois-Reymond, el problema no es que declarara que *ignoramus* alguna parte del horizonte natural; el problema era que sentenciaba que *ignoramus et ignorabimus* (lo ignoramos y lo ignoraremos siempre). No hay nada que irrite más a un espíritu científico que las coartadas de la pereza: «eso no se puede hacer», «eso no se puede saber», «eso no tiene solución» o «eso es imposible».

En el siglo XIX ya se contaba con material suficiente para suponer que el lenguaje y el pensamiento inteligente guardaban alguna relación, y que todo radicaba en el cerebro. Entendían que «la zona frontal del cerebro es la responsable de la resolución de problemas, de la toma de decisiones y del comportamiento social y sexual. La zona intermedia se ocupa de las sensaciones, de la percepción y de la integración de los datos aportados por los sentidos. La parte trasera es como la pantalla de cine, responsable de la percepción visual...».[4] Como se sabe, Paul Broca averiguó que el lenguaje se alojaba *principalmente* en el hemisferio izquierdo.

El paleontólogo y antropólogo sudafricano Phillip V. Tobias solía decir que «hablamos con el cerebro», y no solo porque ahí se generen (¡casi milagrosamente!) los conceptos que deseamos transmitir, sino porque para hablar se precisa una coordinación fabulosa de la laringe, la cavidad bucal, el paladar, los dientes, la nariz, los músculos faciales, la lengua, los pulmones, etcétera, por no hablar de los «suplementos» de carácter informativo gestual.

Actualmente, los científicos no tienen una visión restrictiva de la operatividad del cerebro. Si bien hay zonas donde se concentran determinadas facultades, el cerebro es capaz de remodelarse para acomodar las habilidades o crear otras nuevas. El antropólogo Ralph Holloway, de la Universidad de Columbia, hizo su doctorado sobre personas con microcefalia, y descubrió que, si bien tienen un retraso mental muy profundo, muchas de ellas hablan y logran hacerse entender.

En los departamentos universitarios de antropología y fisiología solía hablarse antaño del «Rubicón cerebral»:[5] «Se decía que la facultad del habla precisaba al menos setecientos cincuenta centímetros cúbicos de materia cerebral. Si no se contaba con esa cantidad de materia cerebral, no había posibilidad de hablar». Hay algunos indicios de que la actividad cerebral opera como un sistema global flexible y reajustable, en el que no solo funcionan las neuronas cerebrales, sino todo el sistema nervioso.

El problema 6 que planteaba Du Bois-Reymond afectaba a la relación inteligencia-lenguaje. Los especialistas de todos los tiempos han oscilado entre la idea de que la inteligencia nos permite adquirir el lenguaje y la idea de que es el lenguaje el que nos hace inteligentes. Los paleoantropólogos tienden a considerar que se trata de una interacción constante: el cerebro suministra los materiales para empezar a utilizar el lenguaje y el uso del lenguaje modifica nuestro cerebro de tal modo que favorece la inteligencia.[6] Además, el lenguaje fomenta la interacción social, donde entran en juego el aprendizaje, la cooperación, la comunicación y otros muchos factores que también propician la activación intelectiva.

¿Sabemos solo lo que podemos expresar? ¿Nuestro conocimiento termina allí donde termina nuestra posibilidad de expresarlo? ¿El lenguaje es la expresión del conocimiento?

Aunque era clásica (y escolar) la idea de que el conocimiento es lo que uno puede expresar, cuando Ludwig Wittgenstein (1889-1951) la pasó por el tamiz de la lógica positivista de principios del siglo XX, adquirió tonos de *college* universitario («Creo, pues, haber solucionado definitivamente, en lo esencial, los problemas [de la comunicación de las ideas]»).[7] Con el pretencioso título de *Tractatus logico-philosophicus* se publicó en 1922 (antes en revistas especializadas) un breve tratado (muy asertivo) sobre los límites del conocimiento y el lenguaje. El tratado acudía a los temas recurrentes y habituales: el lenguaje no puede describir el mundo, el lenguaje no puede comunicar mi mundo y el lenguaje no me permite comprender el mundo de los demás. Casi no será necesario recordar que la falibilidad del lenguaje y la relación del conocimiento con el lenguaje ha sido un tema insoslayable en los trabajos filosóficos desde la Grecia clásica. (En el *Tractatus*: «El lenguaje disfraza el pensamiento», § 4002). El lenguaje, que es la expresión del conocimiento, es el que pone límites al mundo, dice Wittgenstein. «Los límites de mi lenguaje son los límites de mi mundo» (§ 5.6). Y, con una lógica implacable: «Aquello que no podemos pensar, no lo podemos pensar; así, lo que no podemos pensar, tampoco podemos decirlo». (Alguien con buen humor podría decir que el mundo está lleno de personas que dicen cosas que no han pensado, del mismo modo que es muy habitual pensar lo que no se sabe decir o no se quiere decir.) Los modernos neurocientíficos, como se ha explicado ya en otro lugar, han dejado muy claro que se puede pensar sin palabras. Y, además, hace décadas que saben que el lenguaje solo permite transmitir una pequeña cantidad del conocimiento, y esa misma capacidad lingüística es la que teóricamente debería facilitar la transmisión en el receptor del mensaje.

La sentencia con la que se cierra el *Tractatus* (§ 7), «Acerca de aquello de lo que no podemos hablar debemos callar», no puede entenderse como una recomendación de tipo aforístico clásico, sino que guarda relación con las posibilidades de nuestro conocimiento. Deberíamos saber hasta dónde alcanza nuestro conocimiento, pero no podemos conocer lo que no podemos conocer. No se trata de poner límites al pensamiento, sino a la expresión de nuestros pensamientos. El propio Wittgenstein declaró que, en términos generales, todo lo que quería decir con el *Tractatus* se explicaba perfectamente en el prólogo y que, una vez entendido este, podía uno ahorrarse toda la explicación subsiguiente.

Así explicaba su teoría el filósofo austriaco:

> Todo el sentido del libro se podría resumir en las siguientes palabras: todo lo que puede ser expresado puede ser expresado claramente, y sobre aquello que no puede ser expresado debemos guardar silencio. Así pues, el objetivo del libro es poner un límite al pensamiento, o mejor dicho, no al pensamiento, sino a la expresión de los pensamientos: puesto que, para ser capaces de poner un límite al pensamiento, deberíamos ser capaces de encontrar ambos lados del límite pensable (es decir, deberíamos ser capaces de pensar lo que no puede ser pensado). Es por consiguiente solo en el lenguaje donde el límite puede ser determinado,

y lo que se encuentra al otro lado del límite será simplemente el sinsentido.[8]

Por supuesto y como sabe todo el mundo, la filosofía no guarda ninguna relación con la existencia humana, sino con la propia filosofía, donde se desarrolla y encuentra sus referencias, apoyos y conclusiones. La filosofía se basta a sí misma. De ahí que, en el mundo de la lógica, tenga perfecto sentido la sentencia «La muerte no es un acontecimiento de la vida», mientras que en el mundo real es una perfecta majadería. En el mismo sentido, y en el asunto que nos ocupa, la lógica filosófica puede expresarse con rotundidad así: «No puede decirse más que lo que se puede decir, o sea, proposiciones de la ciencia natural» (§ 6.53) o «El pensamiento es proposición con sentido» (§ 4), pero tales afirmaciones solo son coherentes en el Paraíso de la Filosofía, donde los razonamientos son puros y cabalgan en unicornios con crines irisadas. Tal vez por esta razón la filosofía del lenguaje tenga poco que ver con el lenguaje y mucho con la filosofía; del lenguaje deberá ocuparse la ciencia, a la que no le preocupa en exceso la existencia del orden o el caos. El lenguaje humano no vive ni en la lógica ni en un mundo ordenado por la razón, sino en la imperfección, en la contradicción, en la sugerencia, en la suposición, en la irracionalidad, en un universo perfectamente caótico.

El neopositivismo o neoempirismo (corriente en la que se encuadra el pensamiento de Wittgenstein) deseaba radicalizar la ciencia al menos en sus proposiciones, liberándola del peso muerto de las mentalidades, pero la ciencia habita en las regiones más turbias del conocimiento y difícilmente puede permanecer inalterable, pétrea, ajustada siempre a unas supuestas «proposiciones verdaderas». Ningún científico actual sería tan imprudente como para suscribir esta afirmación: «La totalidad de las proposiciones verdaderas es la totalidad de las ciencias naturales» (§ 4.11), aunque sí lo harían los positivistas del siglo XIX y los neopositivistas de principios del XX. Una «proposición verdadera», en el ámbito científico, puede durar siglos... o un par de meses. La imaginación humana a veces tiene estas paradojas: es un clásico de la historia de la ciencia que quienes pretenden favorecer un mundo racional y científico acaben cercenando todas sus posibilidades de desarrollo.

A propósito de lo que podemos saber y lo que podemos decir, y a propósito de las «proposiciones verdaderas», resulta imposible resistirse a traer aquí una celebérrima cita del filósofo positivista Auguste Comte: una de las más grandes coartadas de la pereza jamás puestas por escrito. Esto decía respecto del conocimiento que podríamos tener de las estrellas:

> Tendremos la posibilidad de determinar sus formas, sus distancias, sus tamaños y sus movimientos; pero jamás podremos saber de ninguna manera su composición química o su estructura mineralógica...[9]

Hoy, cualquier estudiante de primaria podría sacar de dudas al gran filósofo francés, e incluso podría precisar los porcentajes de hidrógeno y de helio necesarios para que se mantenga la combustión (fusión) de gases durante millones de años.

Durante décadas, como Emil du Bois-Reymond, muchos médicos, filólogos y lingüistas se han rendido ante las dificultades que planteaba el origen del lenguaje. Pero hay pocos seres más tercos (más curiosos, quiero decir) que el ser humano. Y si la explicación al origen del lenguaje no se adivina en el cerebro o en la cultura social, tal vez se encuentre en otros lugares. ¿Y si está en los genes?

## 8

# EL GEN FOXP2 Y OTRAS HIPÓTESIS SOBRE EL NACIMIENTO DEL LENGUAJE

Los paleontólogos tienden a remontarse cada vez más en el tiempo en su búsqueda del origen del lenguaje, y lo hacen por razones de tipo social. No se explican, por ejemplo, cómo los grupos humanos primitivos podrían haber aprendido a tallar puntas de flecha o hachas o a tejer tiendas o a curtir pieles si no hubieran contado con la ayuda del lenguaje. Hay especies animales que son cooperativas, como los leones, los lobos o las orcas, y no necesitan un lenguaje complejo como el humano: disponen de un código reducido que no va más allá de las necesidades básicas. Los animales, incluidas todas las variedades *Homo*, no solo necesitan un cerebro que piense asuntos que quieran comunicar: necesitan, sobre todo, una estructura bucofaríngea que les permita elaborar los sonidos con los que comunicar dichos asuntos. En los últimos años, los especialistas han dedicado muchos esfuerzos a estudiar el aparato fonador, con las dificultades que eso conlleva, ya que buena parte del mismo no ha podido quedar petrificado en los registros fósiles. Como fácilmente se puede deducir, los estudios paleontológicos y paleoantropológicos en este sentido son muy amplios y complejísimos,[1] pero tal vez podamos resumir algunas líneas orientativas.

Por ejemplo, se ha concluido que los australopitecos (*Australopithecus*), que poblaron algunas zonas del globo hasta hace dos millones de años, no contaban con la fisiología necesaria para generar un lenguaje que fuera más allá de los alaridos. Sin embargo, el neandertal contaba con un gran cerebro, con las áreas de Broca y Wernicke bien definidas (como el *sapiens*) y un hueso hioides que era como el de los humanos modernos. Tras el análisis de estos rasgos, además de las mediciones del tracto supralaríngeo, los paleoanatomistas podrían arriesgarse a pensar que hace unos cien mil años había homínidos que *probablemente* disponían de un lenguaje y habla modernos.

El estudio de la fisiología del lenguaje es clave para dar con el momento en el que el hombre empieza a expresar sus pensamientos, pero hay otro aspecto que se ha estado estudiando los últimos años y que resulta muy esclarecedor.

Uno de los acontecimientos más interesantes relacionados con el origen del lenguaje se dio en 2002, cuando un equipo de paleontólogos dirigido por Svante Pääbo, del Instituto Max Planck de Antropología Evolutiva de Leipzig, en Alemania, anunció un descubrimiento sorprendente. Estaban comparando las estructuras genéticas de los distintos especímenes de homínidos cuando se percataron de que, hace unos doscientos mil años, se habían producido dos mutaciones críticas en un gen relacionado con el lenguaje.[2] «En 2002 descubrimos que la proteína del gen llamado FoxP2, que el grupo de investigación de Tony Monaco en Oxford, Inglaterra, había catalogado como necesario en la capacidad lingüística de los humanos, tenía dos variantes en los aminoácidos respecto a la misma proteína en los monos y casi todos los demás mamíferos.»[3] Por muy animadamente que lo describa Svante Pääbo, es difícil imaginar cuál sería la sorpresa al comprobar que la «mutación crítica» del FoxP2 se mantenía y se propagaba rápidamente entre una población que, al mismo tiempo, empezaba a cosechar un éxito evolutivo sin precedentes. Los investigadores están convencidos de que esa «mutación crítica» tuvo un protagonismo indiscutible en la capacidad de los hombres modernos para hablar. Todos los mamíferos tienen el FoxP2, pero la versión humana concede más control sobre los músculos faciales, la boca y la garganta. Lo que parece evidente es que la mutación reemplazó la versión simiesca en cuestión de quince o veinte mil años: «Una difusión tan rápida sugiere que las ventajas que proporcionaba el nuevo gen eran considerables».[4] Los investigadores saben de la importancia de este gen mutado en el habla porque, cuando hay una anomalía en el FoxP2, el individuo tiene problemas gramaticales y motores (es decir, fonológicos). El asunto más complejo de esta investigación es que aún no se sabe si el gen se pone en funcionamiento con la activación del cerebro o solo cuando se empieza a hablar; además, por lo visto, tiene implicaciones en la formación de otros órganos fundamentales además del cerebro, como el corazón o los pulmones.

Tal vez sea excesivo denominar lenguaje a las formas de comunicación de los homínidos de hace trescientos o cuatrocientos mil años. Ni los chasquidos (aún presentes en algunas lenguas africanas) ni los silbidos o canturreos podrían tal vez considerarse exactamente lenguaje. Pero no cabe duda alguna de que no mucho después las habilidades sobrepasaron las meras intenciones de asustar a una presa o buscar una hembra.

Sea como sea, el lenguaje permitió enseñar, ordenar, mentir, conspirar, planear, engañar, narrar, explicar, lamentar, apuntar, advertir, contestar, exhortar, exclamar, quejarse, preguntar, pedir, manipular, recordar, etcétera, ampliando el mundo humano de un modo asombroso. No se puede insistir, razonablemente, en la idea de una única lengua original: teniendo en cuenta que los grupos humanos son tan cooperativos como combativos, probablemente surgirían miles de lenguas a lo largo de decenas de miles de años.

Las pruebas antropológicas, dice Peter Watson,[5] sugieren que habría un idioma por cada mil o cada dos mil personas. Al parecer, cuando los europeos llegaron a Australia, pudieron contar casi trescientas lenguas aborígenes; si los grupos humanos se dispersan y no hay elementos que fijen las lenguas (elementos de tipo político, cultural, religioso o administrativo), estas empiezan a disgregarse de un modo asombrosamente rápido. Según algunas estimaciones, hace unos veinticinco mil años, cuando se produjo la primera de las cinco oleadas de humanos hacia el continente americano, podrían haberse contabilizado hasta siete mil lenguas distintas, prácticamente el mismo número de las que se hablan en la actualidad.

Un ejemplo de dispersión lingüística: en los mares del Sur, a miles de kilómetros de alguna parte, se encuentra un archipiélago volcánico cuyas islas se agrupan en lo que se conoce como la República de Vanuatu (Vanuatu procede del término *vanua*, que en una de las lenguas austronesias significa 'hogar' o 'tierra'). Aunque las islas estuvieron habitadas desde tiempos inmemoriales, los europeos las *descubrieron* tres veces: Pedro Fernández de Quirós en 1606, el conde de Bougainville en 1768 y Cook en 1774. Como fueron colonia europea (con el nombre de Nuevas Hébridas), la república tiene tres idiomas oficiales: el inglés, el francés y una variante criolla derivada del inglés llamada bislama. Sin embargo, los habitantes de las islas —que probablemente tuvieron una lengua única hace siglos— hablan una variedad de idiomas asombrosa: en las islas del norte y del centro (Espíritu Santo, Malakula, Epi o Vanuatu, entre otras muchas) se habla un total de noventa y cinco lenguas, entre las que se encuentran el lorediakarkar, el polonombauk, el lingarak, el katbol, el vinmavis, el letemboi, el mptovoro, el vao, el malfaxal, el tangoa, el tasmate, el wailapa, el mafea y otros muchos. En las islas del sur se hablan, por ejemplo, el aneityum, las lenguas erromangas (sie, ifo y ura), el kwamera y el tanna del norte y del sudoeste, entre otros. Esta fabulosa variedad de más de cien lenguas en apenas unas decenas de islas nos permite imaginar cómo sería el mapa lingüístico en la época de las grandes migraciones humanas.

# 9

# EL AMANTE LOCO QUE ESCRIBIÓ UN POEMA DIDÁCTICO

Hasta aquí hemos visto cómo se ha afrontado el problema del origen del lenguaje desde las perspectivas combinadas de la neurociencia, la fisiología, la antropología, la medicina e incluso la filosofía. Pero resulta muy difícil sustraerse a comentar lo que los creadores han imaginado en esta cuestión. A lo largo de los siguientes capítulos revisaremos cómo se entendió el prodigio del lenguaje en el mundo antiguo y el Medievo, en el Siglo de las Luces y en el Romanticismo, de la mano de Lucrecio, Locke, Rousseau y Mary Shelley. Concluiremos esta parte con la aventura de las cabezas parlantes, con don Quijote.

Una de las características de los procesos cognitivos del ser humano es que completa la información con imaginación. O, lo que es lo mismo: cuando no sabe una cosa, se la inventa.

El poeta Tito Lucrecio Caro —es decir, Lucrecio— fue desde muy antiguo víctima de la capacidad de las sociedades humanas para fabular. Lucrecio, autor de uno de los poemas didácticos más importantes de la historia literaria universal, *De la naturaleza* (*De rerum natura*), debió de pertenecer a una noble familia romana, pero tanto su figura como su obra se miraron con recelo durante siglos. Aunque es una teoría repetida hasta la saciedad, es dudoso que la crítica social o el epicureísmo o el escepticismo de Lucrecio fueran motivos de censura en un mundo donde, en términos generales, esas disidencias se permitían. Y el cristianismo, que poco a poco se fue imponiendo, sobre todo desde el siglo IV, podría haber coincidido con la visión de Lucrecio en bastantes aspectos; sin embargo, los intelectuales cristianos tampoco quisieron prestarle atención. Una excepción es, naturalmente, nuestro san Isidoro, en cuyas *Etimologías* se le cita en una docena de ocasiones.

La consecuencia de esta desafección es, sencillamente, una deplorable falta de información sobre el poeta.

El gran Eusebio de Cesarea (*ca.* 263-339), padre de la Iglesia y autor de la inmortal *Historia eclesiástica*, fue también autor de un texto conocido como *Cronicón* (Παντοδαπὴ ἱστορία, *Historia universal*), en el que se tomó el inmenso trabajo de elaborar tablas cronológicas que parten de Abraham y llegan al emperador Constantino en el siglo IV.[1] San Jerónimo, que escribió un siglo después, consultó las tablas de Eusebio y, al llegar al año 94, añadió: «*T. Lucretius poeta nascitur...*». Esto es: «[Este año] Nació el poeta T. Lucrecio...». Después del dato biográfico, la brevísima nota añadía una historia fabulosa sobre el escritor:

> Año 94. Nace Tito Lucrecio, poeta. Después de que un filtro amoroso lo hubiera vuelto loco, y hubiera escrito en los intervalos de su locura varios libros que Cicerón revisó, se quitó la vida por su propia mano a los cuarenta y cuatro años.[2]

Tal vez valdría la pena revisar las fábulas más o menos ajustadas que han corrido en torno a estas tres líneas si alguna de ellas pasara de ser una hipótesis imaginaria. Y, aunque con toda probabilidad es falsa, la historia que nos cuentan es maravillosa en su concreción, en la disposición de la narración, en la coherencia del relato y en lo dramático de la situación. Un noble romano, cultísimo y filósofo, desdeña a una dama que, por medio de alguna chismosa o algún sirviente traidor, consigue que el poeta ingiera un filtro amoroso. Desgraciadamente, el filtro no surte efecto y, por el contrario, afecta a nuestro poeta hasta el punto de volverlo loco. Sin embargo, con grandes esfuerzos, Lucrecio consigue terminar —en sus raros momentos de lucidez— los seis libros en los que vierte su visión del mundo. Agotado por el singular esfuerzo y acosado por los males de la locura, decide quitarse la vida. Es la tragedia del sabio, la superioridad moral del filósofo y la paz de espíritu propias de quien ha dado ya todo el fruto de su intelecto al mundo.

Como era previsible, Lucrecio también investigó uno de los asuntos «que han preocupado más y más antiguamente al espíritu humano»: el origen del lenguaje.[3] En el libro V, Lucrecio esbozó en este punto una teoría naturalista. Lo más interesante es que incide en el hecho de que el lenguaje es una característica innata en el ser humano..., el mismo instinto que obliga al novillo a embestir, aunque no tenga aún cuernos, y el mismo instinto que impele a los cachorros de panteras y leones a defenderse con zarpazos y mordidas aunque aún no tengan garras o colmillos.[4] En definitiva, la Naturaleza «impulsó» al ser humano a emitir los sonidos de la lengua y «la utilidad formó los nombres de las cosas». Pero advierte que «pensar que un hombre asignó, en un momento dado, nombres a las cosas, y que de él los demás aprendieron los primeros vocablos, es puro desvarío». En opinión de Lucrecio, el lenguaje es innato, pero la lengua es un acuerdo de la comunidad. Con ingenuidad clásica, afirma que sería difícil que un hombre solo convenciera a todos los demás de que utilizaran una palabra concreta y no otras. Vemos a los animales, dice el filósofo, que se expresan de maneras distintas cuando tienen miedo, cuando están furiosos, cuando buscan cariño, cuando anuncian el amanecer o cuando intuyen la lluvia, cuando buscan pareja sexual, cuando se disputan una presa, cuando sufren dolor o hambre..., entonces, ¿qué tiene de maravilla [sic] que el hombre utilice también el lenguaje para expresar estas y otras mil cosas? «Si sentimientos diversos obligan a los animales, con todo y su mudez, a emitir diversas voces, ¡cuánto más natural es que los hombres de entonces hayan podido designar los distintos objetos con voces distintas!»

## 10

# ROUSSEAU Y EL LENGUAJE DEL AMOR

«La palabra distingue al hombre de los animales. El idioma distingue a las naciones. No se sabe de dónde es un hombre hasta que habla.»[1]

Rousseau tenía una virtud defectuosa, o un defecto virtuoso: la capacidad para hablar de cualquier asunto desde cualquier perspectiva y conseguir que la exposición resultara convincente. Con frecuencia se alinea con las teorías más habituales de la Ilustración (como el sensismo o el racionalismo o el *buenismo*), pero uno siempre tiene la impresión de que podría haber defendido las contrarias sin demasiada tortura moral. Suele comenzar sus tratados con fórmulas —digamos— cientificistas, pero enseguida recurre al sentimentalismo rococó, también cuando quiere explicarnos cómo y por qué nació el lenguaje en las comunidades humanas.

> El amor, se dice, fue el inventor del dibujo. Puede que inventara también el lenguaje, aunque con menos fortuna. Insatisfecho con la lengua, el amor la desdeñó, porque hay maneras más brillantes de expresar el amor. Como aquella que trazó la silueta del amante: ¡cuántas cosas le dice! ¿Qué sonidos tendría que haber utilizado la lengua para imitar siquiera el movimiento del pincel?[2]

El tratado de Rousseau es una sucesión de imaginaciones sin ningún fundamento, ni siquiera el fundamento de la observación, que era al menos el dignísimo andamiaje del que se servían los antiguos, aunque se equivocaran en sus conclusiones y su método científico adoleciera de ciertas condiciones necesarias. De Rousseau solo podemos esperar el ingenio de salón: «Solo los europeos gesticulan cuando hablan».

Para Rousseau, la palabra es un método torpe de explicar las cosas. Añade que los gestos, como símbolos, son capaces de expresar mejor lo que está bullendo en nuestros cerebros. Esta era ya una teoría clásica, expresada por John Locke (1632-1704): el lenguaje es imperfecto porque las palabras no pueden expresar con nitidez lo que estamos pensando. «Las palabras carecen de un nexo natural con las ideas que significan, son simplemente signos arbitrarios y convencionales de las mismas.»[3] No es la única imperfección que tienen las palabras. Locke detallaba hasta siete defectos que impiden considerar la habilidad del lenguaje como una característica humana especialmente reseñable: en primer lugar, hay palabras a las que no corresponde idea alguna, o que corresponden a ideas turbias y confusas (se encuentran en los libros de filosofía y religión, sobre todo); en segundo término, cabe señalar que el uso que se hace de las palabras es inestable, y que una palabra puede tener distintas acepciones y significados; tercero, la voluntad del hombre puede incidir en hacer de las palabras un recurso oscuro para ocultar debilidades (mentir, engañar, falsear o tergiversar); en cuarto lugar, la literalidad es también un error común al que nos inducen las palabras; quinto: a veces se otorga a una palabra significaciones que no tiene, con lo cual se produce otro abuso lingüístico; sexto: la idea de que todas las palabras tienen una significación inequívoca y evidente; y séptimo, las elaboraciones metafóricas no son sino una manera más de crear confusión en la comunicación humana.[4]

Rousseau entiende, pues, que el lenguaje podría haber sido prescindible.

> Esto me hace pensar que si solo hubiésemos tenido siempre necesidades físicas podríamos no haber hablado nunca y entendernos perfectamente con el lenguaje del gesto. Habríamos podido establecer sociedades poco diferentes a las actuales o que hubiesen funcionado mejor aún.

Y aporta algunos ejemplos de grupos y sociedades que, al parecer, no necesitaban de la palabra para entenderse o comerciar. Cita, por ejemplo, a ciertos mercaderes de las Indias que se dan la mano o hacen gestos mediante los cuales negocian sin necesidad de la palabra. Y cita también al señor «Pereyre», que enseñaba a hablar a los sordos. Se refiere al portugués Jacob Rodrigues Pereira (1715-1780), un filántropo y pedagogo judío que fundó diversas escuelas y se esforzó en fijar un alfabeto de signos para sordos basado en las letras. En definitiva, la idea de Rousseau es que el lenguaje es prácticamente una facultad casual debida a la existencia del aparato fonador. Si no lo tuviéramos, dice el filósofo, utilizaríamos otras partes del cuerpo y otras fórmulas para comunicarnos. (Ya se ha apuntado que el ginebrino habría podido defender cualquier otra teoría descabellada si se le hubiera ocurrido.)

Como cabría esperar de un filósofo educado en el sentimentalismo prerromántico, Rousseau señala que el origen del lenguaje está «en las necesidades morales, en las pasiones». En fin, las primeras lenguas no debieron de ser las que promovían el conocimiento, el razonamiento o la información, sino las que describían los sentimientos: «Fueron lenguas de poetas», y «así debió ser, ya que no se comienza por razonar sino por sentir».

Dejando aparte algunas ocurrencias sobre cómo debió aparecer el lenguaje en las sociedades primitivas (cap. III), Rousseau insiste en el carácter sentimental de las primeras lenguas y las describe con bastante precisión:

> Esta lengua tendría muchos sinónimos para expresar al mismo ser en sus diferentes relaciones, pero tendría pocos adverbios y palabras abstractas para expresar esas relaciones. Tendría muchos superlativos, diminutivos, palabras compuestas, partículas expletivas.

Tras algunas interpolaciones curiosas,[5] y como si presintiera que la explicación ha sido más poética que científica, Rousseau regresa al origen de las lenguas con la mirada puesta en la geografía o en el orden social.

> En los primeros tiempos, los hombres diseminados sobre la superficie de la Tierra no tenían otra sociedad que la de la familia, otras leyes que las de la naturaleza, otra lengua que el gesto y algunos sonidos inarticulados. No estaban unidos por ninguna idea de fraternidad común y, al no tener otro árbitro que la fuerza, se creían enemigos los unos de los otros. Esta opinión se debía a su debilidad e ignorancia.[6]

Rousseau, en realidad, se sirve del lenguaje como excusa para plantear una teoría sobre la evolución del hombre desde los tiempos antiguos hasta la civilización clásica. El ensayo es más un tratado de Prehistoria inventada que un verdadero estudio sobre los orígenes del lenguaje. («*Adam parloit; Noe parloit; soit. Adam avoir été instruit par Dieu même.*»)[7] Lo que le interesa al filósofo es cómo se configuró la sociedad, cómo se adquirieron las habilidades agropecuarias, y la caza, cómo se organizaban la guerra y la paz, y las artes, las migraciones, y cómo se desarrolló, en fin, la humanidad. Especialmente divertida es la fantasía rococó en la que imagina un mundo pastoril, como de égloga en la Edad de Oro, con fuentes y cauces amenos...

> Las muchachas iban a buscar agua para las tareas domésticas, los jóvenes llevaban a abrevar el ganado. Allí los ojos acostumbrados a los mismos objetos desde la infancia empezaron a ver otros más dulces. El corazón se conmovió ante esos nuevos objetos, una atracción desconocida lo volvió menos salvaje...

En este mundo, ya lejos del salvajismo primitivo (es decir, en la sociedad), donde el placer, el deseo, la pasión y los fuegos del amor (*les premiers feux de l'amour*) rebosan en praderas de robles centenarios (*vieux chênes*), nace la verdadera lengua: allí es donde se empieza verdaderamente a olvidar el gruñido salvaje y elemental, y «fue necesaria toda la vivacidad de las pasiones gratas para que los hombres comenzaran a hablar». Los tonos suaves y dulces de las lenguas meridionales tienen que ver (según Rousseau) con este abandono oriental, esta pasión por el amor y la égloga pastoril. La dureza de las lenguas septentrionales guarda relación con el clima severo, los trabajos ásperos, la vida ingrata... «Sus voces más naturales son las de la cólera y las amenazas; y esas voces van acompañadas siempre de articulaciones fuertes que las hacen duras y ruidosas.»[8]

> He aquí, en mi opinión, las causas físicas más generales de la diferencia característica de las lenguas primitivas. Las

> del mediodía debieron ser vivaces, sonoras, acentuadas, elocuentes y con frecuencia oscuras a fuerza de energía. Las del Norte debieron ser sordas, rudas, articuladas, chillonas, monótonas, claras por la fuerza de palabras antes que debido a una buena construcción. Las lenguas modernas, cien veces mezcladas y refundidas, conservan aún algo de esas diferencias.

Finalmente, el hecho de que las lenguas nazcan de las pasiones, y no de la razón, permite a Rousseau establecer una conexión literaria de primer orden: que «las primeras historias, las primeras arengas, las primeras leyes se hicieron en verso. La poesía se empleó antes que la prosa, lo cual es lógico ya que las pasiones hablaron antes que la razón».[9]

II

# CÓMO APRENDEN A HABLAR LOS MONSTRUOS

Hay momentos literarios que no son exactamente literatura, pero que merecen formar parte de la disciplina porque en ellos se fraguaron grandes obras del ingenio humano. Esto es lo que ocurre con el conocidísimo episodio de la reunión literaria de Villa Diodati en 1816.

El famoso poeta romántico George Gordon, lord Byron, había rentado una villa junto al lago Leman, cerca de Ginebra. No muy lejos de allí ocuparon una casa Percy B. Shelley, Mary Wollstonecraft Godwin (así le gustaba llamarse, con el apellido de su madre antepuesto al de su padre) y la media hermana de Mary, Mary Jane Clairmont (Claire). Shelley y Byron se conocían poco, pero se admiraban mutuamente, y por carta habían concertado que compartirían algunas veladas en Suiza si es que los amantes fugados (Percy y Mary) decidían emprender su Grand Tour de proscritos sociales.

Aunque ellos no lo sabían, a miles de kilómetros de los verdes prados y las cumbres nevadas de Suiza había estallado, un año antes, un volcán en las Indias Orientales Neerlandesas del Pacífico, cuya nube de polvo y gas cubrió buena parte del globo impidiendo que la Tierra alcanzara las temperaturas normales en las sucesivas estaciones. La temperatura descendió varios grados y a lo largo de los meses siguientes hubo grandes nevadas, hielos y lluvias torrenciales. No se lograron las cosechas y en muchas partes del mundo se desataron hambrunas espantosas. Al año siguiente, la temporada estival de 1816 fue un desastre en Europa, con un frío y unas lluvias incomprensibles; 1816 fue conocido como «el año sin verano».

El grupo de escritores románticos de Villa Diodati se aburría mortalmente mientras transcurrían aquellas desapacibles jornadas, aunque los vecinos aseguraban que aquel lugar se había convertido en un templo de lujuria y depravación. (El poeta Southey decía que aquellos amigos formaban la Liga del Incesto.) Pero las habladurías, habladurías son: lo importante en esta historia es que durante muchas noches se leyeron allí cuentos góticos alemanes y que a lord Byron se le ocurrió proponer un juego con el que entretener las largas horas de aburrimiento vespertino y nocturno. «¡Escribamos cada uno una historia de terror!», dijo.[1]

El gran resultado de aquella apuesta, como se sabe, fue *Frankenstein, o el moderno Prometeo* (1818). Ninguno de los amigos consiguió completar una buena historia, salvo la joven y rebelde Mary W. Shelley. Años después, cuando la fama había inmortalizado ya su nombre, recreó el momento en que, a medias entre la ensoñación y el dormitar, tuvo la visión de aquel médico creando un monstruo a partir de desechos cadavéricos...

> Vi, con los ojos cerrados, pero con una imagen mental muy clara [...], al estudiante de artes maléficas inclinado sobre la cosa que había logrado reunir. Vi la espantosa monstruosidad de un hombre allí tendida, y luego, por el efecto de alguna maquinaria poderosa, observé que mostraba signos de vida y se despertaba con los movimientos torpes de un ser medio vivo.[2]

La historia de la creación de semejante «monstruosidad» obligaba a pensar en dos vías diferentes: el talento creativo del hombre y la incontenible ambición humana. Quienes leyeron *Frankenstein* en su momento seguramente tenían presente la famosa frase de Pope en su *Ensayo sobre el hombre*: «Recuérdalo: no creas que puedes conocer el pensamiento de Dios».

*Frankenstein* se elaboró sobre el patrón del Génesis,[3] donde Victor ejerce de Dios, «dando forma y aliento a un ser deforme, desvalido, ignorante y tambaleante», que representa al ser humano, desdichado y solo, abandonado por su creador y condenado a todas las miserias del mundo. Pero la joven de apenas dieciocho años que redactó el *Frankenstein* también se atrevió a escribir una historia mítica en la que el hombre (la Criatura) exigía explicaciones a su Creador.

Lo que nos interesa aquí es una parte importante (aunque tal vez marginal) del desarrollo del monstruo. Resulta que, estando en Chamonix, junto al fabuloso Mont Blanc y el glaciar llamado Mar de Hielo, la Criatura asalta a su Creador y le exige explicaciones: ¿por qué lo creó?, ¿para qué?, ¿qué sentido tiene tanto dolor?, ¿por qué está tan solo y abandonado?, ¿por qué lo desprecia y lo repudia?

El caso es que, aparte del contenido mítico y filosófico del discurso del monstruo, lo que llama la atención es que una creación tan burda y torpe hable con tanta fluidez y se exprese con tanta elegancia. «Soy malvado porque soy desgraciado. ¿O no me desprecia y me odia toda la humanidad? Vos, mi creador, me destrozaríais y os preciaríais de semejante triunfo. Recordad eso... y decidme por qué debería apiadarme de un hombre que no tiene piedad de mí.»

A Mary W. Shelley no se le olvidó un detalle importante: que su criatura debía *aprender* a hablar. Ese proceso se puede seguir detalladamente en el libro II, entre los capítulos 1 y 6.

La Criatura (la voz «monstruo» para designarla se emplea muy poco en el texto; con más frecuencia es el Demonio o la Criatura) huye del laboratorio y deambula por los alrededores de Ingolstadt, por los bosques y los valles, perdido y aturdido: «Ni sabía ni podía comprender nada». En efecto, acababa de nacer, y nada en su cerebro adquiría formas conscientes. «No había ideas claras en mi mente; todo me resultaba confuso.»[4]

Poco a poco empieza a discernir objetos y su mente comienza a despertar. Instintivamente —diría Pinker—, el monstruoso demonio inicia los procesos de comunicación y expresión. Parece evidente que Mary W. Shelley pensaba que el lenguaje humano nació como imitación de los sonidos naturales:

> A veces intentaba imitar las agradables canciones de los pájaros, pero me resultaba imposible. A veces deseaba expresar mis sensaciones a mi modo, pero el sonido desagradable e incomprensible que salió de mi garganta me aterró y me devolvió de nuevo al silencio.

El fracaso de la expresión con sonidos naturales (¡la fisiología humana no es la misma que la de los pájaros!) puede solventarse afortunadamente algún tiempo después, cuando la Criatura se esconde en un cobertizo desde el que puede ver a una familia de granjeros. Al principio, no entiende lo que ocurre, pero «poco a poco» hizo «otro descubrimiento de mayor importancia». Ese descubrimiento tenía que ver con el lenguaje.

> Comprendí que aquellas personas tenían un método para comunicarse mutuamente sus experiencias y senti-

mientos mediante ciertos sonidos articulados que proferían.[5]

Los sonidos articulados formaban palabras y, las palabras, «producían placer o dolor, sonrisas o tristeza, en el pensamiento y el rostro de quienes las oían».

> En realidad, parecía una ciencia divina, y deseé ardientemente adquirirla y conocerla.

El monstruo de Victor Frankenstein había descubierto la «ciencia divina» que permite la comunicación entre los seres humanos. Al principio, admite la Criatura, tuvo algunas dificultades y los resultados fueron desastrosos: la pronunciación era muy rápida y no siempre lograba dar con la clave de los significados. La autora estaba reproduciendo paso a paso el método que al parecer siguen los niños en su proceso de adquisición del lenguaje, con fuerte influencia rousseauniana y del sensismo ilustrado del siglo XVIII. El mayor problema para la Criatura —y es fantástico que Mary W. Shelley incida ya aquí en el convencionalismo y la probable arbitrariedad del lenguaje— es que no existe ninguna vinculación distinguible entre las voces articuladas y los objetos que designan:

> como las palabras que emitían no tenían ninguna relación aparente con los objetos visibles, yo no era capaz de dar con la clave que me permitiera desentrañar el misterio de su significado.

Con mucho esfuerzo, la Criatura aprende que cuando los granjeros decían «fuego» se referían a las llamas de la chimenea, que la «leche» era el líquido que tomaban a la hora del desayuno, que el «pan» era el alimento principal de la familia o que la «leña» era lo que ardía en el «fuego». La adquisición del lenguaje procura una ampliación del universo consciente y da la impresión —sea real o no— de que el mundo se expande con el conocimiento de las palabras. Por eso dice la Criatura:

> No puedo explicar el placer que sentí cuando aprendí las ideas que se correspondían con cada uno de aquellos sonidos y fui capaz de pronunciarlos.

En realidad, el monstruo ya conocía todas esas ideas: ya había visto el fuego, había comido pan, había recolectado leña para una hoguera... No estaba ampliando sus ideas: estaba aprendiendo una lengua. Como dicen los neurocientíficos, se puede pensar sin palabras (pensamiento no verbal), y la Criatura pensaba aunque no contaba con las palabras para designar sus ideas. Pero esto Mary W. Shelley no podía saberlo.

Poco después, el engendro asiste a un milagro aún mayor. Resulta que los granjeros, al parecer, son capaces de *recuperar* palabras que están grabadas en libros. Y cuando *recuperan* esas palabras, profieren los mismos sonidos que cuando hablan. «Así que pensé que él veía en el papel ciertos signos que entendía y que podía decir, y yo deseé fervientemente comprender aquello también.» Mary W. Shelley explica cuál era el problema: «¿Cómo iba a hacerlo si ni siquiera comprendía los sonidos para los cuales se habían escogido aquellos signos?». El monstruo es muy consciente de las dificultades que entrañaba todo el proceso, tanto el de la adquisición del lenguaje, con su complejidad de sonidos y significados, como el de la lectura, donde el componente principal eran unos signos arbitrarios que designaban unos sonidos arbitrarios que designaban conceptos y objetos naturales de un modo arbitrario. Se trataba de un proceso de abstracción de tal envergadura que, comprensiblemente, el monstruo se siente abrumado.

Mary W. Shelley estaba segura de que el lenguaje activaba zonas del cerebro que promovían la inteligencia: esta idea, que hoy es común, aparece claramente descrita en el *Frankenstein*, donde el propio monstruo admite que con el lenguaje «mis pensamientos se hicieron cada día más activos». Sobre todo, el ejercicio de la imaginación parece haber tenido mucha importancia en el desarrollo lingüístico y cognitivo del engendro:

> Aquellos pensamientos me entusiasmaban y me obligaban a esforzarme con renovado interés en el aprendizaje del arte del lenguaje.

Al estar confeccionado con despojos humanos, al monstruo le resultaba difícil articular determinados sonidos, por muy flexible que fuera su garganta; la voz era ruda y grotesca (como la del burro de la fábula de Esopo), pero poco a poco empieza a hablar más o menos correctamente y a expresarse, sin duda, como un verdadero estudiante.

Por fortuna para la Criatura, aparece en escena una extranjera a la que los granjeros acogen por razones que sabrá quien lea la novela, y dado que la extranjera desea aprender la lengua de los campesinos, el engendro llega a la conclusión de que podría seguir el mismo método: «Pasaba los días prestando la mayor atención, porque así podía aprender el lenguaje con más rapidez». Simultáneamente, aprendió también el arte de la lectura, y no con cualquier libro, sino con cuatro obras maestras de la literatura universal: *Las ruinas de Palmira*, del conde de Volney, el *Werther* de Goethe, las *Vidas* de Plutarco y el *Paraíso perdido* de Milton. ¿A quién le podría extrañar, por tanto, que la criatura demoniaca de Frankenstein hablara y se expresara como un verdadero literato? Historia, pasión, ética, filosofía...

> ¡Qué cosa más extraña es el conocimiento![6]

El monstruo, que había deseado con todas sus fuerzas adquirir sabiduría, se siente ahora angustiado por el conocimiento. «Las palabras me inducían a pensar sobre mí mismo», dice, y añade: «No puedo explicar la angustia que aquellas reflexiones me producían; intenté olvidarlas, pero el conocimiento solo logró aumentar mi pesadumbre».

Y así concluye, magnífico, como todo el libro, el proceso de adquisición del lenguaje en *Frankenstein*, un proceso que se inicia con el deseo instintivo de saber y concluye con la amargura de quien sabe.

## 12

# LA CABEZA PARLANTE

Estando en Barcelona, hospedado en casa de un caballero rico y discreto llamado Antonio Moreno, don Quijote tuvo ocasión de asistir a un espectáculo curiosísimo.[1] El anfitrión llevó al caballero andante a un aposento apartado donde no había más que un sencillo busto de bronce («al modo de las cabezas de los emperadores romanos)», colocado sobre una mesa de jaspe. En secreto y entre cuchicheos, le dijo:

> Esta cabeza, señor don Quijote, ha sido hecha y fabricada por uno de los mayores encantadores y hechiceros que ha tenido el mundo, que creo era polaco de nación y discípulo del famoso Escotillo, de quien tantas maravillas se cuentan; el cual estuvo aquí en mi casa, y por el precio de mil escudos que le di labró esta cabeza, que tiene propiedad y virtud de responder a cuantas cosas al oído le preguntaren.

Ese famoso Escotillo debió de ser un Escoto o Scoto, famoso prestidigitador del renacimiento holandés, que según se cree tomó el nombre del nigromante Michael Scotus, autor de un *Arte de alquimia*.[2] Como buen alquimista, astrólogo y nigromante, el artífice de la cabeza parlante «guardó rumbos, pintó caracteres, observó astros, miró puntos» y, finalmente, la construyó con la mayor perfección imaginable.

Al día siguiente, un grupo de personas se reunió en torno a la cabeza parlante, y, hablándole al oído, le fueron haciendo preguntas, y la cabeza, discretamente, les contestó lo que quiso. Una amiga del anfitrión le preguntó:

> —Dime, cabeza, ¿qué haré yo para ser muy hermosa?
> Y fuele respondido:
> —Sé muy honesta.
> —No te pregunto más —dijo la preguntanta.

Todos quedaron admirados y (más o menos) satisfechos con lo que preguntaron y con lo que se les contestó.

Una aventura singular, sin duda; pero nos dice Cervantes que Cide Hamete Benengeli no estaba dispuesto a que el mundo creyera que existían de verdad este tipo de asombros y encantamientos, misterios y hechicerías, así que escribió la verdad del caso. Y la verdad era que el anfitrión de don Quijote en Barcelona, don Antonio Moreno, había visto en Madrid un mecanismo parecido, y se hizo fabricar uno en su ciudad. En fin, la cabeza no era de bronce y estaba hueca, como la mesa, por donde salían unos conductos que iban a parar a los aposentos del piso inferior, donde el sobrino de don Antonio, estudiante agudo y discreto, escuchaba las preguntas y las contestaba a su gusto. «Y dice más Cide Hamete»: que el propietario tuvo diez o doce días más aquella «maravillosa máquina» en su casa, pero como se empezara a hablar mucho de ella en la ciudad y se temiera que la cosa llegara a oídos de la Santa Inquisición («las despiertas centinelas de nuestra fe»), se mandó desmontarla para que el vulgo no se escandalizara, etcétera.

En la época cervantina se daba por sentado que el inventor de las cabezas parlantes había sido Alberto Magno, el gran mago, alquimista y nigromante por antonomasia. Al parecer, el filósofo medieval construyó una cabeza de mujer que respondía a las preguntas que se le hacían; pero Roger Bacon, el papa Silvestre II o el médico Valentín Merbitz también construyeron cabezas semejantes. Contra este tipo de artilugios estuvieron, muy razonablemente, santo Tomás de Aquino —siempre dispuesto a ver la mano del diablo en cualquier circunstancia— y nuestro implacable padre Feijoo, que cuenta burlonamente cómo santo Tomás, discípulo de Alberto Magno, entró en cierta ocasión en la habitación donde estaba la cabeza y, «oyéndola hablar, la hizo pedazos».[3] ¿Cómo conseguían estos hombres semejantes prodigios? Según Feijoo, al que casi vemos sonreír leyendo sus palabras, Alberto Magno logró que su cabeza hablara estudiando «los influjos de los astros, participados al metal en la sabia y prolija observación de treinta años que duró la obra», de tal modo que por fin se activaron los mecanismos alquímicos y de hechicería mediante los cuales el diablo hablaba... Dice Feijoo que el diablo no necesita que nadie estudie nada ni haga nigromancias de ningún tipo para hacer hablar a los bustos que más le apetezcan.

(Feijoo también cita una cabeza parlante que colocaron a la entrada del pueblo de Tábara, en Zamora: por lo visto, la pusieron allí para que avisara a los villanos de la llegada de gentes indeseables, principalmente judíos. Cuando llegaba un judío al pueblo, aunque fuera disfrazado, la cabeza encantada gritaba como una loca: «¡Judío en Tábara, judío en Tábara!», y no dejaba de dar alaridos hasta que el judío abandonaba el poblado. Entonces decía: «¡Judío fuera de Tábara!», y se callaba.)[4]

La pasión por los autómatas, unida a la admiración por el habla humana, impulsó a los científicos más atrevidos a embarcarse en producciones más bien arriesgadas. «El deseo de imitar la voz humana es tan antiguo como la historia y tan persistente como la inventiva de los hombres.»[5] Dejando aparte a los embaucadores, nigromantes y hechiceros varios, el primer intento serio de reproducir la voz humana se debe, al parecer, a un médico e inventor alemán llamado Christian Gottlieb Kratzenstein (1723-1795), profesor en la Universidad de Copenhague. Como todos los médicos de la época, estaba fascinado con las posibilidades de la electricidad en relación con el cuerpo humano y, entre otras cosas, comprobó que las descargas eléctricas podían solucionar ciertos problemas neurológicos, aunque agravaba otros. Aparte de sus estudios eléctricos, geográficos y astronómicos, Kratzenstein seguía de cerca los trabajos del genio suizo Leonhard Euler, que había descubierto que el sonido se desplaza en ondulaciones (ondas de sonido); una de las formas de producir sonido era insuflar aire dentro de un conducto donde un elemento interpuesto conseguiría la vibración deseada. «Es evidente que la voz humana se produce de la misma manera», decía en su tesis *De sono*.[6] La epiglotis, añadía el joven Euler, se encuentra en la base posterior de la lengua, y la vibración que se produce se debe al ascenso del aire por la tráquea. En todo caso, después de pasar por las cuerdas vocales, el aire se somete a muchas otras variables en la cavidad bucal, de tal modo que se pueden obtener sonidos graves y agudos, y «diferentes efectos vocales se forman con la ayuda de la lengua, los labios y la laringe, para producir vocales y consonantes». Además, a Euler no se le escapó que el aire también podía salir por la nariz. En fin, de un modo precario, ya estaba definido el sistema fonológico humano: se distinguía entre sonidos vocálicos y consonánticos, entre las formas sordas y sonoras, la aspiración, los modos de articulación (oclusivos, fricativos, africados) y los puntos de articulación (labiales, labiodentales, palatales, velares, etcétera).

Kratzenstein se puso en contacto con Euler para tratar el asunto, porque no estaba seguro de cómo se producían los efectos tonales propios de las lenguas. Euler dijo que tal vez podría investigarse el caso construyendo un aparato musical que reprodujera esos sonidos y que, por tanto, tal vez podría ejecutar palabras comprensibles. Kratzenstein, aprovechando su talento anatomista, se puso manos a la obra y consiguió construir un órgano cuyas cavidades resonantes emulaban el tracto sonoro humano y emitían vocales. Para ello había imitado las cuerdas vocales con una especie de lengüetas que, posteriormente, fueron muy utilizadas en las armónicas, acordeones y bandoneones. El invento de Kratzenstein ganó el primer premio de la Academia de San Petersburgo en 1780, pero el aparato sufrió luego algunos contratiempos, se deterioró y desapareció poco después.

Más o menos por la misma época, el genio y estafador húngaro Johann Wolfgang von Klemperer andaba engañando al mundo con un autómata llamado el Turco que era capaz de jugar al ajedrez con una habilidad propia de maestros experimentados; de hecho, eran maestros experimentados los que se escondían en la caja del autómata. (La primera vez que una máquina de verdad venció a un maestro del ajedrez fue en 1996, cuando el ordenador *Deep Blue* de IBM venció al campeón del mundo Gary Kaspárov.) Pero Klemperer no solo se ocupó de vaciarles los bolsillos a los ingenuos nobles de una sociedad ilustrada y precientífica: en 1791 redactó un libro titulado *El mecanismo de la palabra, seguido de la descripción de una máquina parlante.*[7] Aunque parecía más que evidente que su intención era dedicarse al espectáculo, en el prefacio a su libro decía que así se podría «enseñar a hablar a los sordos y a los mudos, y a corregir los defectos de la pronunciación...».[8] En el mismo prefacio, Klemperer aseguraba que había conseguido que su máquina pronunciara «todas las palabras latinas, francesas e italianas que he querido, unas, es verdad, mejor que otras». Pero había conseguido decir, en francés, *papa*, *maman*, *Marianna*, *Roma*, *maladie*, *santé*, *astronomie*, *anatomie*, *chapeau*, *Racine*, *soupé*, *charmante*, *opéra*, *comédie*, *pantomime*, y otras palabras más largas y difíciles: *Astrakan*, *Anastasius*, *Mississippi*, *Monomotapa* y, para asombro del mundo, *Constantinopolis*. Conseguir que un invento mecánico rudimentario pronunciara a finales del siglo ilustrado la palabra «Constantinopla» era, sin duda, todo un logro. El libro venía con unos grabados maravillosos en los que se describían los fuelles que expulsaban el aire a una velocidad concreta, una serie de clavijas que dejaban pasar la cantidad precisa de aire, una suerte de boca hecha de caucho, y una nariz. El operador manejaría todos los resortes para que la lengüeta y el conjunto de las cavidades produjeran el sonido adecuado: los distintos mecanismos proporcionaban las cualidades oclusivas, sibilantes, fricativas o africadas, así como la nasalidad, la bilabialidad, la velaridad, etcétera. Uno de los aspectos más interesantes del libro de Klemperer, en la sección V, consiste en la descripción de los sonidos y cómo actuar con la máquina para producirlos: un precario estudio fonético en el que se adivinan las características vocálicas y consonánticas. «La M: la boca cerrada y los orificios nasales abiertos»; «La P: todo cerrado, y retirar la mano de repente, procediendo de inmediato a la siguiente posición».[9]

El aparato parlante de Klemperer estuvo en el conservatorio de música de Viena hasta principios del siglo XX, pero luego se trasladó a un museo de Múnich. Los que lo han visto y oído dicen que efectivamente funciona y que emite una voz parecida a la de un niño que habla muy despacio.

A lo largo del siglo XIX se llevaron a cabo intentos de perfeccionar la *cabeza parlante* de Klemperer: *Euphonia*, de Joseph Faber, era una sofisticada máquina con aspecto de joven hermosa (aunque, al principio, de acuerdo con las obsesiones románticas, el monigote tenía aspecto de mago turco). El espectáculo de la *Fabulous Talking Machine!* recorrió Europa y se presentó en Londres y luego en Estados Unidos. Un empresario teatral dijo que era lo más triste y deprimente que había visto desde el espectáculo de «la chica invisible», un espectáculo muy pobre (ni siquiera era ventriloquía) en el que el público escuchaba a una chica que... simplemente, estaba en otro cuarto y hablaba a través de unos tubos.[10] El propio Faber debía de ser un hombre bastante triste y, aunque empezó su carrera como prometedor matemático, acabó sus días olvidado y despreciado por la ciencia oficial.

A lo largo del siglo XIX y principios del XX se repitieron los procedimientos mecánicos, más o menos afortunados, para reproducir la voz humana: el aparato de R. R. Riesz, presentado en 1937, como los anteriores, tenía un fundamento casi musical, y se operaba con diez válvulas o dispositivos o llaves (casi como una trompeta) que acababan produciendo algo parecido a la voz humana. Las llaves trompeteras abrían y cerraban los labios, levantaban o desplazaban la lengua, movían el paladar, liberaban el conducto nasal, etcétera.

Las posibilidades de la electricidad, aplicada a los instrumentos mecánicos, favorecieron las investigaciones del ingeniero electrónico Homer W. Dudley, que en los años treinta del siglo XX comenzó a experimentar con la voz humana aprovechando los nuevos recursos tecnológicos. Una de las claves del éxito de Dudley radicó en comprender que los sonidos humanos se producen en un ancho de banda o espectro determinado; aunque hay muchas variantes (sexo, edad, emotividad, rasgos físicos, ruido de fondo, intoxicaciones varias, medio de comunicación, etcétera), la frecuencia de habla típica (SF0) se encuentra, en los niños, entre 208-440 Hz; en las mujeres, entre 155-334 Hz; y en los hombres, entre 85-196 Hz. Este descubrimiento fue decisivo, porque suponía borrar todos los sonidos que quedaran fuera de esa banda (*band-pass-filter*) y, por lo tanto, se podía asemejar más a la voz humana. De estas investigaciones nació el Vocoder, un reproductor de voces electrónico. Cuando los laboratorios Bell presentaron la versión evolucionada (*Pedro, the Voder*) en la Feria Universal de Nueva York de 1939, se las prometían muy felices. Pero mucha gente pensó que a *Pedro* no se le entendía nada.[11] La interpretación del himno estadounidense fue verdaderamente lamentable. En todo caso, aunque hoy el Vocoder nos suene como un sintetizador averiado de Kraftwerk, el progreso fue fabuloso, y algunas vocales y consonantes estaban logradísimas, incluyendo tonos y vibraciones de varios tipos.

A partir de *Pedro*, la ingeniería electrónica no hizo sino dar pasos de gigante. En la actualidad, aplicaciones ciertamente asombrosas como TTSReader, ReadSpeaker o Acapela permiten escoger el idioma, el acento (inglés americano, inglés europeo, español de México, español peninsular, etcétera), voz masculina o femenina y todas las variantes imaginables. Y, desde luego, resulta muy difícil distinguir esas voces de las voces del panadero o la vecina del segundo exterior derecha.

# II

# LA MALDICIÓN DE BABEL

## Notas sobre el origen de las lenguas

I

# BABEL

El nombre del arquitecto y arqueólogo alemán Robert Koldewey (1855-1925) estará siempre ligado a las magníficas puertas azules de Ishtar que hoy pueden visitarse en el Museo Pérgamo (Pergamonmuseum) de Berlín. Pero aquí interesa por otro descubrimiento tan importante y tan llamativo como las espectaculares cerámicas de Ishtar.

En la primavera de 1899,[1] Koldewey inició las excavaciones en la parte oriental del castillo o *kasr* de Babilonia; seguramente, pensaba, daría con la Babilonia de Senaquerib o, si tenía suerte, con la antiquísima Babilonia de Hammurabi.

Sin embargo, lo que descubrió fueron unos fabulosos cimientos de noventa metros de anchura; curiosamente, la altura de esa sección del edificio era también de noventa metros. En el relato de sus descubrimientos, Koldewey apunta que el hallazgo no era más que la base de un fabuloso zigurat llamado Etemenanki, «el Templo del Cielo y la Tierra»: la Torre de Babel, circundada por una muralla, dentro de la cual se concentraban templos, altares y otros lugares de culto. «*Zakurrat*, *zigura*, *ziggurah* o zigurat son solamente distintas maneras de transcribir el nombre genérico de las torres o pirámides escalonadas sumerio-babilónicas», escribe el periodista y divulgador Kurt W. Marek (C. W. Ceram).

Es famosísima la descripción que Heródoto hace del zigurat («que todavía duraba en mis días») en su *Historia* (I, CLXXXI y ss.):[2] «Allí se ve la fábrica de una torre maciza que tiene un estadio de altura y otro de grosor. Sobre esta se levanta otra segunda, después otra tercera y así sucesivamente, hasta llegar al número de ocho torres». (Al parecer, no eran ocho los cuerpos del zigurat, sino siete.) El historiador griego continúa su descripción señalando que la torre tenía una escalera que iba subiendo en espiral (con rellanos, «para descansar»), y que al final había una capilla. (Como siempre, lo más interesante de Heródoto está en las habladurías —paradoxografías— de las que el viajero se hace eco: cuenta que en dicha capilla había una cama, donde —«dicen los caldeos»— reposaba una virgen escogida; allí bajaba por la noche el dios Marduk y pasaba con la mujer las horas nocturnas. Al parecer, estas prácticas libidinosas de los dioses eran habituales en la Antigüedad, porque otro tanto ocurría en Tebas y en Patara de Licia. Diodoro de Sicilia creía que el zigurat de Babilonia tenía otros usos más honestos: «Hacían sus trabajos astronómicos, y observaban con atención cuándo amanecían y cuándo se ponían los astros».)[3]

Por las tablillas de arcilla que había estudiado, el arqueólogo alemán sabía que el primer piso alcanzaba los treinta y tres metros de altura; el segundo añadía otros dieciocho; los siguientes tenían cada uno unos seis metros, hasta el último, que medía quince metros.

Esa era la torre que los judíos consideraban ejemplo de soberbia y orgullo frente a Dios: la Torre de Babel. Por lo que pudo averiguar Koldewey, aquella torre se parecía mucho a lo que muchos siglos después pintarían Pieter Brueghel, llamado el Viejo, o Gustave Doré: un conjunto monumental de palacios sacerdotales, tiendas y almacenes, albergues de peregrinos, pórticos sensacionales, murallas inquebrantables, un espectáculo magnífico que abrumaría por la impresión de riquezas y poder.

Dice Ceram: «Todas las ciudades babilónicas tenían su zigurat; pero ninguno se parecía a la Torre de Babel, para cuya construcción se habían empleado ochenta y cinco millones de ladrillos». Por supuesto, el zigurat llamado Etemenanki se levantó con el esfuerzo de miles de esclavos y por orden de un rey. El zigurat no era una tumba, sino un templo o tal vez un observatorio astronómico, o ambas cosas, y por tanto representaba el poder de una nación y de un pueblo. Por esta razón, cuando un zigurat se derrumbaba o las vicisitudes de las guerras y el tiempo acababan derribándolo, los pueblos volvían a levantarlo. En el caso que nos ocupa, el Templo del Cielo y la Tierra era una «reconstrucción» de la verdadera y bíblica Torre de Babel que debió construirse (y también destruirse) en tiempos de Hammurabi, esto es, hacia el 1750 AEC. La reconstrucción conocida como Etemenanki pertenece a una época más tardía, la época de Nabucodonosor II y Nabopolasar, reyes caldeos que vivieron en los siglos VIII y VII AEC.

La Torre de Babel, en fin, construida y reconstruida durante siglos, llegó así hasta los tiempos de Ciro, el gran rey persa, y volvió a ser destruida cuando la ciudad cayó en manos de Jerjes (siglo VI AEC). Alejandro Magno (siglo IV AEC), asombrado ante tanto esplendor, hizo trabajar a miles de hombres para adecentar el lugar, pero «como no avanzaban todo lo que anhelaba la inquietud de Alejandro, destinó allí un ejército entero. Estrabón nos habla de seiscientos mil obreros».

En el relato del Génesis (11, 1-9) lo importante no es la construcción de la Torre, sino la razón teológica expuesta mediante un relato mítico: el origen de las lenguas del mundo. «Toda la Tierra tenía una sola lengua y unas mismas palabras.»[4] Se refiere luego a unos hombres que llegaron desde Oriente «y se establecieron allí», en las tierras de Šinar.

> Y se dijeron unos a otros: «¡Ea!, vamos a fabricar ladrillos y a cocerlos al fuego». Y el ladrillo les sirvió de piedra y el betún, de argamasa. Dijeron después: «Vamos a edificarnos una ciudad y una torre, cuya cúspide llegue hasta el cielo, y hagámonos un nombre famoso, para no ser dispersados sobre la faz de toda la Tierra». Bajó Yahvéh a ver la ciudad y la torre que estaban construyendo los hijos de los hombres, y dijo Yahvéh: «He aquí que todos ellos forman un solo pueblo y hablan una sola lengua; si este es el comienzo de su empresa, ya nada los detendrá de cuanto han decidido hacer. ¡Ea! Bajemos y confundamos su habla, de modo que unos no comprendan la lengua de los otros».

Algunas tradiciones —confusas e imaginativas— señalan a un Nimrod o Nemrod como el rey que ordenó la construcción de la Torre, pero el Génesis (en 10, 8) solo dice que Nimrod, hijo de Kuš, hijo de Cam, hijo de Noé, fue rey de Erek, Akkad, Kalné y... Babel (Babilonia), fue el primer rey que «llegó a ser poderoso en la tierra». Flavio Josefo, el historiador fariseo, recurrió a leyendas para explicar «históricamente» lo sucedido: finalmente, su texto no es más que una paráfrasis de la narración bíblica.[5] «Y en aquel entonces la multitud estaba dispuesta a seguir la determinación de Nimrod y consideraron una cobardía someterse a Dios; y construyeron una torre, sin reparar en los sufrimientos ni ser, en ningún caso, negligentes en el trabajo; y gracias a la multitud de manos que hubo que emplear, pronto fue altísima, mucho antes de lo que cualquiera habría podido esperar.» Al final, Dios vio lo estúpidos que eran los hombres, pero decidió no destruirlos completamente, porque el castigo no los iba a hacer más sabios, pero causó un gran tumulto entre ellos haciendo que hablaran distintas lenguas y provocando, así, que no pudieran entenderse. Y añade: «El lugar en el que se construyó la torre se llama hoy Babilonia, por la confusión de las lenguas que hubo; porque los hebreos usan la palabra *babel* para decir 'confusión'».

Teófilo de Antioquía (siglo II EC), uno de los llamados «padres apologistas griegos», del que casi no se sabe nada, contaba en *Los tres libros a Autólico* que, siglos antes, la Sibila ya había profetizado en sus oráculos (sibilinos) la terrible desgracia que le iba a ocurrir al mundo:

*De una voz eran todos,*
*y quisieron subir hasta el cielo estrellado;*
*al punto el Inmortal grande necesidad impuso*
*a los aires, y luego los vientos la gran torre elevada*
*derribaron, y levantaron entre los mortales contienda.*
*Caído que hubo la torre, las lenguas humanas*
*se dividieron en los muchos dialectos*
*de los mortales.*[6]

Teófilo cierra este episodio con un enigmático: «Y lo demás». Aunque no sabemos a qué se refiere.

Finalmente, para aportar alguna precisión a la historia de la construcción de la Torre de Babel, cabría hacer referencia a unos textos tardíos denominados *Leptogénesis* o *Libros de los Jubileos*, redactados probablemente en el siglo II AEC.

> Y entonces comenzaron a construir y, en la semana cuarta, cocieron ladrillos con fuego, y los ladrillos les ser-

> vían como piedras, y el engrudo con el que las unían era brea que brotaba del mar y de unos pozos de agua en la tierra de Shinar. Y la construyeron: durante cuarenta y tres años estuvieron construyendo; la anchura era de doscientos tres ladrillos y la altura de un ladrillo era un tercio del mismo; la altura de la torre fue de 5 433 codos y dos palmos.[7]

El episodio de la Torre de Babel es tan llamativo, tan dramático y teatral que todas las miradas se han concentrado en él y, desde luego, es un símbolo al que se acude cuando se busca una representación metafórica de la multitud de lenguas.[8] Como hemos visto —y como veremos a lo largo esta segunda parte—, la referencia ineludible es siempre Babel.

Sin embargo, algunos especialistas que leen con más cuidado los libros sagrados han descubierto episodios, anteriores a Génesis 11, en los que parece intuirse que la diseminación de las lenguas no tuvo lugar precisamente en Babel, sino mucho antes.

Por ejemplo, después del Diluvio universal, el redactor del Génesis hace la lista de abuelos, padres, hijos, nietos y bisnietos de los supervivientes de la inundación. Se supone que debemos entender que la multitud de descendientes de Sem, Cam y Jafet (hijos de Noé) son a su vez tribus, clanes, familias o pueblos. Y dice el texto sagrado que estos pueblos ocuparon tierras y formaron países «según su lengua, familias y naciones».

En este mismo capítulo del Génesis se nos habla de multitud de pueblos, como el yebuseo, el jevveo, el jamateo, el cananeo, y los de Nínive, Resén, Kálaj, Leša, etcétera, en una lista interminable. Y, nuevamente, se nos insta a recordar que los hijos de Cam poblaron las tierras «según sus familias y lenguas, tierras y naciones».

Aún una tercera vez, después de la nómina del presunto primogénito de Noé, insiste el escriba: «Estos fueron los hijos de Sem, según sus familias y lenguas, tierras y naciones».

¿Por qué se insiste tanto en la *confusio linguarum* de Babel si, al parecer, mucho antes los distintos pueblos ya tenían sus propias lenguas diferenciadas y propias? Las lenguas —parece sugerir el texto sagrado— ya se habían diversificado mucho antes del tremendo desconcierto de Babel, y probablemente ya se habían escindido en multitud de variantes antes incluso de que las aguas inundaran la tierra. ¿Qué es Babel entonces? ¿Un símbolo que pretende representar a toda la población humana, condenada a la incomprensión mutua? ¿Un pueblo cuya lengua unificada se disgregó en setenta o setenta y dos lenguas distintas (según la tradición) con el paso de los siglos y el distanciamiento geográfico? ¿Un territorio mítico en el que concentrar el enigma de decenas y centenares de pueblos que eran incapaces de entenderse? «Nos encontramos aquí ante una incoherencia en el mito babélico», dice Umberto Eco.[9] Si las lenguas ya se diferenciaban, se disgregaban, evolucionaban o morían de acuerdo con otras leyes, previas al castigo divino de Babel, ¿a qué alude ese mito de la confusión de lenguas por el orgullo de los hombres? Los descendientes de Noé y sus hijos poblaron la tierra, cada uno con sus clanes, sus familias *y sus lenguas*, y esa parece ser la tendencia comprensible incluso para el escriba del relato bíblico. Lo que era perfectamente natural en ese momento se convierte en el capítulo siguiente (en Génesis 11) en una maldición, un castigo o una condena. Pero ¿por qué la multitud de lenguas iba a ser una calamidad? A lo largo de la historia, lo que para unos ha sido una desgracia ha sido para otros «gran felicidad en la tierra».

2

# SAN ISIDORO

Es difícil entender el olvido escolar y popular en el que se encuentra uno de los eruditos principalísimos de nuestra Alta Edad Media, san Isidoro (*ca.* 556-636), el gran sabio enciclopedista (polímata, dirán los más precisos) de la Hispania visigoda, hábil político eclesiástico, impulsor de las escuelas catedralicias y defensor del ecumenismo más tradicional de Nicea y Constantinopla frente a las amenazas del arrianismo.[1]

San Braulio, obispo de Zaragoza y corresponsal de san Isidoro, se ocupó de dejarnos por escrito el índice de obras del doctor. Dice Braulio que san Isidoro escribió dos libros de *Diferencias* en los que se estudian los matices entre palabras que podrían parecer iguales (*differentiae verborum*), un asunto muy filológico (pero en realidad teológico y filosófico) que al parecer interesaba muchísimo al arzobispo. Escribió —continúa Braulio— un libro de *Proemios* (resumen o índice de las Sagradas Escrituras), un libro sobre la *Vida y muerte de los Padres* (de la Iglesia), dos libros sobre los *Oficios eclesiásticos*, «y las funciones y razón de cada uno», dos libros de *Sinónimos*, un libro *Sobre el universo*, dedicado al rey Sisebuto, un *Libro de los números*, un libro explicativo sobre los *Nombres personales del Antiguo*

*Testamento y los Evangelios*, tres libros de *Sentencias*, una *Crónica* «desde el comienzo del mundo hasta su tiempo», un libro *Sobre los herejes*, un libro *Contra los judíos*, un libro de *Varones ilustres*, una *Regla para monjes*, un libro sobre el *Origen de los godos*, dos libros de *Cuestiones* y, naturalmente, las *Etimologías*.

Las *Etimologías* son la gran obra enciclopédica medieval hispánica, donde se reúnen «todos los campos del saber antiguo explicados mediante la justificación de los términos que los designan».[2]

> Es un compendio de conocimientos clasificado según temas generales, con interpretación de las designaciones que reciben los seres y las instituciones, mediante mecanismos etimológicos, esto es, buscando en la forma y en la historia de las palabras una doble llave: la de la denominación en sí misma y, a través de ella, la del objeto o ser que la recibe.

La idea isidoriana, en fin, es interpretar el mundo siguiendo su método etimológico particular, según el cual la historia de la palabra explica lo designado. En general, la disciplina etimológica se reduce a describir el desarrollo histórico de un término desde el punto de vista fonético, ortotipográfico, morfosintáctico y semántico. San Isidoro, comprensiblemente, no se va a quedar en esos aspectos técnicos, sino que va a abundar en detalles teológicos y morales. (Y, ajustándonos a la vocación de estas *marginalia*, no es tan importante la verosimilitud de las explicaciones isidorianas como el relato que compone y el desarrollo histórico e imaginativo que despliega.)

Es importante recordar que la obra de san Isidoro se ha conocido también con el título de *Orígenes* y alguna edición llegó a titularla *Etymologiarum sive Originum libri XX* (los veinte libros de las *Etimologías* o de los *Orígenes*). Aunque las referencias siempre hablan de *Etimologías*, el mismo Isidoro se refirió a su manuscrito en alguna ocasión como los *Orígenes*. Esta variante anima a pensar que en la obra isidoriana encontraremos alguna idea curiosa sobre el alba de las lenguas y las palabras.

El compendio es una maravilla de erudición clásica, bíblica y medieval (lo cual no significa que sea erudición fiable para nuestro siglo XXI, naturalmente) y cada epígrafe es un verdadero placer. La segunda parte del libro III, en el que explica la astronomía; el libro V, en el que define los «momentos», las horas, los días, la noche, la semana, los meses, los solsticios, las olimpiadas, etcétera; el libro VII, donde trata el asunto de los ángeles, los profetas, los mártires, etcétera; el libro XI, que versa sobre los seres prodigiosos; el libro XIII, acerca del mundo y sus partes, incluidos el mar, el trueno, los rayos, el arcoíris, los diluvios y el abismo, o el libro XX, sobre la comida, los utensilios domésticos o los instrumentos hortícolas..., todos son una delicia, aderezada con la ingenuidad medieval y elaborada con la mirada de quien siente realmente el asombro del mundo.

No se puede leer, por ejemplo, el epígrafe sobre los portentos y los seres prodigiosos (XI, 3) sin esbozar una sonrisa. Dice que «en ocasiones Dios quiere indicarnos lo que va a suceder» a través de determinados indicios, y «sirviéndose de sueños y de oráculos advierte e indica a algunos pueblos u hombres las desgracias futuras». Cualquiera pensaría que un hombre tan devoto como san Isidoro no repararía en estos portentos; sin embargo: «Esto es cosa probada por múltiples experiencias». La herencia mítica clásica y grecolatina se abre paso en las rigideces del cristianismo medieval. Más adelante, y con toda naturalidad, nos habla de los gigantes, o los enanos, o los de cabezas enormes, o de los *cynodontes*, con su doble fila de dientes (con precisión etimológica: los que tienen dientes de perro); nos habla de los *esteresios* (a los que les falta algún miembro), de la *praenumeria* (¡cuando solo nace una cabeza!), del fenómeno de la *heteromorfia* (cuando nace alguien con cabeza de toro, o rostro de león, por ejemplo), de los *hermafroditas*, de los *cíclopes*, de los *agriophagitai*, de los *panotios* de Escitia (con orejas tan grandes que les cubren todo el cuerpo), de los *artabatitas*, que se arrastran por el suelo y nunca llegan a cumplir los cuarenta, de los *sátiros*, los *antípodas*... Lo más llamativo es que se mantiene viva la herencia paradoxográfica grecolatina: «Gracias a la extraordinariamente rápida difusión de su obra por toda Europa, hecho sorprendente en la época carolingia, Isidoro quedó rápidamente consolidado como uno de los agentes más influyentes en la transmisión y esclarecimiento de la sabiduría antigua».[3]

En otro lugar (XIII, 9), san Isidoro explica los rayos y su designación desde el punto de vista etimológico:

> *Fulgur* y *fulmen* (rayo), saetas lanzadas desde el cielo, derivan de *ferire* (herir), pues *fulgere* significa 'herir' y 'golpear'. El rayo lo producen las nubes al entrar en colisión. Es sabido que el rozamiento de todas las cosas produce el fuego, como vemos que sucede con las piedras, con el roce de las ruedas o en los bosques cubiertos de árboles. De igual manera se produce el fuego en las nubes. [...] Por causa del viento y del fuego se originan los rayos en las nubes, que son lanzados a impulso de los vientos. El fuego del rayo tiene mayor potencia que el nuestro normal y es mucho más penetrante, porque está compuesto de elementos más sutiles. Tres son sus nombres: *fulgus*, *fulgor* y *fulmen*: *fulgus* porque toca; *fulgor* porque incendia y quema, y *fulmen* porque hiende.

No son más que un par de ejemplos representativos de la compilación medieval *etimológica*.

Pero, para lo que interesa aquí, habrá que acudir a tres capítulos particulares: el que se ocupa de la gramática (libro I), el que trata de las palabras (libro X) y, sobre todo, la primera parte del libro IX, que trata del origen de las lenguas.

A la hora de explicar por qué hay tantas lenguas en el mundo, san Isidoro naturalmente se remite a la *turris post diluvium*, a la torre que se construyó tras el diluvio: a Babel. También señala que hay tres lenguas sagradas, a saber: la hebrea, la griega y la latina, y apunta que, de todas, la griega es la más excelsa. (Cabe recordar, además, que Pilatos hizo escribir «sobre la cruz del Señor la causa de su muerte» en esas tres lenguas; cfr. Jn. 19, 20.)

El enciclopedista hace un repaso de las distintas variantes grecolatinas, recurre a algún apunte de tipo fonético (las orientales son más guturales; las mediterráneas, más palatales, y las occidentales, más labiodentales) y anima con espíritu didascálico a aprender lenguas («Cualquier hombre tiene la capacidad de aprender otra lengua»). San Isidoro admite que puede ser difícil llegar a conocer todas las lenguas, sin embargo «nadie es tan obtuso que sea incapaz de conocer la lengua de una nación viviendo en ella». Y añade, permitiéndose una broma maliciosa: «Si ello sucediera, habría que considerarlo más irracional que los propios animales. Porque estos saben reproducir el sonido de su lenguaje particular».

En este punto, lo más curioso y divertido del trabajo de san Isidoro es su espíritu crítico e indagador. En IX, 1, 11,[4] dice:

> Es difícil determinar en qué lengua habló Dios cuando, al comienzo del mundo, dijo: «¡Hágase la luz!», puesto que todavía no existían las lenguas. La misma dificultad entraña

el querer saber en qué lengua llegó más tarde su voz a los oídos de los hombres, sobre todo cuando dirigió su palabra al primer hombre o a los profetas.

Un asunto complejo, sin duda: no se sabe en qué lengua habló Yahvéh cuando dijo «¡Hágase la luz!» y, además, aún no había nadie que pudiera escucharlo. En su investigación, san Isidoro se pregunta si cuando se rasgaron los cielos durante el bautismo de Jesús de Nazaret y Dios habló como dice Mateo («¡Tú eres mi Hijo muy amado!»), Yahvéh habló en hebreo o en arameo o en alguna variedad cananea. (En las películas norteamericanas, Dios le habla a Moisés en un perfecto inglés, con cierto aire clasicista: *«Go! Get thee down! For thy people have corrupted themselves!»*.)[5] A modo de sugerencia (y aunque plantea varias hipótesis), san Isidoro advierte con mucho sentido común que Dios hablaría a los hombres en una lengua que pudieran entender. Por otro lado —pensándolo mejor—, recuerda ese pasaje apostólico en el que Pablo avisa que de nada sirve hablar muchas lenguas, las de los hombres o las de los ángeles, si no se tiene amor y compasión (1Cor. 13, 1). Sorprendido, san Isidoro exclama:

> Pero ¿en qué lengua hablan los ángeles? Los ángeles no hablan lengua alguna.

El compilador señala que este tipo de argumentos (la lengua de Dios y de los ángeles) son «*exaggerationem dicitur*» o, digamos, exageraciones retóricas, porque las Escrituras solo promueven la única lengua del amor y la piedad: «Y las lenguas desaparecerán», decía el apóstol Pablo. De aquí extrae san Isidoro una llamativa teoría político-lingüística: «En consecuencia, tratamos primero de las lenguas, y luego de los pueblos; porque estos han tenido su origen en las lenguas, y no estas en los pueblos». El arzobispo de Sevilla era muy consciente de la importancia política de las lenguas y de su utilización política. Aunque se trata de una falsedad evidente, nunca falta quien vincule lengua y «pueblo». Se atribuye al filólogo judío Max Weinreich la popular frase «Una lengua es un dialecto con un ejército» y otras parecidas; y, aunque es una expresión imaginativa (y seguramente reivindicativa), no tiene, desde el punto de vista filológico, ningún fundamento.[6] Más adelante veremos que no hay nada más equivocado que pensar en lenguas coincidentes con fronteras políticas. Pero san Isidoro ya lo sabía: las lenguas nacen en las sociedades humanas y *se utilizan* para formar pueblos.

# 3

# LAS PRIMERAS LENGUAS SEGÚN PEDRO MEXÍA

Pedro Mexía (1497-1551) fue uno de los grandes nombres del Renacimiento español. Su magnífica obra enciclopédica, la *Silva de varia lección* (1540-1551), se tradujo al inglés, al francés y al italiano, se reeditó continuamente (hasta setenta y cinco veces en Europa) y fue manual de consulta en los escritorios de los mejores autores de la época. Además de por su propio talento como escritor, Pedro Mexía interesa porque es la representación viva de la recepción de algunos textos clásicos en la España de los siglos XV y XVI. En la *Silva* se pueden rastrear las ideas de Plinio o Aulo Gelio, de Macrobio o de Valerio Máximo. Como dice Isaías Lerner en su edición de la miscelánea más importante de nuestra literatura, el olvido que ha padecido Pedro Mexía guarda relación con las restrictivas ideas literarias del siglo XX y con la torpeza de creer que los conocimientos científicos periclitados no tienen ningún interés para el lector actual. El valor de la *Silva*, añade Lerner, «tiene hoy otro significado, un poco ajeno a la intención de su autor. Pero tampoco puede quedar reducida la *Silva* a mera lectura amena. Las creencias, gustos y afinidades que documenta, como pocos pueden hacerlo, nos acercan un poco más al universo intelectual de España y, dado el éxito de sus traducciones, al de la Europa de su tiempo».[1]

Por supuesto, en una obra de la enjundia que se propuso Mexía no podía faltar una entrada sobre las lenguas del mundo y, sobre todo, una consideración sobre el origen de las lenguas en particular. Dice nuestro autor:

> En la primera edad del mundo, antes del Diluvio, y después de algunos tiempos, todos los hombres hablaban una lengua, y no había diversos lenguajes, ni hombre que no entendiese a otro cuanto le decía.[2]

En esto, Pedro Mexía —ortodoxo y antierasmista— sigue al pie de la letra lo que se dice en los primeros capítulos del Génesis: «*Erat autem terra labii unius et sermonum eorundem*» (Toda la tierra tenía una sola lengua y unas mismas palabras).[3] También remite a las *Antigüedades* de Flavio Josefo para narrar la ambición humana en la construcción de la Torre de Babel. Pedro Mexía explica que la confusión de lenguas desatada por Dios se verificó en un catálogo de setenta y dos lenguas, y «cada uno con los que se entendían se fueron a poblar a diversas partes de la tierra».

Al autor enciclopedista le preocupa muchísimo la cuestión de la diversidad de lenguas (setenta y dos, concretamente), porque «es cuestión digna de ser inquirida y sabida», y se pregunta «qué lengua es aquella en que todos los hombres hablaban antes de la confusión y división de ellas». (Véase cómo se esfuerza en obviar que, según la mismísima Biblia, había diferentes lenguas antes de Babel.) Por deducciones eruditas y atendiendo a san Agustín, Pedro Mexía está en condiciones de afirmar que Heber («tataranieto» de Noé) no quiso participar en la construcción de Babel. Y puesto que los miembros de la familia de Heber no participaron, dice, no pudo Dios castigarlos por nada, y siguieron hablando la lengua que tenían. Y por esto sabemos cuál era la primera lengua del mundo, porque la familia de Heber la conservó: la lengua de Heber era el hebreo, como fácilmente se puede deducir... San Agustín, san Isidoro y san Antonino (*Historiales*) son de esta misma opinión: «*Ab isto Heber Hebraei appellati sunt*», escribe un tal Juan Vergen de Tubinga, llamado Nauclero.[4] Por tanto, según nuestro autor, habrá que desestimar la opinión de algunos que andan diciendo que la primera lengua del mundo fue el caldeo, aunque siendo lenguas tan parecidas, las confusiones... «se pueden desculpar».

Se podría tratar el asunto, dice Mexía, desde un punto de vista científico y saber qué lengua es la más natural en el hombre averiguando cuál hablarían primero dos niños o más que se criasen en un lugar donde nadie pronunciara ni una sola palabra. Entre los más inteligentes, la opinión de unos es que hablarían hebreo y, según otros, caldeo.

Heródoto contaba una historia fabulosa en la que describía el experimento que habían hecho los egipcios para saber cuáles fueron los primeros habitantes del mundo y qué lengua hablaban.[5] Dice el griego, y así lo recoge fielmente nuestro compilador de misceláneas, que los egipcios se envanecían de ser el pueblo más antiguo del mundo, y el primero de todos. Para comprobar que tal creencia era científicamente exacta, el rey Psamético (que vivió cerca de setecientos años antes de Jesucristo) ordenó que se escogieran dos niños muy pequeños entre los más pobres de la ciudad, y que se los entregaran a un pastor de las montañas. El pastor debía abandonarlos en una cabaña con el único auxilio de una cabra, que les proporcionaría leche. También debía acercarse por allí de vez en cuando por si algo necesitaran, con la condición de no pronunciar palabra jamás ni permitir que nadie dijera nada delante de los niños. La cuestión era ver en qué lengua decían sus primeras palabras aquellas criaturas. Transcurrieron dos años y, al cabo, un día que llegó el pastor a la cabaña, los niños se acercaron a él y dijeron: «*Ber, ber!*». El pastor no sabía qué era aquello que decían, así que llamó al rey Psamético para que hiciera las comprobaciones oportunas. Y lo que descubrió el rey fue que los niños estaban hablando en frigio, porque *ber*, en esa lengua, significa 'pan', que era lo que pedían. Así que, desde entonces, los egipcios dicen que son el *segundo* pueblo del mundo... después de los frigios.

Mexía reproduce la historia que cuenta Heródoto y apunta algo aún más divertido:

> y si ello pasó así, pudo ser que aquellos niños oyeron aquella voz, *ber*, a algunas vacas o becerros en el campo, y allí lo aprendieron; porque mi opinión sería que si así se criasen niños, que ellos hablarían la lengua que primero se habló en el mundo, que parece que es la natural, que, como he dicho, es la hebrea.

4

# LAS LENGUAS PERFECTAS Y EL PADRE FEIJOO

Una de las tentaciones recurrentes en el ámbito de la lingüística y, concretamente, en el estudio de las lenguas consiste en suponer que hay unas lenguas más perfectas que otras. O, quizá, que todas las lenguas son iguales, pero algunas son más iguales que otras. Entre los antiguos, nada era comparable al griego; entre los medievales, el griego y el latín podían competir, aunque solía favorecerse la lengua de Homero; entre los eclesiásticos y los filólogos piadosos, nada hay superior al hebreo; en el Renacimiento no valía nada quien no sabía redactar una buena carta en latín; en tiempos ilustrados, el francés era la lengua artística y, luego, la diplomática; en adelante, el alemán fue la lengua de la filosofía. Y el inglés es la lengua franca de nuestros días. En fin, puede que la lengua no fuera compañera del imperio,[1] pero desde luego parece que el poder de las naciones sí hace más estimables las lenguas que en ellas se hablan.

El padre Benito Jerónimo Feijoo es seguramente una de las grandes figuras de la cultura española. Como ocurre con tantos otros (ya se ha citado a Pedro Mexía, por ejemplo), el benedictino apenas si ocupa unas líneas en los manuales escolares, donde al parecer pocos se han percatado de que las historias del *Teatro crítico universal*

(1726-1740) son sencillamente fantásticas: ejemplos definitivos de la primera ilustración española y construidas con una fenomenal perspicacia y un gran talento literario. (Por lo demás, sobre el siglo XVIII español no queda más remedio que llorar, pues hoy solo algunos devotos se acuerdan de Olavide, Jovellanos, Meléndez Valdés, Cadalso, Juan Andrés, Jorge Juan, Antonio Ponz y otros muchos escritores, científicos, ingenieros y polemistas.)

A propósito de las lenguas, Feijoo escribió su famoso discurso «Paralelo de las lenguas Castellana, y Francesa» donde aborda, desde su posición de ilustrado implacable, el tema de la superioridad de unas lenguas frente a otras, y se aparta de los caminos trillados que no dejará de recorrer el mundo:

> juzgo, contra el común dictamen, que todas las lenguas son iguales en cuanto a todas aquellas voces que específicamente significan determinados objetos.[2]

La característica o, más bien, el objetivo de una palabra («una voz», dice con propiedad lingüística el benedictino) es dar nombre a un objeto, «significar tal objeto», y como la elección de la voz es «arbitraria», tan apropiada será una voz como otra.

Francia se había convertido, durante el siglo XVIII, en el centro del mundo y su lengua había adoptado el papel de *lingua franca*, sobre todo en el ámbito de las ciencias, la filosofía, el arte y la diplomacia. Respecto a España, Francia se presentó con un aire de superioridad que seguramente le correspondía en casi todos los aspectos de la vida social y económica después de la guerra de Sucesión (1701-1713); desde ese momento, Francia tuteló intelectualmente a España hasta bien entrado el siglo XX, cuando la decadencia europea dejó el camino expedito al poder estadounidense y anglosajón, en general. El mero hecho de que Feijoo decida —a mediados del siglo XVIII— reivindicar la lengua castellana sobre la francesa ya advierte del complejo de inferioridad de un país. Feijoo admite que Francia, u otro país, pueda tener más «voces particulares o específicas», pero eso solo significará que tendrá más palabras o será más copiosa. Eso, dice Feijoo, no tiene nada que ver con la propiedad de las palabras, porque la misma función cumple *rien* que *nada*.

Otra cosa distinta es el uso que hacen poetas y artistas de la lengua que nos ha correspondido en suerte. Al final del periodo barroco, Feijoo no tiene más remedio que admitir que en los franceses se observa más naturalidad y en los españoles, «más afectación». La tendencia al barroquismo a la hora de expresarse en lengua castellana se ha considerado una enfermedad endémica de nuestra literatura.[3]

Feijoo también compara las lenguas desde el punto de vista de la «armonía» (un concepto extraño a la ciencia lingüística y que el autor define como «sonido grato al oído»), y se burla de que aún haya personas que se enfrasquen en este debate, porque no hay idiomas ásperos o apacibles, sino conocidos o desconocidos. Y tampoco hay ninguna razón, dice, para concluir que a los ingleses les va bien la lengua feroz de la tragedia porque son de suyo sanguinarios, ni a los portugueses la dulce poesía porque sean especialmente líricos. Así, con medio siglo de antelación, Feijoo rebate las simplezas geográficas que Rousseau esbozará en su *Essai sur l'origine des langues*.

Por supuesto, como buen ilustrado, valora juiciosamente la costumbre de algunos autores españoles de tomar palabras de otras lenguas. Si esta práctica ha sido favorable en muchas ocasiones (como se dice de la lengua hebrea o de la latina, por ejemplo) y ha añadido más prendas a la lengua castellana, otras veces es el resultado del vencimiento y fin de un idioma. Dice Feijoo:

> La introducción del lenguaje forastero es nota indeleble de haber sido vencida la Nación, a quien se despojó de su antiguo idioma. Primero se quita a un Reino la libertad que el idioma. Aun cuando se cede a la fuerza de las armas, lo último que se conquista son lenguas, y corazones.

No tiene la lengua una persistencia tan idealista como creía el autor del *Teatro crítico* (aunque es signo identitario y suele emplearse como bandera). Las lenguas son *muy humanas* y ceden al hambre, la censura, la presión política, las modas, la religión, la enfermedad, las costumbres o la economía con la misma facilidad que sus hablantes. El auge o la desaparición de las lenguas no guardan tanta relación con su capacidad comunicativa, que es idéntica en todas ellas, como con otras estructuras humanas, esto es, con los sistemas educativos, el poder económico, el poder represivo político, el favor administrativo o las relaciones sociales. Esta es la razón de que el 90 por ciento de la población mundial hable uno de los veinte o veintidós idiomas más extendidos. La expansión del inglés, el chino o el español es tan imparable como la globalización, y la globalización acarreará la desaparición de numerosas lenguas. Poco tiene que ver aquí el corazón del que hablaba ingenuamente nuestro erudito ilustrado: la mayoría de las lenguas de América del Norte desaparecieron por la presión y la violencia colonial; la presión económica (¿no es también un modo de violencia?) acabó con decenas de lenguas amazónicas y sudamericanas; otras lenguas se extinguen por la debilidad de sus pueblos, por el prestigio de otras lenguas colindantes, por inmersiones lingüísticas o por decisión voluntaria (emigración, integración, etcétera). Por estas y otras causas desaparecieron antaño lenguas importantísimas, como el latín, el etrusco, el hitita, el egipcio clásico, el acadio, el mozárabe, el arameo o el copto. La Unesco asegura que en menos de cien años se perderá la mitad de las lenguas que se hablan en la actualidad (unas siete mil). Solo en Europa hay decenas de lenguas que entran en las categorías de *endangered*, *severely endangered*, *critically endangered* o *vulnerable* que establece este departamento de la ONU. Por ejemplo, están en peligro o a punto de desaparecer el *champenois* o champañés, de Bélgica y Francia, que es una de las lenguas galorromances; el gauguz de Bulgaria y de algunas otras zonas del oriente europeo, de origen túrquico; el corso, de la isla francesa; el dialecto occitano llamado gascón; el *nordfriisk* alemán; el asturleonés en España; el rumano-macedonio, el póntico, el cimbrio, el grico, el romañol, el ligurio, etcétera.

Centenares de lenguas *perfectas* desaparecerán.

# 5

# TAXONOMÍA LINGÜÍSTICA

A mediados del siglo pasado, los paleolingüistas parecían haberse dado por vencidos. Habían logrado identificar algunas lenguas primitivas, pero la falta de materiales o de conocimientos precisos los había llevado a un callejón sin salida. El lingüista danés Holger Pedersen (1867-1953) había propuesto en 1903 que todas las lenguas relacionadas con el indoeuropeo (indogermánico, lo llamaba él) se reunieran en un grupo que denominó «lenguas nostráticas». En un libro de 1924 especificaba que «con el fin de tener una designación general que englobe a todas las familias de lenguas relacionadas con el indoeuropeo, podemos emplear la fórmula "lenguas nostráticas" [*Nostratian languages*], a partir del latín *nostrās* [nuestras lenguas]».[1] Al parecer, los fundamentos científicos de Pedersen eran demasiado imaginativos.

El filólogo estadounidense Merritt Ruhlen, profesor en la Universidad de Stanford, describe el estado de la cuestión a mediados del siglo XX: «Hasta hace muy poco tiempo, la mayoría de los lingüistas consideraban los postulados de la taxonomía lingüística aproximadamente así: aunque la familia indoeuropea se había podido fijar sin ninguna duda, nunca se había podido demostrar su relación con ninguna otra familia, y no puede hacerse, porque el ritmo del cambio lingüístico es tan rápido que todo rastro de similitud genética desaparece en unos seis mil años. Se han identificado muchas otras familias (por ejemplo, las urálicas, dravídicas, australianas, algonquianas, siouanas, arawakanas, etcétera), pero nunca se han podido relacionar convincentemente entre ellas o con otras familias. De acuerdo con esta certeza, la taxonomía lingüística simplemente había llegado hasta donde podía llegar, y su límite temporal, los seis mil años, coincidía con la supuesta antigüedad de la familia indoeuropea».[2]

Merritt Ruhlen y su maestro en la Universidad de Stanford, Joseph Greenberg, se ocuparon, en primer lugar, de desestimar las precarias taxonomías del jesuita Gaston-Laurent Coeurdoux (1691-1779) y del filólogo ilustrado William Jones (1746-1794), que parecían hasta entonces inamovibles; y, en segundo lugar, procuraron reabrir el debate apoyados en nuevas metodologías de las ciencias lingüísticas: «Seguir diciendo que no tenemos más pruebas de la prehistoria lingüística más allá del 4000 AEC ya no convence». Era cuestión de aplicar una nueva metodología científica, nuevas formulaciones y nuevas visiones de conjunto.

Desde los años sesenta, cuando aparecen los trabajos más importantes de Greenberg, estos dos filólogos fueron avanzando en el mapa genealógico de las lenguas del mundo. La rapidez de la evolución de los fenómenos orales es formidable, por eso resulta asombroso que la indagación en las variedades lingüísticas de hace cinco o seis mil años pueda proporcionar algún resultado notable.

Véase, por ejemplo, que la lengua itálica (derivada del indoeuropeo, y hermana del anatolio, el helénico, el indo-iranio, el germánico, el celta, el tocario o el baltoeslavo), de donde nació el latín (y de aquí, el latín vulgar), dio lugar a más de cincuenta lenguas completamente distintas en un periodo de unos escasos quince siglos, y la mayoría se formó en los diez primeros. En esa familia están el sardo, el corso, el napolitano, el siciliano, el aragonés, el asturiano, el castellano, el gallego, el portugués, el francés, el occitano, el catalán o el friulano, además de otras lenguas perdidas, como el dalmático, el asturleonés o el mozárabe.

El aspecto más problemático del trabajo de Greenberg y Ruhlen es su seguridad a la hora de optar por la hipótesis monogenética que enunció el lingüista Alfredo Trombetti a principios del siglo XX; es decir, la teoría de que existió una sola lengua original, la lengua llamada protosapiens o protomundial. Entiéndase que para llegar a intuir esa lengua protosapiens es necesario un imaginativo ejercicio de ingeniería inversa o, más bien, de lingüística inversa, una especie de etimología radical. Por eso hay un grupo notable de lingüistas que no creen en esa metodología y acusan a los paleolingüistas más atrevidos de embusteros. «La búsqueda de etimologías globales es, en el mejor de los casos, una pérdida de tiempo, y en el peor, una vergüenza para la lingüística como disciplina, que desgraciadamente solo sirve para confundir y engañar a aquellos que quieren recurrir a la lingüística para comprender [los orígenes de las lenguas].»[3]

Veamos en qué consiste aproximadamente el árbol genealógico de las lenguas humanas.

*Taxonomia lingüística de Merritt Ruhlen y Murrany Gell-Mann*

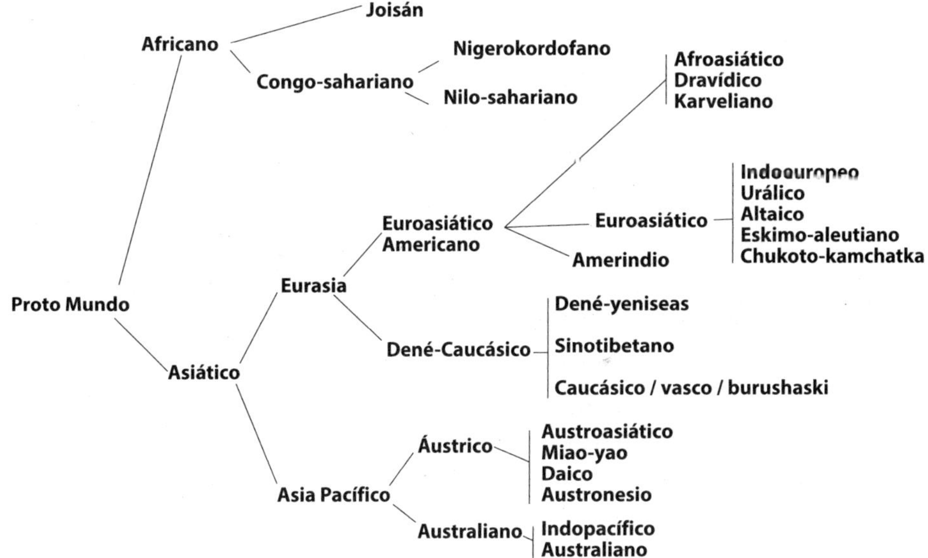


La hipótesis supone que un grupo de humanos comenzó a hablar una lengua que los especialistas llaman protosapiens o protomundial o incluso protohumana en un periodo que datan hace entre cien y doscientos mil años. Si las lenguas que no cuentan con las ventajas de la fijación literaria, ni medios de comunicación o academias, se diluyen y se transforman a una velocidad asombrosa, la laguna de cien a doscientos mil años es un periodo suficiente para que se hubieran derivado decenas e incluso centenares y miles de lenguas, suponiendo que hubiera existido esa única lengua primitiva. El proceso del cambio lingüístico es constante, incesante, imparable: las lenguas cambian continuamente y es imposible saber cuándo una lengua se transforma en otra. Piénsese que en apenas mil años, y a pesar de la importancia y las imposiciones políticas del latín clásico y del latín eclesiástico, solo en la península ibérica se desató una furia lingüística que dio como resultado la aparición del gallego o galaico-portugués, el asturleonés, el mirandés, las variantes extremeñas, el castellano, el aragonés y sus variantes, el judeoespañol y el mozárabe, las variantes occitanas peninsulares, el catalán, las lenguas baleares... Muchas de estas lenguas fueron asimiladas o desaparecieron, y otras, integrando fórmulas fonéticas y gramaticales de sus hermanas, se revelaron potentísimas y han llegado hasta nuestros días, con la ayuda de la literatura y de las instituciones políticas que las animaban. Por esta razón es difícil *creer* en una única lengua mítica de la cual derivarían las familias que darían lugar al resto de las lenguas del mundo.

Ruhlen y otros han llegado a proponer una docena de *voces* que habría utilizado esa lengua protomundial; por desgracia, a todas esas voces se le debe añadir un asterisco (*) previo, el indicativo lingüístico de que no es más que una hipótesis. Para 'agua', esta teoría propone un hipotético **ak$^{w}$a* y para 'pelo' tenemos **sum*; 'nariz' sería **čuna* y 'dedo'/'uno' sería **tik*. En realidad, **ak$^{w}$-a-* se considera una raíz protoindoeuropea; una parte de las lenguas germánicas y eslavas hacen derivar la palabra de la raíz **wed-*, que también significaba 'agua'.

Podría sorprender que la raíz **ak$^{w}$-a-* se haya mantenido tan firme en una rama de la familia indoeuropea (la itálica o románica), pero la explicación que ofrecen los especialistas aquí es bastante razonable: las palabras de uso muy frecuente son más estables. «Nuestra propuesta central —dicen los lingüistas Bancel y Matthey— es que las palabras modernas *mamá* / *papá*, generalizadas en todo el mundo, pueden rastrearse en el pasado hasta su origen.»[4] Aseguran que este tipo de palabras «debieron de aparecer muy pronto, muy probablemente en el mismísimo origen del lenguaje articulado». En fin: casi no es necesario apuntar que las bilabiales /p/ y /m/, junto a la vocal abierta /a/ son las primeras que pronuncian los niños pequeños, y una madre siempre estará dispuesta a creer que su hijo se está refiriendo a ella cuando balbucea /ma-ma-ma/.

Pero volvamos a la lengua protosapiens; de ese primer grupo nacerían dos ramas principales: las variantes africanas y las variantes asiáticas.[5]

Entre las familias africanas tenemos las lenguas joisanas o joisánidas, un grupo de lenguas africanas caracterizadas por el uso de chasquidos o clics, una característica que también suele atribuirse a las lenguas más primitivas. Las lenguas de la familia joisana se hablan en zonas de Angola, Namibia, Zambia, Botsuana y Sudáfrica; los pueblos que históricamente se han conocido como bosquimanos y hotentotes hablaban estas lenguas.

El grupo de lenguas congo-saharianas se divide en el grupo nigerokordofano o nigerocongolés (que agrupa otra docena de grupos derivados: lenguas cordofanas, kru, gur, Volta-Níger, ijoides, bantúes, etcétera). La lengua más popular de este grupo es el suajili. Cuatrocientos millones de personas hablan las lenguas de este grupo taxonómico lingüístico en una zona extensísima que abarca casi veinte países africanos.

En torno a las fuentes del Nilo y los desiertos del Sahara se han difundido las lenguas de la macrofamilia nilosahariana. (Se entiende por macrofamilia una agrupación de lenguas cuyo parentesco no está razonado suficientemente, aunque haya indicios que lo sugieran.) A pesar de los esfuerzos de lingüistas y etnólogos, no es fácil demostrar las filiaciones y derivaciones de estas lenguas minoritarias y dispersas. La lengua masái, por ejemplo, no la hablan más de un millón de personas y, en realidad, la lengua franca de los masái y de muchos hablantes de la zona es el suajili, que conocen unos ciento treinta y cinco millones de personas.[6]

Los grupos de lenguas no africanas se dividen en los territorios denominados Eurasia y Asia-Pacífico. En el primero encontramos el grupo de lenguas afroasiáticas, habladas por unos cuatrocientos millones de personas que ocupan la parte septentrional de África y la península arábiga. Aquí están las lenguas semíticas, las egipcias, las bereberes, las chádicas, las cusitas (se hablan en el cuerno de África: Etiopía, Somalia, Eritrea) y las omóticas (unas treinta lenguas habladas en zonas reducidas en torno al río Omo, en el suroeste de Etiopía).

La clasificación de las lenguas afroasiáticas es objeto de intenso debate y hay varias propuestas que muestran diferencias sustanciales; todas ellas, en cualquier caso, incluyen las semíticas.

# 6

# LOS HIJOS DE SEM Y LA LENGUA DE JESÚS DE NAZARET

Las lenguas semíticas se llaman así por Sem, el hijo de Noé, cuyos herederos se dispersaron por el mundo conformando los pueblos que reciben el mismo nombre: semíticos. La lengua semítica más hablada es el árabe: en sus diferentes variantes la hablan 375 millones de personas, pero las lenguas semíticas tienen una larguísima y fructífera historia que puede rastrearse en documentos escritos hasta 2500 años AEC en lenguas tan exóticas y evocadoras como el acadio, el eblaíta, el ugarítico, las lenguas cananeas, el antiguo hebreo, el fenicio o el antiguo arameo. El ugarítico, por ejemplo, era la lengua de los signos cuneiformes de Ugarit: una de las formas escritas más antiguas del mundo, en la que también se expresaban otras lenguas fabulosas, como el elamita, el hitita, el hurrita, el urarteo, el eblaíta o el luvita. El acadio es aún más antiguo que el ugarítico (*ca.* 2500 AEC-1600 AEC): se habló en la antigua Mesopotamia, antes incluso de la existencia de Babilonia, donde la floreciente ciudad de Akkad o Acad o Agadé era el lugar donde se veneraba a Ishtar...

El arameo (la antigua lengua de los profetas, en su variante moderna, la hablan hoy apenas ochocientas mil personas). Por su parte, tiene el aura de ser probablemente la lengua de Jesús de Nazaret. Aunque su historia se remonta a Mesopotamia y a un supuesto origen en los míticos pueblos del mar, el núcleo cultural arameo se distribuía por lo que hoy es Siria, Armenia y parte de Turquía oriental. El arameo utilizó en principio las grafías fenicias, pero las desarrolló hasta formar un alfabeto distinto, que fue usado para los textos bíblicos y acogido por la lengua hebrea: en la actualidad, esa variante del alfabeto arameo es el alfabeto hebreo. A lo largo de la historia el arameo ha tenido variedades dialectales notables, aunque los especialistas aseguran que los hablantes de unas y otras podían entenderse. En tiempos del profeta de Nazaret se hablaban siete dialectos del arameo: el propio de Jerusalén y Judea, el de Samaria (samaritano), el de Galilea, el de Damasco, el de Alepo y otros; además, estas variedades se mezclaban con otras «lenguas de cultura», como el hebreo, el latín y el más prestigioso: el griego.

En algún lugar que es preferible omitir se dice que, por supuesto, Jesús de Nazaret «podría haber hablado en cualquier lengua que se le antojara», pero le resultó más útil hacerlo en una lengua que sus contemporáneos pudieran entender. En este sentido, es divertido recordar que el papa Francisco y el primer ministro de Israel, Benjamin Netanyahu, mantuvieron un curioso debate que registraron algunos medios de comunicación. Al parecer, el político israelí le dijo al pontífice que Jesús hablaba hebreo y el papa Francisco le replicó que, en realidad, hablaba arameo. «Sí —aceptó Netanyahu—, pero también sabía hablar hebreo.» Probablemente los dos dignatarios estaban en lo cierto: la lengua materna de Jesús, con alguna seguridad, fue el arameo, pero, como rabino, conocería perfectamente la lengua de los Libros, la lengua de religión, el hebreo, y, aunque defectuosamente, tal vez podría decir o entender alguna cosa en el griego oriental que operaba como *lingua franca* en toda la zona.

Para los filólogos con espíritu arqueológico resulta muy emocionante recorrer esos antiguos textos que, en gran medida, darán forma a la cultura occidental de los últimos veinte siglos. La lengua de los textos neotestamentarios es el griego oriental, pero era un griego que resultaba perfectamente comprensible en el sur de Italia y aun en Roma. La *tradición eclesiástica* dice, sin embargo, que el Evangelio de san Mateo se escribió en arameo,[1] aunque se tradujo casi de inmediato al griego. Si existió ese antiguo texto arameo, se perdió. No obstante, en los Evangelios se mantuvieron algunas palabras comunes de su tiempo (tanto del hebreo palestino como del arameo) y se conservaron algunas otras que pronunció... ¡el mismísimo Jesús, al parecer! En el Evangelio de Marcos, por ejemplo, se habla de un encuentro que tuvo el rabí con un jefe de cierta sinagoga, el cual le suplicó que fuera a visitar a su hija porque se estaba muriendo (Mc. 5, 21-42). Finalmente, la muchacha muere, pero el profeta va a su casa, toma la mano de la niña y le dice: «*Talithá qum!*». El evangelista se apresura a traducirlo al griego (y nosotros al español): «... que significaba: "¡Niña, yo te lo mando, levántate!"». El conjuro pareció funcionar, porque la muchacha efectivamente se levantó.

Algunos especialistas se han preguntado por qué los evangelistas decidieron incluir algunas expresiones arameas en textos griegos; la respuesta más ajustada es el deseo de conferir autenticidad histórica al relato.[2] O podrían haberse conservado del mismo modo que se conservan los conjuros y los abracadabras mágicos, aquellos que servían para curar a los ciegos en las sinagogas y a los sordos en las plazas públicas. Es lo que parece ocurrir en el Evangelio de Marcos (7, 34), cuando el de Nazaret se encuentra con un sordomudo al que le grita: «*Effathá!*». La transliteración griega fue poco rigurosa, con un sobrio ἐφφαθά que emulaba el imperativo arameo del verbo 'abrir' (*pthaḥ*), de donde tendríamos aproximadamente: *ethpthaḥ*. Jesús también pronuncia la palabra aramea *abba* (padre), de larga tradición en la espiritualidad oriental y eremítica.

Pero quizá la expresión más famosa recogida en los Testamentos (con alguna variante) es el grito desesperado de Jesús en la cruz: «*Elí, Elí, lemá sabajzani*» (*Ἠλί, Ἠλί, λιμὰ σαβαχθανί*), que aparece (con alguna variante) en Mateo y Marcos. Los especialistas han rastreado esta frase hasta encontrarla en los salmos de David, de lo cual se pudo deducir que no era tanto una expresión real de Jesús en la cruz como un adorno literario y culto del evangelista. Sin embargo, Jesús no empleó el verbo hebreo del salmo 22, sino la palabra aramea vigente en su siglo. La versión de Mateo parece recordar más al salmo («*Elí, Elí*»); Marcos se deja llevar por la lengua que conoció: «*Elāhī, Elāhī*».

También es interesantísimo repasar la onomástica (antroponimia) y la toponimia neotestamentaria. Por ejemplo, el patronímico arameo *-bar-* significa «hijo de», como en Bartolomé (*bar-Tolmay*, hijo de Tolmay, tal vez 'labrador'); Barrabás (*bar-abbas*, hijo de su padre); Bernabé o Barnabás (*bar-navā*, hijo de la profecía). Entre los topónimos, el más evocador es Getsemaní, que procede de un arameo *gath-šmānē* (en la transliteración griega, *Γεθσημανῆ*), que significaría 'almazara', o 'prensa de aceite', o 'depósito de aceite', aunque a nosotros nos ha llegado como un poético Huerto de los Olivos.

## 7

# LA EXCELENTE LENGUA DE LOS ÁRABES

Pero no se puede abandonar el grupo de las lenguas semíticas sin decir alguna cosa del árabe, que forma parte de la herencia cultural española en una medida de la que no puede presumir ninguna nación occidental. Es famoso entre los estudiantes de filología el «relato» casi novelesco de Rafael Lapesa en su manual: «Cuando empezaba a consolidarse el aluvión germánico en Occidente, las tribus dispersas de Arabia, electrizadas por las doctrinas de Mahoma, encontraron un credo y una empresa aglutinante: la guerra santa. En menos de medio siglo se adueñaron de Siria, Persia, el Norte de África y Sicilia; siete años les bastaron para conquistar España...».[1] Se puede reconocer que el insigne filólogo se puso un poco épico en esta parte de su impagable trabajo: «Los árabes, sirios y berberiscos que invaden la Península no traen mujeres: casan con hispano-godas, toman esclavas gallegas y vascas...». Por supuesto, en un escolio como el presente interesan tanto los aspectos lingüísticos como las aventuras medievales de los berberiscos y bereberes. A lo largo de tantos siglos de relación (a veces convivencia, a veces guerra declarada) hubo tiempo para que los conocimientos fluyeran en una y otra dirección: el arzobispo don Raimundo (1125-1152) fundó la famosa escuela de traductores de Toledo y Alfonso el Sabio convocó en su corte a letrados cristianos, científicos árabes y filósofos judíos. En la Hispania medieval se debatirá la escolástica de origen clásico (Aristóteles, Hipócrates y Dioscórides) y la ciencia de los sabios árabes (Averroes, Avicena y Avempace). Y todos aprovecharon estos duelos intelectuales; incluso Sancho I de León, que hizo un viaje fascinante a la Córdoba califal para que los médicos árabes trataran su obesidad.

«La excelente lengua de los árabes —escribió otro de nuestros sabios ignorados—, que llegó a ser casi general en España por algunos siglos, [...] se hablaba en las riberas del Guadalquivir y del Tajo con la misma elegancia que en el Yemen y a las orillas del Diglat.»[2]

El árabe dejó en nuestras primitivas lenguas romances una huella indeleble. «Sumando el léxico propiamente dicho y los topónimos —escribió Rafael Lapesa—, no parece exagerado calcular un total superior a cuatro mil formas.»[3] El vocabulario relacionado con el mundo militar que ha llegado hasta nosotros es amplísimo: *adalid*, *atalaya*, *zaga*, *adarga*, *aljaba*, *alcazaba*, *alférez*, *tambor*, etcétera. Las labores relacionadas con la agricultura dejaron en el diccionario castellano palabras como *acequia*, *acémila*, *aljibe*, *alberca*, *zanahoria*, *alcachofa*, *almazara*, *azahar*, *adelfa*, *alhelí*, *arrayán*, *retama*, *hiniesta*, *espliego* o *mejorana*; del mercado y los negocios: *alhóndiga*, *zoco*, *almoneda*, *almacén*, *aduana*, *tarifa*, *quintal*, *fanega*, *azumbre*; de la organización social: *aldea*, *alcantarilla*, *alcalde*, *alguacil*..., y de la ciencia y las artes: *algoritmo*, *guarismo*, *cifra*, *alquimia*, *alambique*, *redoma*, *elixir*, *jarabe*, *nadir*, *azimut*, *auge*, etcétera.

Uno de los aspectos más interesantes de la influencia del árabe en los romances ibéricos (no solo en el castellano, sino también en el galaico-portugués o en el asturleonés o en el catalán o en el aragonés o el occitano) es el hecho de que trajeran hasta este extremo del mundo palabras originarias del Mediterráneo oriental, de Oriente Medio e incluso de la India. De la lengua persa proceden *jazmín*, *naranja* y *azul*; y del sánscrito, pasando por el árabe, *alcanfor* y *ajedrez*.

Entre las palabras del griego que hicieron su camino por los desiertos del sur están *alquimia*, que nació en Grecia como *χυμεία*, 'mezcla de líquidos', y pasó al árabe clásico como *kīmiyā* y al árabe hispánico como *alkímya*; o *arroz*, una palabra que los filólogos han rastreado hasta las lenguas dravídicas de la India, donde la voz *arici* mutó en *ὄρυζα* para los griegos; de aquí el árabe clásico dijo *āruz* y los árabes de Hispania *arráwz* > *arroz*.

Los árabes también asimilaron voces latinas que llegaron a los romances hispánicos tras un largo periplo mediterráneo y africano: así, el *albérchigo* es una elaboración sobre el [*malum*] *persicum* (esto es, manzana persa), de donde *al-persicum* > *albérchigo*. O *albaricoque*, que probablemente pasó del latín al griego, del griego al árabe y del árabe al castellano: *praecoquus* > *βερικόκκιον* > *al burqūq* > *albarqúq*.

Las lenguas no tienen prisa. Son capaces de viajar miles de kilómetros, recorrer ciudades, regiones y países, hacerse viejas y rejuvenecer, disfrazarse, cambiar de aspecto, de religión e incluso de significado, y transportar siglos y siglos de sabiduría y conocimiento humanos.

En el árabe clásico, *flor* era *zahr*. Para los hispanoárabes, la hermosa flor blanca del naranjo o del limonero era *azzahár*. En el juego de dados, el as o tirada perdedora (¡sí, perdedora!) se marcaba con una flor: una flor de *azahar*. Por eso, a los juegos de fortuna, como los dados, los llamamos juegos de *azar*. Dice el gran etimologista de nuestra lengua, Joan Corominas, que *azar* comenzó a utilizarse en castellano a mediados del siglo XIII para designar cierto juego de dados; como en el juego de dados perdía el que sacaba la flor, el azar pasó a significar 'lance desfavorable del juego'.[4]

Dentro del grupo euroasiático (seguimos el apreciable —y conflictivo— esquema de taxonomía lingüística de Merritt Ruhlen y Murray Gell-Mann) encontramos una segunda familia, la compuesta por las lenguas dravídicas, de las cuales aún subsisten unas veinticinco; se hablan, sobre todo, en el sur de la India, y la más importante es la lengua tamil; es también una de las lenguas vivas más antiguas del mundo y sus huellas se remontan hasta hace dos mil doscientos años. El artístico alfabeto tamil (தமிழ் அரிச்சுவடி) deriva de los antiquísimos signos de la lengua brahmi.

Las lenguas kartvelianas, también conocidas como iberocaucásicas, se hablan en los alrededores del Mar Negro, sobre todo en Georgia, partes de Turquía y Azerbaiyán. La decena de lenguas que componen esta familia no están emparentadas con ningún otro grupo, ni con las lenguas indoeuropeas ni con las túrquicas.

Se llaman también lenguas iberocaucásicas porque se hablaban en el reino de Iberia; naturalmente, ninguna relación tiene esta Iberia con la que se encuentra en el extremo occidental de Europa. La denominación de Iberia se remonta a los griegos antiguos (Ἰβηρία) y Estrabón ya cita ese territorio caucásico como conocido y explorado,[5] «con muy bellos pueblos y ciudades» y una arquitectura notable. Tanto es así que para llegar a esas tierras hay que cruzar un río con tantos meandros que lo atraviesan ciento veinte puentes (XI, 3, 4).

# 8

# INDOEUROPEOS

La cuarta familia del grupo euroasiático la componen los grupos de lenguas urálicas, altaicas (una hipotética familia con lenguas dispares, entre las que se encuentran las túrquicas y las mongolas, entre otras), eskimo-aleutianas, chukoto-kamchatkas y, por fin, las lenguas indoeuropeas.

Las lenguas indoeuropeas son una gran familia que agrupa hoy más de ciento cincuenta idiomas hablados por más de tres mil doscientos millones de personas. Las lenguas griegas, indoiranias, bálticas, eslavas, germánicas, celtas o románicas pertenecen, todas, a este grupo. El primero que intuyó los parecidos gramaticales, léxicos o fonéticos entre lenguas tan dispares como el sánscrito, el latín y el griego fue el jesuita ilustrado Gaston-Laurent Coeurdoux, que empleó sus años de misionero en la India para componer un diccionario sánscrito-telugu-francés, lo cual lo obligó a cotejar lenguas y a establecer paralelismos. En 1767 envió una memoria a la Académie des Inscriptions et Belles-Lettres de París en la que pretendía demostrar la similitud entre el sánscrito, el latín, el griego, el ruso y el alemán. Dado que los especialistas han encontrado ramificaciones desde el protoIE-1 (proto-indoeuropeo 1), el IEnuclear y las antiguas lenguas europeas, las diferencias entre las lenguas griegas y armenias y las itálicas o germánicas, por ejemplo, suelen ser sustanciales. Además, no todos los especialistas coinciden en la filogénesis de las lenguas y en los parentescos de unas y otras.[1] Como sucedía con la supuesta lengua primigenia, con el indoeuropeo ocurre que no es fácil imaginar una sola lengua madre: «No hubo nunca una lengua europea base de todas las posteriores».[2] Los procesos evolutivos de las lenguas, al parecer, tienen muchas más variantes que la jardinería de semillas, esquejes e injertos.

Las lenguas indoeuropeas que se hablaban en las estepas caucásicas hace siete mil años son «conjeturales»: se hace necesario e imprescindible el asterisco, aunque los eruditos más avispados sean capaces de rastrear algunas raíces en la toponimia. A partir del 3000 AEC comienzan a llegar oleadas de tribus (con distintas lenguas) que entran por el Cáucaso y la actual Ucrania, y estas lenguas ya dejan rastros más reconocibles. A partir del primer milenio AEC esas lenguas ya aparecen distribuidas por Grecia, Italia y el centro de Europa.

Pero ¿cómo logran los lingüistas establecer esas relaciones de parentesco y filiación? Para fijar las líneas filogenéticas de las lenguas, los historiadores y filólogos intentan descubrir características comunes en la gramática, como el comportamiento del género, el número, la flexión nominal, las conjugaciones o las relaciones semánticas. Pero es en el léxico donde esas similitudes resultan más perceptibles, aunque no del todo evidentes; los especialistas suelen acudir a grupos de palabras llamados cognados: son palabras que han evolucionado conforme a las reglas fonéticas y gráficas de sus lenguas correspondientes pero de las que se tiene constancia que *no* derivan unas de otras, sino que nacieron a un tiempo de una lengua anterior. Por ejemplo, la raíz indoeuropea **eg* dio en las lenguas germánicas *ik* o **ek*, pero en latín dio *ego* y en las lenguas eslavas *ya* o *ja*. Del antiguo inglés *ik* > *I*, y de las lenguas germánicas, *ich*; y de *ego* > *yo*, *jo* (cat.), *eu* (gal.), *je* (fr.), *io* (it.).

Veamos algún ejemplo más: de la raíz indoeuropea **dwo* (a veces *dwos* o *dwis*) nacen las primeras formas germánicas (*twai*), las primeras variantes itálicas (*duo*) o las antiguas formas eslavas (*duva*). (Naturalmente, también evolucionó en sus variantes celtas, bálticas, armenias, tocarias...) De ese **dwo* primero tenemos nuestro *dos*, el *dva* ruso, el *two* inglés, cada cual evolucionando conforme a las leyes de su propia familia (germánica, eslava, itálica, etcétera) y a las leyes internas de su propia lengua. En gallego, *dous*; en francés, *deux*; en irlandés, *a dó*; en serbio, *dva* (два); en búlgaro, *dve*; en sueco, *två*; en galés, *dau*...

En las antiguas lenguas indoeuropeas tenemos una probable raíz *nek*$^{w}$*-t-* que da en las antiguas lenguas germánicas **naht-*, de donde nacen las voces antiguas *niht*, *neaht* y *naht*, que evolucionaron hasta parar en *night* (ingl.) y *nacht* (alem.). En las lenguas orientales, como el ruso, la evolución llegó hasta *noch'*, y en serbio, *noć*. Las lenguas helénicas evolucionaron con formas asociadas a *nukt-* y las itálicas con *nox*, *noct-*, de donde provienen las peninsulares *noche*, *noite*, *nit*.

Por supuesto, no debemos dejar aquí la impresión de que estos esquemas evolutivos son tan sencillos y tan evidentes. Los filólogos y los etimologistas mantienen constantes disputas al respecto, porque las evoluciones lingüísticas son a veces estrafalarias y responden a infinidad de influencias, sustratos y superestratos lingüísticos, fenómenos particulares o característicos de cada lengua, contaminaciones ocasionales y evoluciones regionales o locales. La voz latina *fonte(m)* da en castellano *fuente*, pero mientras en castellano diptonga la vocal breve, en otras lenguas peninsulares tenemos *font* o *fonte*. En castellano es habitual la sonorización intervocálica, como saben todos los estudiantes que anotan en sus cuadernos *apoteka* > *bodega*, pero también tenemos formas intermedias (*botica*, *boticario*, *adega*, *apotecari*), evolucionadas en el seno de la propia lengua, imitadas o tomadas de otras, influidas por estas o aquellas...

# 9

# SHANGRI-LA Y OTRAS EXTRAVAGANCIAS LINGÜÍSTICAS

En la parte inferior del cuadro se agrupan verdaderas extravagancias lingüísticas: muchas de esas lenguas se conocen poco y mal, y razonablemente los críticos de Merritt Ruhlen y Murray Gell-Mann han supuesto que las agrupaciones guardan más relación con indicios de carácter geográfico que cultural.

En todo caso, como una derivación de las primitivísimas lenguas de Eurasia, los filólogos han supuesto una macrofamilia bastante extravagante llamada dené-caucásica, en la que se incluirían las lenguas pertenecientes a la familia yené-denisea (algunas lenguas siberianas de difícil filiación y un grupo de lenguas que se hablan en Alaska y la parte occidental de Canadá), las lenguas sinotibetanas (alrededor de doscientas cincuenta lenguas que se hablan en el Tíbet, Nepal, China, Tailandia, Birmania, Bangladés e incluso algunas partes de Pakistán) y las lenguas del Cáucaso septentrional, entre las que se encontrarían variedades tan exóticas como el abjasio, el circasiano, el adigué, el godoberi, el tabasarán y otras muchas, más propias del mundo de George Lucas que del planeta Tierra. Son lenguas que se hablan en la franja que separa el Mar Caspio del Mar Negro: Osetia, Daguestán, Armenia, Turquía, Azerbaiyán... Son lugares fabulosos, entre Estambul y Samarcanda..., pero los escritores conocen destinos aún más asombrosos.

En diciembre de 1954, el diario británico *The Times* publicaba el obituario de un hombre «abrumado por el éxito». Era bastante joven —había nacido con el siglo— y desde la época universitaria había intentado hacerse un nombre como novelista. Poco a poco fue conociendo la fama y, como siempre le interesó el mundo del cine, llegó a trabajar con fortuna en Hollywood y consiguió un Oscar por el guion adaptado de *Mrs. Miniver* (1942), de William Wyler. Otro de sus trabajos sobresalientes fue *Goodbye, Mr. Chips* (1934). Se llamaba James Hilton y, aunque su nombre no cause especiales arrebatos hoy, fue el autor de uno de los mitos modernos más interesantes: el lugar edénico y fabuloso por el que suspiraban todos los *hippies* del mundo en el siglo pasado. En 1933 publicó una novela titulada *Lost Horizons* (*Horizontes perdidos*, en España e Hispanoamérica) en la que se hablaba de un lugar místico, donde reinaba la paz, una «profunda calma», donde «todo era agradable» y se respiraba «una dulce atmósfera de misterio»: una utopía himaláyica y tibetana, a medias entre el misticismo oriental y el falso exotismo inventado en la California surfera.[1] Ese paraíso, enclavado entre las gloriosas cumbres del Himalaya, se llamaba Shangri-La y, desde que se describiera en la ficción, no han faltado viajeros, turistas e incluso expediciones formales que han buscado el famoso lamasterio budista en las faldas de las moles del Tíbet y Nepal. Suele decirse que Hilton encontró la inspiración para su utopía en un reportaje de *National Geographic*. En otros lugares se asegura que Hilton tuvo en cuenta un resumen de un relato de viajes de dos misioneros del siglo XIX: el *abbé* Huc (Évariste Régis Huc) y Joseph Gabet, que viajaron por el Lejano Oriente y escribieron sus impresiones en los *Souvenirs d'un Voyage dans la Tartarie, le Thibet, et la Chine* (1850). En todo caso, Hilton no hizo más que poner por escrito un mito que existía desde siempre en Oriente: el lugar edénico donde los angustiados peregrinos del mundo pueden gozar de una idílica paz.

Los aficionados a las lenguas más extrañas del planeta dicen que en el grupo de las familias sinotibetanas —familias desestructuradas, un tanto dispersas y poco estudiadas— se encuentran idiomas asombrosos, como el buruchasquio (también llamado burushaski o burusaski), hablado por un pueblo llamado burusho, que habita ciertas zonas montañosas inaccesibles de Pakistán, entre el Karakórum y Cachemira. Dicen que en esos lugares maravillosos, exóticos y remotos estuvo Shangri-La, pero quién sabe. ¿Hablaría el enigmático señor Chang la lengua buruchasquio?

Y finalmente —por no dejar a nadie fuera de esta colección— hay que hacer referencia a los grupos de lenguas que (muy ajustadamente) podrían llamarse excéntricos. Su área de influencia es el sureste asiático y componen la llamada familia áustrica; el panorama geográfico y cultural de estas lenguas es tan enrevesado que da la impresión de que los filólogos no se pondrán nunca de acuerdo. Las lenguas austroasiáticas ocupan espacios reducidos de Vietnam, Camboya, Tailandia, Laos, Birmania, Bangladés e incluso la India. En total, haciendo recopilación de las diferentes familias (si es que lo son), hay unas trescientas lenguas que —tal vez— están emparentadas. El vietnamita y el camboyano son las más habladas, pero hay grupos, como el bahnárico, cuyas lenguas son muy minoritarias, como las llamadas brao, laveh, krung, kravet, chrau, sre, stieng, mnong o rengao: muchas de ellas son «lenguas murmuradas» (con sonoras vibrantes) o tonales.

Las lenguas hmong-mien forman un catálogo de treinta o cuarenta lenguas dispersas por el sur de China, Laos y Vietnam; se les quiso incluir en otras familias sinotibetanas, pero algunos lingüistas pusieron el grito en el cielo porque las diferencias con ese grupo eran notables. Los subgrupos tai-kadai y austronesios se mezclan con todas las lenguas anteriormente citadas en ese laberinto surasiático. La familia austronesia cuenta con más de mil lenguas distintas repartidas por Filipinas, Brunéi, Camboya, Malasia, Taiwán, Polinesia, Papúa, Tuvalu, Vanuatu, Samoa, Salomón, Marianas... e incluso Hawái y Madagascar.

Finalmente, las familias del Pacífico y australianas (muy dudosas, al parecer) abarcan amplios territorios dispersos, desde el Tíbet a Tasmania, donde llegó a haber más de una docena de lenguas distintas, aunque todas se extinguieron por la presión blanca a principios del siglo XX. El conflicto paleolingüístico reside en que no cabe hacer una diferenciación de familias en un territorio que estuvo unido (Sahul) hasta hace solo siete mil años. Probablemente las lenguas de los aborígenes australianos y los de Papúa Nueva Guinea estuvieron muy vinculadas y emparentadas en ese tiempo, aunque el nivel de las aguas los separara definitivamente en los últimos milenios.

La diversidad lingüística que estamos observando en este repaso de la taxonomía de las lenguas es también un acontecimiento asombroso en la historia humana. La diversidad es, incluso, un rasgo característico en áreas que siempre han estado pobladas, desde tiempos inmemoriales, y que no han quedado aisladas o condenadas de algún modo. Es como si la dispersión fuera intrínseca al desarrollo de las lenguas. Algunos especialistas consideran esta diversidad como un «rasgo estable» en todo el mundo.[2] En términos generales, los filólogos sugieren que la diversidad tiene su raíz primera en el paso del tiempo, pero los acontecimientos históricos, económicos, políticos o culturales también pueden acabar con líneas lingüísticas (como ocurrió con muchas lenguas amerindias) o pueden petrificarlas (como reacción frente a otras lenguas de grupos sociales más poderosos). La expansión del latín contribuyó a la ruina del etrusco, por ejemplo, y también a la desaparición del ibérico (o vasco-ibérico) de Hispania, pero otras lenguas se conservaron a pesar del extraordinario poder cultural de la lengua latina. Por eso la lingüista Johanna Nichols nos recuerda un error en el que inadvertidamente suelen caer quienes solo se ocupan de los aspectos gramaticales de las lenguas: la ortografía, la sintaxis, la morfología, la fonética o el léxico de las lenguas no son entidades abstractas o teóricas, sino elementos que están enraizados en la vida de las comunidades y cuyo destino es, casi siempre, el destino de esas comunidades. «Me gustaría que los lingüistas concibieran el lenguaje no como un objeto abstracto, un objeto psicológico, como un texto, como un árbol genealógico, etcétera, sino como un grupo poblacional, una población caracterizada por la diversidad.»[3]

En un famosísimo artículo de 2013, el lingüista Tyler Schnoebelen hizo un repaso de las características más extraordinarias o singulares de las lenguas del mundo y estableció un *ranking* de los idiomas más raros.[4] Seguramente algunos lectores estarán imaginando que entre los más extravagantes se encontraría el euskera. Bueno, pues ocupa un discretísimo puesto 230 de los 240 que se estudiaron. Es decir, es una lengua bastante común en el sentido de que hay muchísimas lenguas con las que comparte rasgos y características. Dice Schnoebelen que, tras haber analizado veintiún rasgos lingüísticos (el orden de las palabras en las preguntas, las consonantes raras, el uso de los pronombres, el vocabulario, etcétera), algunas lenguas como el lituano, el indonesio, el turco, el cantonés y ¡el vasco! comparten con muchísimas otras unas características similares. Es decir, son bastante comunes y nada raras. El húngaro o el hindi, por ejemplo, no son *raros* en absoluto. La distancia que separa al hindi del español no implica necesariamente que el hindi sea una lengua rara: de hecho, la lengua *rara* es el español. «Da la casualidad de que algunas de las lenguas que todos consideramos normales, como el inglés, el español o el alemán, hacen cosas rarísimas y muy diferentes al resto de las lenguas del mundo.»[5] Que haya mil quinientos millones de personas que hablen inglés y que seiscientos millones hablen español no quiere decir que sean lenguas «sencillas». Aunque el inglés tiene una flexión escasa, su ortografía resulta completamente caprichosa y arbitraria; por su parte, el endiablado laberinto del *ser* y el *estar* del español puede acabar con la paciencia de cualquier hindú.

En todas las listas de lenguas estrafalarias (es decir, de características únicas o raras), el primer puesto lo ocupa una lengua mixteca llamada chalcatongo, que se hablaba sobre todo en la zona de Oaxaca, en México. El nombre (chalcatongo) se lo impusieron los españoles; el nombre correcto de la lengua es *sahìn sàu* (o tal vez *Ñuù Sàu*, la lengua de la lluvia). Tiene un catálogo de doce vocales que hay que multiplicar por tres, ya que es una lengua tonal, y dependiendo del tono, esas vocales pueden conferir un significado u otro a las palabras. Tiene cinco géneros,[6] pero no hace distinción en los pronombres. Otra característica es que no es regular en la posición de las palabras (aunque suele comenzar con un verbo, cuando se usan) y quienes lo han estudiado dicen que no hay manera de distinguir una pregunta de una afirmación. En cualquier caso, los pocos miles de hablantes del chalcatongo se niegan a considerar su lengua una rareza... y saben por qué: porque la sociedad humana tolera mal la diversidad. Lo raro, primero, se señala y, luego, se propone su eliminación.

Los samoyedos siberianos hablan una lengua (nénets) que ya está escindida, entre el nénets de la tundra y el nénets del bosque. Tiene unos diez sonidos vocálicos (con largas, medias y breves) y, en el plano consonántico, llama la atención su variedad nasal y su tendencia a la palatalización generalizada. Entre sus múltiples rarezas (casos, tiempos no perfectivos, ausencia de géneros) está el uso de una sola voz para la preposición *con* y la conjunción *y*. Una extraordinaria curiosidad es que el español ha tomado prestada una palabra de los samoyedos nénets: *parka*, una prenda de abrigo (a través del ruso y del francés o el inglés).

La lengua choctaw completa el podio de las formas habladas más «raras» del mundo: los choctaw viven en distintas reservas americanas, sobre todo en Oklahoma, y hablan una lengua de la familia muskogueana. Muy fácil no debe de ser cuando un misionero llamado Cyrus Byington tardó cincuenta años en traducir la Biblia a esa lengua. Que *sol* y *luna* se digan de la misma manera (*hvishi*) solo es una curiosidad al lado del laberinto de su morfología flexiva, derivativa y aglutinante, o con el curiosísimo número gramatical llamado paucal, que es un plural «para pocas cosas».

Pero, en fin, como señaló en su momento Schnoebelen, las «rarezas» dependen sobre todo de la consideración de «normalidad» del observador. Como en aquel cuento dieciochesco, a veces parecemos simplones que se sorprenden de que un niño se exprese perfectamente en una lengua extraña cuando a nosotros nos cuesta mucho trabajo entenderla y hablarla. Ya sea por la gramática universal o por el aprendizaje en un entorno cultural concreto, lo cierto es que los niños pueden aprender el pitjantjatjara con la misma facilidad que el español o cualquier otra lengua. Los aborígenes de Australia central hablan pitjantjatjara muy cómodamente y los niños lo aprenden en la escuela. Esta lengua solo tiene tres sonidos vocálicos (*i*, *a*, *u*, en versiones largas y breves) y su repertorio consonántico es escaso (carecen de algunos sonidos, como los que se corresponden con nuestras letras *b*, *d*, *j*, *f* o *s*), pero eso no menoscaba en absoluto su funcionalidad, aunque seguramente sus escritos necesitan más tinta que otras lenguas: «*Ngayulu wangkapai pitjantjatjara*» (Hablo pitjantjatjara).

Por el contrario, el xhosa —una lengua bantú hablada por ocho millones de sudafricanos— tiene diez sonidos vocálicos y cuenta con más de sesenta realizaciones consonánticas, dieciocho de las cuales son «chasquidos». No es mucho: la lengua jul'hoan de Botsuana y Namibia tiene cuarenta y ocho chasquidos distintos, y la lengua taa, también de Botsuana, alcanza los ochenta y tres chasquidos diferentes. En efecto, se cree que la lengua taa (también conocida como !Xóõ o !Khong o !Xoon) es la más prolífica desde el punto de vista fonético: sus ochenta chasquidos pueden ser sordos o sonoros y ejecutarse en la zona bilabial, dental, lateral, alveolar o palatal; tienen un amplísimo (y aterrador) rango de sonidos que van desde una /k/ muy débil a una /n/ aspirada casi inaudible. En cuanto al léxico, solo tienen tres números: *†ʔûã* (uno), *†nûm* (dos) y ||*âe* (tres). (Los símbolos iniciales representan chasquidos; la mayoría de las lenguas que tienen esta característica comienzan sus palabras con chasquidos.)

Las lenguas son un rasgo inseparable de la comunidad humana y, como se ha señalado en otro lugar, no ha habido jamás y no hay actualmente ninguna comunidad humana que no haya tenido una lengua. El complejísimo proceso lingüístico (no me refiero aquí a la posible complejidad de las lenguas, sino a la complejidad del proceso biopsicológico de la comunicación) se produce en las montañas de Alaska, en la tundra siberiana, en las selvas africanas y en los desiertos saharianos, en las islas perdidas del Pacífico y en las estepas de Mongolia..., en Groenlandia, en Perú, en el Tíbet, en Japón, en la isla de Pascua.

## 10

# PROHIBIDO HABLAR DEL ORIGEN DE LAS LENGUAS

A mediados del siglo XIX se publicaba en París un periódico llamado *La Tribune des Linguistes*, dirigido por el señor Casimir Henricy. Era el órgano público de una asociación poco formal de ciertos eruditos que se entretenían redactando oscuros artículos relativos a «la teoría del lenguaje, filosofía de las lenguas, estudios filológicos, cuestiones gramaticales y literarias...», aparte de otros asuntos —tan franceses— concernientes a una reforma ortográfica o un alfabeto universal. La publicación periódica dejó de distribuirse en 1860. Poco después, en 1863, aquella reunión casi informal se sustanció en la fundación de la Société de Linguistique de Paris. Desde el principio, la agrupación estuvo íntimamente relacionada con la Universidad de la Sorbona y la Escuela Práctica de Altos Estudios, cuya sección IV estaba dedicada a las Ciencias Históricas y Filológicas. El ministro de Educación de la época consideró que la Sociedad de Lingüística debía aparecer como una institución más formal si quería vincularse a las organizaciones académicas, y por esa razón se exigió que los miembros redactaran unos estatutos.

La finalidad de la Société (tal y como se declara en el artículo primero) era el «estudio de las lenguas, de las leyendas, tradiciones, costumbres, documentos, capaz de arrojar luz sobre la ciencia etnográfica». Y añadía: «Cualquier otro objeto de estudio está prohibido».[1] En todo caso, parece muy evidente que la «lingüística» de la Société abarcaba algo más que las ciencias que estudian el lenguaje humano y miraba de reojo a otras ciencias sociales, como la antropología o la etnografía.

Más interesante es el artículo 2:

> La Sociedad no admitirá ninguna comunicación concerniente al origen del lenguaje ni sobre la creación de una lengua universal.

¿Por qué una sociedad que explícitamente se dedicaba al estudio de las lenguas querría prohibir las investigaciones relacionadas con el origen de las lenguas? La mayoría de los filólogos podríamos estar de acuerdo en la idea de que el surgimiento del lenguaje es probablemente el problema científico más atractivo y difícil que puede plantearse en esta disciplina.[2] De modo que resulta —por lo menos— curioso que los eruditos de la Société no quisieran saber nada del tema.

Una de las razones para plantear semejante prohibición era que entre los filólogos existía «una voluntad clara de distanciamiento respecto a las teorías lingüísticas de la Société d'Anthropologie de París».[3] Pero, sobre todo, en aquellos primeros años de investigaciones científicas sobre la lengua, las teorías que se planteaban eran tan estrafalarias y contradictorias que no había modo de componer un panorama más o menos ajustado. No es extraño, por tanto, que viendo la cantidad de teorías absurdas que llegaban a su despacho, la Société decidiera prohibir ese asunto en su círculo erudito. Un grupo de estudiosos de la Sociedad de Antropología de París estuvo publicando durante años artículos relativos al nacimiento y la muerte de las lenguas, considerándolas siempre desde una perspectiva organicista, muchas veces relacionadas con la raza.[4] Por otra parte, simplemente, la organización estaba convencida de que no había manera científica y «positiva» de averiguar cómo fueron las primeras lenguas.

La mayoría de los nombres de aquellos viejos filólogos ha caído en el olvido. Por ejemplo, Honoré Chavée (1815-1877), fundador de una de las primeras publicaciones periódicas dedicadas a la filología, consideraba las lenguas como organismos vivos y como tales las trataba. Su teoría comparativa afectaba sobre todo a los significados, y procuró buscar en las palabras «*atomes sémantiques élémentaires*».

Su discípulo más notable fue el antropólogo y lingüista Abel Hovelacque (1843-1896), que colaboró estrechamente con el famoso médico y antropólogo Paul Broca (1824-1880), un coleccionista de cerebros en formaldehído que, tras muchas indagaciones y comparaciones, averiguó que la afasia o incapacidad para hablar guardaba relación con lesiones en el tercer giro frontal del hemisferio izquierdo, llamada hoy área de Broca en honor de su descubridor. Broca fue también un ferviente practicante de la antropometría y la craneometría, unas disciplinas que, unidas a la defensa de la poligenética (el hombre no desciende de un único grupo de humanoides, sino de varios y en distintos lugares y tiempos) y el hibridismo, abonaron otras teorías racistas muy alejadas de las ideas del propio Broca.[5] Hovelacque describe muy bien cuál era el pensamiento predominante de la época en lo relativo a las lenguas:

> Las lenguas, en efecto, nacen, crecen, envejecen y mueren, como todos los seres vivos. Todas ellas pasan por un

periodo embrionario, alcanzan un desarrollo completo y se entregan, finalmente, a la metamorfosis regresiva. Es precisamente esta concepción de la vida de las lenguas, tal y como la hemos expresado, lo que distingue la ciencia moderna de la especulación.[6]

La idea de las lenguas como entidades vivas que a menudo se defiende en la actualidad procede de este concepto organicista de la cuestión, aunque lógicamente ya nadie sostiene esta formulación tan radical. Decimos que las lenguas están vivas, en realidad, para afirmar su carácter cambiante. Menéndez Pidal lo expresó maravillosamente: «La lengua está en variedad [transformación] continua y en permanencia esencial».[7]

Uno de los compañeros lingüistas de Hovelacque fue el revolucionario español Antonio de la Calle (1843-1889). Participó en la Comuna de París de 1871 y en la revolución cantonalista de Cartagena tres años después. Fue perseguido en España y condenado por rebeldía en Francia y expulsado del país. Fue periodista, militar, conspirador, anticlerical y proclive a todas las revoluciones de la época. Pero también ocupó una cátedra en la universidad francesa y escribió obras de erudición lingüística, y se inclinó, como sus coetáneos, por el naturalismo asociado al evolucionismo y al positivismo filosófico. Su trabajo principal fue *La glossologie* (1881), donde rechaza de plano la vinculación de la lingüística a las «ciencias históricas», incluyéndola en las ciencias naturales.[8] Por esta razón, añade, lo que hay que aplicar en el caso de la lingüística son las leyes generales de la biología.

Si Antonio de la Calle viviera hoy, algún amigo podría aconsejarle que no siguiera por ese camino o se metería «en un jardín»: el revolucionario gaditano relaciona las razas con las lenguas y, como «el rasgo característico del ser humano es el lenguaje articulado»,[9] lo que caracteriza a las razas, principalmente, será la lengua. Y pone un ejemplo: dice que los vascos y los húngaros, aunque pertenecen a los pueblos indoeuropeos, tienen lenguas cuyo grado de desarrollo es mucho menor que el del resto de las lenguas circundantes, que han evolucionado más. Y cita a August Scheicher: «El lenguaje no es solamente importante para la construcción de un sistema natural científico de la humanidad [...] sino para la historia de su desarrollo».[10] Casi cualquier paso que se dé a partir de aquí, como es normal, conduce a los racismos de finales del siglo XIX y principios del XX. El problema es que los naturalistas fueron incapaces de ver que las lenguas *siempre* son perfectas y que no hay lenguas más evolucionadas que otras: siempre están en un «momento perfecto». La concepción de las lenguas como seres vivos obligaba a los estudiosos a considerarlas en un proceso de nacimiento (inmadurez), desarrollo (madurez) y muerte (decrepitud). A un desarrollo inmaduro de una lengua le correspondería una inmadurez intelectual del pueblo que la habla; a una madurez lingüística le correspondería un cierto esplendor como pueblo; y a la decrepitud lingüística le correspondería la ruina y el hundimiento de la civilización que emplea esa lengua. «Cuanto más rápido progresa la civilización de un pueblo, más rápidamente se precipita también la lengua en su decadencia morfológica.» Y añade:

> De todos los idiomas indoeuropeos, por ejemplo, aquellos que están más tiempo en este proceso de degeneración son los idiomas neolatinos, las lenguas romances, el francés, el italiano, el español, etc., los pueblos, en fin, que han recorrido una gran distancia en la historia y que han sido más pulidos por la civilización.[11]

Antonio de la Calle parece avanzar, de acuerdo con este sistema evolutivo de las lenguas, un concepto que muchos años después desarrollará André Martinet: la economía de la lengua.[12] Dice Martinet: «Se puede considerar que la evolución lingüística está regida por la antinomia permanente entre las necesidades de comunicación del hombre y su tendencia a reducir al mínimo su actividad mental y física». Y añade, un poco frívolamente: «En esto, como en otras cosas, el comportamiento humano está sometido a la ley del mínimo esfuerzo». En este sentido, se puede asegurar que la mayoría de los profesores de lingüística se dan el gusto de demostrar en clase hasta qué punto la lengua es un proceso antieconómico y cómo los hombres —salvo quizá algunos estudiantes—, por múltiples razones, no suelen aplicar casi nunca la desafortunada ley del mínimo esfuerzo. La lengua, efectivamente, no procura ser económica, sino eficaz, porque el fundamento de la lengua no es ahorrar esfuerzos de ningún tipo, sino comunicar algo del modo más preciso posible. (Como se recordará, la idea de que las lenguas configuran el pensamiento también era el punto de partida y de llegada del *Tractatus* de Wittgenstein.)

En España, Menéndez Pidal se opuso educadamente al positivismo lingüístico (junto con Bréal, por ejemplo, uno de los padres de la Société), descartando que se pudieran examinar las lenguas con los métodos de las leyes generales de la naturaleza y apoyando la idea de «la lengua concebida como un *hecho social*».[13]

II

# EL PEREGRINO REFUNFUÑÓN Y EL VASCO

Aymeric Picaud es —muy probablemente— el religioso más irrespetuoso, insolente y grosero de la historia occidental. Picaud fue un monje benedictino francés cuya fama se debe a una muy peculiar guía de viaje escrita en el siglo XII.

El resumen de esta historia es el siguiente: en la Europa medieval había tres lugares a los que los piadosos cristianos deseaban peregrinar. El primero era Jerusalén, en aquel entonces en manos musulmanas y envuelto en permanentes combates y cruzadas. El segundo era Roma. Y el tercer destino, no menos importante, era Compostela, donde se encontraban los restos —así lo corroboraban todas las leyendas— del apóstol Santiago. En torno al cambio de milenio, cada año, según algunas *estimaciones*, emprendían el viaje a Galicia, desde todos los rincones del mundo conocido, entre doscientos mil y quinientos mil peregrinos.[1] Una buena planificación político-religiosa permitió que la peregrinación a Santiago arraigara decisivamente y para siempre: «Esa mezcla de profundo sentimiento religioso característico de todo lo medieval, de amor al riesgo y a la aventura, de evasión, de "goliardismo", hasta de sentido comercial, iba a constituir uno de los símbolos y distintivos de la conciencia y la realidad de Europa durante siglos».[2]

Consciente de la importancia religiosa y económica de la sede gallega, el papa Calixto II (1130-1143), o alguien de su corte, encargó al monje benedictino Aymeric Picaud, capellán en Vézelay, que redactara un libro dando cuenta de las jornadas, del camino y los lugares por los que se pasa para ir a Santiago. El libro, en realidad, iba a formar parte de un conjunto textual mucho mayor, el manuscrito iluminado conocido como *Codex Calixtinus* (*ca.* 1160-1180), que finalmente quedó compuesto por un libro de liturgias (sermones, misas, servicios), un libro de milagros del Apóstol, un libro con el relato del gran traslado del cuerpo de Santiago a Galicia, un libro con las conquistas de Carlomagno y, por último, una guía del peregrino (*Iter pro peregrinis ad Compostellam*), compuesta por distintas manos pero donde el susodicho Picaud tuvo mucha parte (siempre que fuera él, y no otro llamado Hugo el Potevino...).

Aymeric Picaud habla de los pueblos, las costumbres, los monumentos, las riquezas y las miserias, y, en fin, de todo lo destacable de los lugares por los que pasa en su camino hacia Santiago. Y, desde luego, también tiene tiempo para comentar las lenguas que hablan quienes moran en los agrestes territorios de Hispania.

En general, puede decirse que —salvo rarísimas excepciones— no le gusta nada: ni las ciudades, ni los pueblos, ni los habitantes, ni los ríos, ni las comidas, ni el vino... Todo le parece vulgar y grosero, y no pierde oportunidad para agraviar a los pobladores y humillar sus usos y costumbres.

Cuando Picaud tiene que hablar de vascos y navarros, se expresa en los siguientes términos:

> Son un pueblo bárbaro, diferente de todos los demás en sus costumbres y naturaleza, colmado de maldades, de color negro, de aspecto innoble, malvados, perversos, pér-

> fidos, desleales, lujuriosos, borrachos, agresivos, feroces y salvajes, desalmados y réprobos, impíos y rudos, crueles y pendencieros, desprovistos de cualquier virtud y enseñados a todos los vicios e iniquidades, parejos en maldad a los getas y a los sarracenos, y enemigos frontales de nuestra nación gala.

En otros pasajes dice barbaridades aún peores («Cuando los ve uno comer, le parecen perros o cerdos»). El texto se entiende mejor si llegamos a la última línea (los navarros son enemigos declarados de los franceses) y tenemos en cuenta la trascendencia del imponente Reino de Navarra en aquel siglo XII, siempre acosado por franceses, castellanos y aragoneses.

No le dedicaríamos ni una línea al sinvergüenza rencoroso de Picaud si no fuera porque en ese capítulo VII de la guía nos encontramos con el primer diccionario de la lengua vasca. Antes que nada, le falta tiempo para decir que la lengua es bárbara. Y añade:

> A Dios lo llaman *urcia*; a la Madre de Dios, *andrea Maria*; al pan, *orgui*; al vino, *ardum*; a la carne, *aragui*; al pescado, *araign*; a la casa, *echea*; al dueño de la casa, *iaona*; a la señora, *andrea*; a la iglesia, *elicera*; al sacerdote, *belaterra*, que significa *bella tierra*; al trigo, *gari*; al agua, *uric*; al rey, *ereguia*; y a Santiago, *iaona domne iacue*.

Aún añade alguna palabra más. Aparte de las glosas emilianenses, donde encontramos un brevísimo texto «de controvertida interpretación», este es el primer escrito en el que se nos asegura la pervivencia de una lengua vasca antiquísima pero con indudables vinculaciones con el latín vulgar y los incipientes romances peninsulares.

Una de las aficiones filológicas más extendidas consiste en plantear explicaciones de la existencia del euskera (o vasco, o vascuence o euskara). Este divertimento ha abonado hipótesis curiosas, como la que lo emparenta con las lenguas caucásicas. En realidad, este parentesco explica no una sino varias teorías, fundándose —en términos generales— en una migración antiquísima, hacia el siglo XIII AEC, de pueblos que conservarían estructuras lingüísticas primitivas y muy estrechamente relacionadas con el indoeuropeo. Se han encontrado algunas coincidencias llamativas (por ejemplo, tanto en georgiano como en euskera, *zara* significa 'cesto'; y en georgiano *ezer* significa 'hermoso', que podría recordar al *eder* / *ederra* del euskera), pero no parece que hayan sido suficientes para convencer a la comunidad filológica.

Una segunda hipótesis vincula al euskera con las lenguas bereberes, sobre todo en el aspecto léxico. Esta teoría tuvo algunos defensores en el siglo pasado, aunque parece una vía definitivamente abandonada.

La hipótesis más atractiva y de larguísima tradición (vascoiberismo) es la que supone un grupo de lenguas primitivas, habladas por pobladores prerromanos, seguramente relacionadas con antiquísimas lenguas europeas que acabarían descartándose de modo paulatino. Estas teorías, planteadas por Wilhelm von Humboldt en el siglo XIX y Theo Vennemann en el XXI[3] —pero tomadas de la larga tradición ensayística española, como veremos, y sustancialmente revisadas en las últimas décadas—, son sin embargo las que han resistido con más solvencia el paso del tiempo, y ello se debe a que vinculan la lengua vasca o vasco-ibérica no solo con paralelismos léxicos en castellano, sino con su fonética y su morfosintaxis, tres aspectos que cojean en otros planteamientos más exóticos. La permanencia de rasgos euskéricos en la toponimia, en la onomástica, en la fonética y en otros aspectos gramaticales del castellano revela un más que probable sustrato vasco-ibérico.[4]

Dice Rafael Lapesa: «Los nombres de lugar proporcionan el mejor argumento de que el eusquera o lenguas muy relacionadas con él tuvieron en nuestra Península, antes de la romanización, una extensión muy amplia».[5] Por buena parte del territorio peninsular se encuentran topónimos donde se pueden rastrear lexemas como *berri* (nuevo), *gorri* (rojo), *erri* (lugar), *etxea*, *echea*, *eche* (casa), *iri*, *uri*, *irri* (ciudad, poblado), *itur* (fuente), *goia* (alto), *zani* (valiente, guardián), etcétera.

El río Valderaduey (León, Valladolid, Zamora) se llamaba Aratoi (y Val d'Aratoi, de donde Valderaduey), que significaba 'tierra de llanuras' en euskera. En Huesca también encontramos Aragüés y Arbués, y en Lleida, Arbós y Arahós, cuyos nombres se remontan a los *ara-* vascos. En Sierra Morena tenemos la comarca histórica de Orospeda, que procede de un *orotz-pide*, camino de los terneros; y en Sevilla, el nombre de Écija tiene su origen en Astigi (el gentilicio es astigitano o ecijano, indistintamente), igual que el nombre de Huécija, en Almería, se remonta a Alostigi: *-tigi* y *-tegi* son designaciones euskáricas (¿o iberas?) para cabaña o poblado. Aranjuez, Aránzazu y quizá Aranda tienen también origen prerromano o vasco-ibérico. «En casi toda la península se encuentran topónimos con el sufijo *-eno* o *-én* o *-ena*»,[6] que a veces se aplican a nombres prerromanos (Caracena, Teleno) o a nombres latinos tras la romanización (Mairena, Purchena, Archena, Cariñena, etcétera).

«Es innegable que, cuando se trata de topónimos situados lejos del País Vasco, la atribución de vasquismo ha de hacerse con reservas tanto mayores cuanto lo sea la distancia.» Joan Corominas simulaba ponerse en la piel de los estudiantes que, asombrados, asistían a este despliegue de la lengua vasca por la Península: «¿Vascos en la Costa Brava, en Valencia, en Andalucía, e incluso al Occidente de esta última región? No: sin duda eran iberos y nos hallamos ante elementos comunes a ambas lenguas».[7]

Todas las teorías pueden concentrarse en este habilidosísimo resumen de Joan Corominas: «En consecuencia, más vale no decidirse entre vasco e ibero cuando se trabaja en toponimia románica, y limitarse a hablar de ibero-vasco». Esa lengua prerromana no era el euskera que conocemos hoy; ni siquiera el euskera de las montañas vascas antes de la romanización, pero sin duda las lenguas ibéricas tenían mucho de aquellas formas primitivas. Probablemente, aseguran los especialistas, esa lengua era la que hablaban los habitantes de la Península antes incluso de que los celtas y otros pueblos centroeuropeos invadieran el territorio y que ejerciera como sustrato de las respectivas lenguas recién llegadas. En todo caso, «no se ha podido probar que haya relación genética entre esta lengua [el vasco] y el ibérico, aunque es indudable que hay una cierta cercanía en el sistema fonológico y que ambas lenguas comparten elementos antroponímicos».[8]

La importancia del sustrato vasco-ibérico quedaría reducida casi a una anécdota o a un hecho testimonial si únicamente quedaran rastros en la toponimia o en la onomástica. Concedemos relevancia al sustrato vasco-ibérico porque una variante de aquella lengua primitiva sigue viva en la actualidad y porque el vasco-ibérico tiene una importancia decisiva en la fonética del castellano.

La romanización de la Península fue intensísima, como cabe suponer, y la implantación del latín (latín vulgar, en realidad) fue casi absoluta: incluso la lengua vasca, que resistió como la famosa aldea gala el acoso de

Roma, asimiló muchísimas voces latinas. El caso es que las lenguas subyacentes sobre las que se impuso el latín incidieron de tal modo en esa lengua predominante que, con el tiempo, dieron lugar a muchas características de las lenguas romances. Este fenómeno se denomina «sustrato lingüístico» y, desde luego, no solo afecta al léxico, sino a la fonética y la morfosintaxis. Es lo que Lapesa denominaba «la intervención del factor indígena».

La lengua que dubitativamente comenzó a hablarse en los territorios fronterizos cántabros, riojanos y del futuro Condado de Castilla entre los siglos VI y VIII ya había eliminado una de las características del latín vulgar que aún se mantendría en otras lenguas romances peninsulares: el uso de vocales medias abiertas y cerradas (ę, ẹ, ǫ, ọ). El galaico-portugués, por ejemplo, conservó siete sonidos vocálicos[9] (dos vocales cerradas, una abierta y cuatro intermedias) y el catalán evolucionó hasta mantener ocho sonidos vocálicos (/a/, /e/, /ɛ/, /i/, /o/, /ɔ/, /u/ y /ə/). El francés, por ejemplo, tiene dieciséis sonidos vocálicos y el portugués añade la variedad de fonemas nasales. En cambio, el sistema vocálico castellano, desde muy pronto, se redujo a cinco sonidos, una característica propia del euskera, cuya influencia habría sido decisiva en los periodos formativos de la lengua romance. Así como la diptongación de las vocales tónicas breves (*pŏrta[m]* > *puerta*; *fŏnte[m]* > *fuente*; *sĕpte[m]* > *siete*) parece ser una característica general de las lenguas romances (aunque con sorprendentes variaciones e irregularidades), la reducción radical a cinco sonidos vocálicos es una característica propia de la lengua del norte peninsular. La influencia de esa simplificación vocálica se puede percibir también en ciertos territorios de Francia, Aragón o Cataluña donde el antiguo vasco-ibérico tuvo una especial influencia.[10]

La *f* inicial latina seguida de vocal larga se convirtió

en *h* en castellano. Por eso *filiu[m]* > *hijo*; *fabulare* > *hablar*; *factu[m]* > *hecho*; *folia[m]* > *hoja*, etcétera. Como ocurre con la evolución vocálica, en otras lenguas hispánicas y europeas la /f/ latina se conserva: *faire* (hacer, en fr.), *fer* (hacer, en cat.), *full* (hoja, en cat.), *folla* (hoja, en gal.), *fillo* (hijo, en gal.), *fils* (fr.), *figlio* (it.), *falar* (hablar, en gal.). En castellano, este sonido, que era al principio un sonido aspirado, acabó desapareciendo: «El foco inicial del fenómeno se limita en los siglos IX al XII al norte de Burgos, la Montaña y la Rioja. Al otro lado del Pirineo, el gascón da igual tratamiento a la /f/ latina...».[11] Que estos procesos se den en territorios inmediatos y colindantes a territorios de lengua vasca no es una casualidad, sobre todo cuando se entiende que el vasco no tenía (ni tiene, salvo en rarísimos casos o formas dialectales o importadas) el sonido labiodental /f/ en su catálogo fonético.

«A causa análoga se ha atribuido la ausencia de /v/ labiodental en la mayor parte de España y en gascón.»[12] La distinción /v/ y /b/ (labiodental y bilabial respectivamente) sí se dio y existe en otras lenguas románicas y existió en el castellano antiguo y, más o menos encubierto, durante mucho tiempo en España (sobre todo en los colegios, pero no en el habla común). Se sabe que la pronunciación de *v* y *b* ya era indistinta (/b/) en el norte durante el Renacimiento. Aunque, naturalmente, siempre hay matices de orden histórico, los especialistas parecen estar de acuerdo en atribuir esta evolución fonética al sustrato vasco-ibérico. En los siglos pasados, los escritores mantenían la letra *v* en las palabras cuya etimología recordaban con *v (u)*, por ejemplo en *viridis* (verde), *venire* (venir), *ventum* (viento), pero cuando no recordaban el origen latino, recurrían a la *b*, como en *vermiculu(m)* > *bermejo*; o *verrere* > *barrer.* De ahí que, en las etapas de grafías dubitativas (hasta el siglo XVIII), el uso b/v sea indistinto. En la Edad Media ya se encuentran muchos ejemplos de *bivir* (por *vivir* < *vivere*). Este fenómeno se denomina «betacismo».

Los hispanistas han encontrado algunos elementos más que no hacen sino confirmar lo evidente: una fuerte influencia del sustrato vasco-ibérico sobre el latín vulgar que se hablaba en el norte de la Península y su acción permanente a lo largo de los siglos de formación del romance castellano. Por ejemplo, es una tendencia habitual de la lengua vasca la epéntesis o prótesis vocal, la adición de una vocal al comienzo de una voz (*rosa / arrosa*; *repicar / errepikatu*) y se dio en la lengua castellana antigua, y se sigue dando en la actualidad en las hablas comunes: *repentir* > *arrepentir*; *rebatar* > *arrebatar*; *rastrar* > *arrastrar*; *remangar* > *arremangar*.

En el plano léxico, el euskera ha dejado una huella indeleble en el castellano, que optó claramente por *izquierdo* (*ezker*) en vez de acudir al latín *sinister* (> *siniestro*). Son voces euskéricas también, al parecer, *chatarra* (*txatarra*, 'lo viejo'), *chabola*, *jorguín* ('bruja', de *sorgin*), *cencerro*, *órdago* (de *hor dago*, 'ahí está'), y otras muchas que se han incorporado durante los últimos siglos.

Hay que señalar, en todo caso, que algunos de estos fenómenos se dan también en otras partes del ámbito románico, aunque quizá no de una manera tan evidente. A su vez, los elementos más precisos de estas evoluciones, como el momento en que se producen o el ámbito geográfico concreto o la evolución fonética, aún generan muchas dudas entre los especialistas, y los hispanistas siguen discutiéndolos vivamente. Por lo demás, si la influencia del vasco-ibérico y del euskera ha sido importante en el castellano, cabe imaginar cuánto hay de latín vulgar y de castellano en la lengua vasca tras veinte siglos de permanente contacto.

12

# VASCOIBERISMO ILUSTRADO. FILÓLOGOS ESTRAFALARIOS Y PÁRROCOS FURIBUNDOS

«Seguramente no todo está dicho sobre esta cuestión de la relación vasco-ibérica», dice la profesora Echenique Elizondo,[1] al estudiar la posibilidad de que en los territorios hispánicos prerromanos se hablara una modalidad del antiguo vasco, o de que esa lengua o grupo de lenguas ibéricas tuvieran alguna relación con el euskera del norte. «Con gran probabilidad», añade, «[la lengua vasca actual] no es prolongación en el tiempo de la antigua lengua prerromana que conocemos con el nombre de ibérica (lengua o grupo de lenguas que se extendía a lo largo del litoral mediterráneo con una penetración hacia el interior por el sureste)». Las relaciones y las conexiones del antiguo euskera con las lenguas prerromanas conforman seguramente el gran tema del estudio de la historia de la lengua española. Hay muchas sospechas y mucho voluntarismo en la mayoría de las tesis que se proponen y la recomendación más prudente es no apostarlo todo a una teoría.

La «teoría vascoiberista» no es más que una hipótesis de larguísima tradición en la filología española según la cual existiría una relación filogenética entre el vasco y el ibero: la hipótesis ha tenido apasionados defensores y furibundos detractores, aunque la consecuencia principal ha sido que los defensores no han podido probar esa relación entre el vasco y el ibero, y los detractores no han logrado demostrar su completa diferenciación; de lo que no hay duda es de la intensísima relación entre ambas lenguas (o grupos de lenguas) y de su necesaria influencia en la formación del castellano.

Desde hace mucho tiempo se sospechaba que los pueblos prerromanos hablaban una lengua extraña y desafiante que los más osados identificaron con las complejidades del vasco. Uno de los pioneros de la tesis vascoiberista, naturalmente, fue el historiador siciliano Lucio Marineo Sículo (1444-1536), que ejerció como profesor en Salamanca y cronista real en España a principios del siglo XVI, y cuyo enorme talento le sirvió para encontrar una relación entre la Torre de Babel (con las setenta y dos lenguas que allí nacieron) y la persistencia del vascuence:

> Porque quien quiera que haya sido el que primero vino a España después de la edificación de la torre de Babilonia, ese a la verdad traxo una manera de hablar, de setenta y dos que nuestro Señor repartió a los que edificaban la torre en el principio de aquella nueva ciudad. La cual manera de hablar, como por la venida de gentes extrangeras en España se haya mudado, o corrompido, quedó solamente en los vizcaínos y sus comarcanos sin mudanza ninguna por la soledad de aquellas regiones, y el poco trato y conversación que tenían con los extrangeros.[2]

Los autores más atrevidos venían diciendo que había sido Túbal (o Tubal, hijo de Jafet y nieto de Noé, y mítico poblador de la península ibérica) el que había traído la lengua prerromana a la Península. Por supuesto, si el pueblo de Túbal fue uno de los que participó en la construcción de la Torre de Babel, el vasco sería —así lo dice

Sículo claramente— una de las setenta y dos lenguas con las que Yahvéh confundió al mundo. (Desde luego, en este sentido, la dificultad del euskera contribuiría con gran eficacia a dicha confusión.) En otros casos la polémica se suscitaba porque se daba por hecho que Túbal hablaría arameo, y el arameo no se parece nada al vasco. En estos casos no se tenía en cuenta la leyenda de Babel. Por último, no faltó quien replicara a Lucio Marineo Sículo afirmando que, cuando Túbal vino a esta parte del mundo, ¡aquí ya se hablaba el vasco!

La teoría que emparenta el vasco (y las lenguas prerromanas) con la Torre de Babel es encantadora para cualquier aficionado a las rarezas filológicas. Y la suposición de que fuera el mismísimo Dios el que creara el euskera para confundir a los constructores del gran zigurat resolvería el gran dilema del origen del vasco, naturalmente. Esta idea, como veremos, por muy estrafalaria que fuera, no cayó en el olvido.

Otro historiador, Esteban de Garibay (1533-1600), originario de Mondragón y autor de una compilación de refranes vascos, dejó constancia de que «la mayoría de los autores» afirman que la primera lengua de España es «la que comúnmente llaman vascongada, que es la misma que hasta nuestros siglos se habla en la mayor parte de Cantabria, especialmente en las provincias de Guipúzcoa, Álava, Vizcaya, y en gran parte del reyno de Navarra».[3] Por las mismas fechas, otro historiador, Ambrosio Morales (1513-1591),[4] escribía con más prudencia y, citando a algunos viajeros romanos, decía que en Hispania unos hablaban vascuence —sobre todo en el norte— y otros hablaban otras lenguas, como la fenicia o la cartaginesa. Y Juan de Mariana (1536-1624), cuya *Historia general de España* cosechó un fabuloso éxito en el siglo XVII, también tuvo algo que matizar sobre la lengua primitiva de los españoles: «Solos los vizcaínos conservan hasta hoy su lenguage grosero y bárbaro, y que no recibe elegancia, y es muy diferente a los demás, y el más antiguo de España, y común antiguamente de toda ella, según algunos lo sienten; y se dice que toda España usó de la lengua vizcaína antes que en estas provincias entrasen las armas de los romanos».[5]

Uno de los grandes vascoiberistas ilustrados fue Manuel Larramendi (1690-1766), filólogo, sacerdote, profesor e historiador, y autor de un trabajo titulado *De la antigüedad y universalidad del bascuenze en España* (1728), donde defendía (con fabulosa vehemencia) que el vasco era la lengua más antigua de España, que fue «lengua universal en España», que el origen de muchas palabras castellanas se encuentra en el euskera y que el euskera es una lengua filosófica; y así, se comprometía a «dar a conocer al mundo una lengua que, entre las lenguas vivas y muertas, no solo es de las más antiguas, sino también de las más hermosas, cultas y elegantes».[6]

Nadie iba a discutirle a Larramendi la belleza y la elegancia de la lengua vasca: lo que le discutían era la verosimilitud de sus hipótesis, lo que el arabista José Antonio Conde calificó a principios del siglo XIX como «las temerarias, ineruditas y vanas paradoxas de Larramendi, a quien debe España el oprobio y vergüenza de sus antigüedades más preciosas».[7] Para Larramendi, los apellidos García, Muñoz, Osorio, Gutiérrez, Guevara, Vélez, Navas y otros mil son de procedencia vasca; y tanto la Bética como Galicia o Asturias son nombres vascos; el mismo nombre de Iberia es vasco, según Larramendi. Y añade que es ridículo buscar la etimología de muchas palabras en el latín, el griego, el árabe o el hebreo, cuando bien claramente se ve que son vascas. Por ejemplo, que *haberes* viene de *abere* (ganado), que *ademán* viene de *adi* y *emán* (entender y dar), que *aguinaldo* viene de *aguin* (mandar), que *alba* viene de *alboa* (cercanía), que *azucena* viene de *zuzená* (derecho), etcétera.

No hay que burlarse de los eruditos ilustrados, pero el diccionario etimológico de Larramendi es muy gracioso. Solo un par de ejemplos más: es conocido que la palabra castellana *bagatela* procede del italiano *bagatella*, a lo cual responde nuestro Larramendi que no hay necesidad de ir tan lejos a buscar la etimología, porque *todas* las lenguas han tomado esa palabra del vascuence *bagá* que significa 'cuerda', a la que se le añade el diminutivo: «¿Qué cosa de menos sustancia que una cordezuela ruin?». La palabra *bizcocho* (de *bis-* y el lat. *coctus* 'cocido'; cocido dos veces para resistir las travesías navales) es para nuestro etimologista de clarísimo origen vasco: *bizgorcho* ('muy duro'). *Codicia* dice el diccionario que procede de **cupiditia* < *cupiditas*. Error: procede del vasco: *guti gucia* > *guticia*, que significa «todo es poco», lo cual evidentemente es codicia.

A principios del siglo XVIII, este era aproximadamente el estrafalario panorama intelectual en lo relativo a las lenguas prerromanas y el vasco.

A finales del siglo ilustrado salta a la palestra de la paleoligüística un gran campeón de la filología: el jesuita Lorenzo Hervás (1735-1809), cuyo furor polígrafo es digno de tenerse en cuenta. Escribió hasta noventa libros de distintas disciplinas, en italiano y en español, y sobre materias asombrosas que no pueden caer en el olvido. Por ejemplo, escribió ocho volúmenes sobre los *Elementos cosmográficos*, cuatro sobre *La virilidad del hombre*, una *Historia de la Tierra* en seis, un *Viaje estático al mundo planetario* en cuatro, una *Historia de la vida del hombre* en ocho, aparte de gramáticas, catecismos, ensayos morales, disertaciones sobre la escritura china, otra disertación sobre la peste, un libro sobre los Salmos de David, etcétera, etcétera.

Pero a Hervás se le conoce sobre todo por ser el padre de la lingüística comparada. Y se le concede tan honroso título por haber sido el autor de un catálogo de *todas* las lenguas del mundo. Su obra se titulaba, conforme a los usos ilustrados, *Catálogo de las lenguas de las naciones conocidas, y numeración, división, y clases de estas según la diversidad de sus idiomas y dialectos*.[8] Eran seis volúmenes que se publicaron entre 1800 y 1805.

Lo llamativo de Hervás no es que lograra dar con algún dato de interés en su especulación; lo llamativo es que se propusiera tamaña tarea: «Me propongo observar todas las lenguas del mundo conocidas, y consiguientemente las naciones que las hablan: y la observación de estas me hace retroceder hasta tocar y descubrir su origen, por lo que esta obra, que intitulo de las lenguas conocidas, es histórico-genealógica de las naciones del mundo hasta ahora conocidas».[9] Hervás era pura ambición intelectual.

También era, probablemente, el más enterado de todos cuantos habían abordado el complejo asunto de las lenguas prerromanas en la Península. Con la vocación científica del Siglo de las Luces (sobre todo vocación, a falta de verdadera metodología científica), Hervás creía estar dando soluciones filológicamente plausibles a problemas complejísimos. Se le reprochó, entre otras cosas, que en su famoso *Catálogo* hablara de naciones cuya existencia resultaba más bien dudosa y que tenía ideas muy particulares sobre la evolución de las lenguas («La lengua latina es claramente dialecto de la griega», afirmaba el insaciable polígrafo).[10] No obstante, su olfato paleolingüístico no era desdeñable. Por ejemplo, concluyó que antes de la llegada de los romanos puede que se hablara en la Península alguna lengua celta, y que habría seguramente «dialectos más o menos semejantes» derivados del vascuence que hablaban los iberos. Hervás era, desde luego, un vascoiberista convencido y procuró demostrar que, así como los franceses hablaban celta, el pueblo peninsular «antiguamente hablaba el cántabro o bascongado»,[11] y por eso el español conserva tantas palabras de esa lengua.

> A fuerza de investigaciones he descubierto al fin que tal idioma primitivo en España fue el que hablaron los antiguos vascos o vascones, que es el mismo que se conserva en el día con el título de vascuence. Su uso fue universal en toda España antes que en ella entrase nación alguna extranjera; y [...] las muchas que entraron después por espacio de casi veinte y dos siglos, contados desde el décimo quinto anterior á la era cristiana, y se establecieron y dominaron en ella, habitaron poblaciones fundadas por los que hablaron el idioma vascuence, y que han sido conocidos por los antiguos con los nombres de íberos, cántabros, españoles y tal vez celtíberos.[12]

A su manera, como se ve, Hervás pretendió demostrar «la antigüedad y universalidad del vascuence en España». La demostración consistía, básicamente, en las teorías y aportaciones de sus predecesores, y de un sacerdote llamado Pablo Pedro de Astarloa y Aguirre (1752-1806), que recuperó para la enciclopedia de los disparates filológicos la vieja historia de que había sido el mismísimo Dios el creador del vascuence.

> Corroboraré, en primer lugar, los argumentos que nuestros escritores han alegado hasta ahora para demostrar que su lengua no solo fue la primera que se habló en

España, sino que fue formada por el mismo Dios en la confusión de la torre de Babilonia.[13]

La resolución del gran problema de las lenguas prerromanas resultaba tan atractiva, tan misteriosa y legendaria que casi nadie quiso quedarse al margen del debate. Durante décadas, los anticuarios filólogos se habían esforzado en buscar los orígenes de las lenguas hispánicas, recorriendo los caminos, desempolvando estelas funerarias, jugándose la vista y la salud en la investigación numismática. Como la Ilustración española no daba para muchas alegrías investigadoras, nuestros eruditos las veían y las deseaban para sacar algo en claro de las reliquias que encontraban dispersas por los caminos de España. Aun así, con todas las dificultades y errores, aquellos ilustrados tenían una indiscutible voluntad indagadora. Y, en ocasiones, una fabulosa imaginación.

Uno de los grandes fanáticos de «la teoría vascoiberista» fue Luis Carlos de Zúñiga, párroco de Escalonilla, originario de Navarra y socio literato de la Real Sociedad Bascongada de Amigos del País desde 1793 y de la Real Sociedad Económica Matritense. Furibundo apologista de la lengua vasca, el cura de Escalonilla enarboló la antorcha de la universalidad del euskera a principios del siglo romántico. Zúñiga se empecinó en demostrar que la lengua vasca había tenido tanta influencia en España y en Europa a lo largo de los siglos que sus huellas podían rastrearse por doquier. Escribió un memorial para la Academia de la Historia, y luego añadió otros tres informes intentando demostrar sus insensateces. Y aunque los académicos le dijeron que estaba errado y le recomendaron que recondujera sus estudios, al cura de Escalonilla le importaron poco semejantes reveses: siguió publicando sus artículos, en los que descubría voces vascas en todas partes, y no se amedrentó ante las críticas soberanas que recibió, incluso por parte de reconocidos vascoiberistas que le afearon su ignorancia y el flaco favor que le estaba haciendo a la hipótesis que defendía.

La mayor parte de las ideas de Zúñiga eran herederas de Larramendi y de otros partidarios del euskera mítico. Y debió de estudiar con mucha atención a Larramendi, porque sus etimologías son del mismo jaez. El citado José Antonio Conde, que parecía estar luchando solo contra todas aquellas ocurrencias de filología fantástica, se jalaba los cabellos cuando comprobaba que Zúñiga se atrevía a afirmar «con suma confianza» que el nombre de Escocia tiene su origen en *escu-ocia*, que significa 'mano fría', que Irlanda es el resultado de *ir-a-landa* (helecho prado), que Holanda es *ola-andía* (ola grande de agua) y Suecia debe su nombre a los imaginativos vascos: *sue-cia* (enciende el fuego).[14] Con cierto tono de desesperación, pero convencido de que el cura Zúñiga jamás daría su brazo a torcer (como así fue), el *pater* José Antonio Conde le recuerda que Escocia, Holanda, Irlanda y Suecia no se llaman así en realidad, sino Scotland, Holland (una región de Nederland), Éire o Ireland, y Sverige, y que «en sus propias lenguas tienen su verdadera etimología y significación».

José Antonio Conde se vio obligado a publicar varias «censuras críticas» contra los falsos eruditos que pretendían haber descubierto las claves de los «recónditos enigmas» de las lenguas. «Y con opiniones, planes y sistemas imaginarios, destituidos de crítica y erudición, proponen al vulgo sus desatinadas investigaciones, y forman historias de sus propios sueños», enlodando el buen hacer de filólogos y profesores.[15] Entre estos eruditos ineptos, Conde destacaba al citado Zúñiga, cuya pertinacia en el error filológico es seguramente de las más notables en la historia de la obcecación humana. El de Escalonilla no era el único que había caído en la «erudita manía» de inventarse la historia.

Conde se sube por las paredes con todos estos filólogos de pacotilla, a los que añade a Pedro Pablo Astarloa (a quien dedicó todo un ensayo refutatorio) y a Juan Bautista Erro y Azpiroz, famoso por proclamar que los monumentos más antiguos de España los habían construido los vascos. Harto y más que harto de mitos y leyendas acientíficas que no se ajustaban a las mínimas leyes de la ilustración filológica, Conde zanja la cuestión de los eruditos a la violeta[16] de este modo:

> Es estilo común de los escritores pseudofilosóficos de ahora el componer de su invención y formar la historia verdadera de los tiempos fabulosos, forjar memorias y escritos de tiempos desconocidos e inciertos, alterar los verdaderos orígenes del género humano que nos dexó Moyses, y referir cosas no sabidas e impenetrables a los mortales si no están dotados de espíritu profético: hablar del tiempo anterior a la historia es hablar de lo que se ignora, y no conocer ni distinguir las tres épocas que distinguió Varrón del tiempo obscuro, fabuloso e histórico; así todo lo atropellan, y fundan su historia en lo que no se sabe, y de esto tratan estos autores con tanta seguridad como si fuera de acaecimientos sabidos, ciertos y constantes.[17]

# 13

# EL QUESO Y LAS LENGUAS ROMANCES

A principios del siglo x, en los helados páramos de León, un conde asturiano llamado Berulfo fundó el monasterio de los Santos Justo y Pastor, donde quiso ser enterrado, al parecer. El monasterio, que se encontraba a un par de kilómetros del pueblo de Ardón, era dependiente del monasterio de Cillanueva, aunque poco después el nuevo claustro alcanzó más importancia y lustre que su sede principal. Se encontraba este monasterio en un lugar llamado Rozuela (de Rocola) y por esta razón en muchos documentos se conoce como el monasterio de Rozuela.

Como todas las instituciones formales, el monasterio necesitaba llevar una contabilidad precisa, porque tenía a su cargo arrendamientos, el pago de diezmos e impuestos, la venta de productos, etcétera. Todos estos apuntes seguramente se transcribían oportunamente, aunque muy pocos han llegado hasta nuestros días.

Sin embargo, uno de esos apuntes comerciales ha sobrevivido a más de un milenio de historia.

Resulta que, a mediados —quizá a finales— del siglo x, el abad del monasterio de Rozuela encargó al despensero que hiciera la contabilidad de los quesos vendidos o entregados a lo largo del año. El despensero, no teniendo otro lugar donde anotarlo, utilizó un pergamino en el que se había consignado años antes una donación formal al monasterio. Un tal Hermenegildo y su mujer, Zita, «en remedio de sus almas» dejaban a la congregación ciertos bienes. Y recibieron, «en confirmación», diez ovejas y un colchón de paja. La donación, al tratarse de un documento de gran importancia legal, estaba escrita en latín..., en fin, en un latín de monjes leoneses del siglo x. Años después, hacia el 975, cuando el despensero se ve obligado a hacer la contabilidad de quesos, no encuentra lugar donde hacer las cuentas y decide utilizar aquel pergamino viejo que no le parece de gran utilidad. Y escribe:

*Nodicia de*
*kesos que*
*espisit frater*
*Semeno: In Labore...*

Al despensero no le pareció tan importante hacer aquellos asientos contables de quesos *en latín*. (Es probable incluso que el pobre despensero tuviera dificultades para entender una misa en la lengua eclesiástica.) El texto donde se da la «Noticia de los quesos», escrito en dos columnas, podría *traducirse* así:[1]

> Noticia de los quesos que gastó Jimeno, monje del monasterio de los Santos Justo y Pastor de Rozuela: en el bacillar o majuelo próximo a san Justo, cinco quesos; en el bacillar del abad, dos quesos; en el que plantaron este año, cuatro quesos; en el Castrillo, un queso; en la viña mayor; dos quesos; dos que llevaron en fosando a la torre; dos que llevaron a Cea cuando cortaron la mesa; dos... [parte perdida por la aplicación de reactivos y que termina con la aparición de la palabra «Uane Ece» (probablemente La Bañeza)]; otro queso que lleva el sobrino de Gómez; cua-

tro que gastaron cuando el rey vino a Rozuela; y uno, cuando vino Salvador.

A uno le parece sentir el dolor del despensero por haber gastado cuatro quesos «quando llo rege uenit ad Rocola». Aunque, naturalmente, si el rey Ramiro III tuvo a bien visitar el monasterio de Rozuela, era razonable gastar al menos tres o cuatro quesos.

Pero lo importante, para nuestro asunto, es que el clérigo no es un erudito notario ni un copista de elegantes libros miniados —la letra es dubitativa y común, «la escritura habitual de un clérigo»—,[2] y no se siente en la obligación de escribir latines. Escribe en su lengua habitual, quizá con formulismos de carácter comercial, o con aire latino, pero continuamente se deslizan palabras que ya están muy alejadas del latín administrativo o clerical. La voz latina *caseus* había pasado ya por *caisu* y se había transformado en *keso*.[3]

Los filólogos discuten aún si esa lengua que transcribió el despensero de Rozuela es la prueba de los primeros balbuceos asturianos, o asturleoneses, o castellanos. Las opiniones más juiciosas sugieren que esa transcripción aún no es una lengua formada, aunque parece evidente que ya no es latín: ni siquiera latín vulgar.

Puede que la fabulosa «Noticia de quesos» de León no sea ni el primer documento en romance peninsular, ni siquiera el más importante: las glosas emilianenses y silenses, así como los llamados Cartularios de Valpuesta, quizá sean de más importancia para los especialistas en la historia de la lengua, pero en un compendio de «notas al margen» no puede dejarse pasar la maravillosa historia de un despensero que toma un pergamino viejo y sin utilidad para escribir los asientos de gastos en queso del monasterio.[4]

# 14

# LAS PALABRAS ESENCIALES Y LA TEORÍA DE SWADESH

La glotocronología podría llamarse también lexicoestadística, o lexicoestadística glotocronológica o glotocronología lexicoestadística.[1] En realidad, podría llamarse casi de cualquier modo.

La glotocronología es una técnica que sirve para establecer la época en que dos o varias lenguas emparentadas se separaron de una lengua originaria común.[2] En fin, sirve para datar cuándo se forman y mueren las lenguas. La glotocronología la inventó un lingüista estadounidense llamado Morris Swadesh, que mantuvo relaciones con lingüistas como Sapir, Lévi-Strauss, Martinet o Jakobson, y sobre todo con las lingüistas Mary Rosamund Haas, Frances Leon y Evangelina Arana Osnaya. Morris fue un teórico prolífico que propuso la técnica de la glotocronología, concretamente, para documentar y datar las lenguas americanas; para hacerlo, tuvo que recurrir como referencia a la historia de las lenguas románicas, cuya evolución es bien conocida y con cuya cronología —extrayendo conclusiones generales— pudo fundamentar su famoso hallazgo.

El proceso para datar cuándo las lenguas se separan de un tronco común es bastante confuso (y de todos modos, no es lo que más importa aquí), pero en esencia consiste en que —según Swadesh— hay un proceso de decadencia o sustitución de elementos lingüísticos que se puede establecer como norma porque es regular en todos los desarrollos de desintegración o diversificación lingüística. En fin, estudiando cómo el latín fue desgajándose en las distintas lenguas románicas, y estas a su vez en otras, y así sucesivamente, Swadesh llegó a la conclusión de que ese proceso tiene lugar durante un tiempo determinado y con una frecuencia estadística dada. Por eso, sus seguidores —quizá con demasiado entusiasmo— llegaron a comparar la glotocronología con las mediciones del carbono 14.

La glotocronología tenía en cuenta, sobre todo, el léxico de un sistema y evaluaba cómo se iba desintegrando en una lengua para convertirse en otra distinta. En cada lengua habría un «léxico fundamental» o «básico» que se modificaría más lentamente que el resto del vocabulario: ese léxico básico, por sus características, permanecería más o menos invariable a lo largo de la vida de esa lengua, pero cambiaría cuando cambiara la lengua. Después de muchas fórmulas matemáticas, binomios, logaritmos y «tasas de retención», Swadesh y sus discípulos llegaron a la conclusión de que el 15 por ciento de ese léxico básico cambiaba cada milenio. Conociendo el léxico básico de dos lenguas emparentadas podríamos establecer —por las diferencias existentes en ese léxico básico— el tiempo en que empezaron a desgajarse de una lengua madre única.

La clave del negocio —y lo que más interesa aquí— es saber cuál es ese léxico básico del que podemos fiarnos para fijar las dataciones. Pues bien, Swadesh estableció un listado de palabras que serían especialmente estables. (Las denominó «no culturales» porque serían independientes de las características culturales de las diferentes comunidades idiomáticas, y dice Eugenio Coseriu que el lingüista no estuvo precisamente afortunado en la denominación.) Otros discípulos establecieron listados de doscientos o más términos. Consideraban que ese léxico era tan *esencial* que podría considerarse *universal* y que, por tanto, su metodología también lo sería. Swadesh formuló su lista de *palabras esenciales* en inglés:

> *all* (todo/s), *ash* (ceniza), *bark* (ladrido), *belly* (barriga), *big* (grande), *bird* (pájaro), *bite* (morder), *black* (negro), *blood* (sangre), *bone* (hueso), *breast* (pecho), *burn* (quemar), *claw* (garra), *cloud* (nube), *cold* (frío), *come* (venir), *die* (morir), *dog* (perro), *drink* (beber), *dry* (seco), *ear* (oreja), *earth* (Tierra), *eat* (comer), *egg* (huevo), *eye* (ojo), *fire* (fuego), *fish* (pez), *flesh* (carne), *fly* (volar), *foot* (pie), *full* (lleno), *give* (dar), *good* (bueno), *grease* (grasa), *green* (verde), *hand* (mano), *head* (cabeza), *hear* (oír), *heart* (corazón), *horn* (cuerno), *hot* (caliente), *I*, *me* (yo), *kill* (matar), *knee* (rodilla), *know* (saber), *leaf* (hoja), *lie* (acostarse), *liver* (hígado), *long* (largo), *louse* (piojo), *man* (hombre), *many* (muchos), *moon* (luna), *mountain* (montaña), *mouth* (boca), *name* (nombre), *neck* (cuello), *new* (nuevo), *night* (noche), *nose* (nariz), *not* (no), *one* (uno), *path* (camino), *person* (persona), *rain* (lluvia), *red* (rojo), *root* (raíz), *round* (redondo), *sand* (arena), *say* (decir), *see* (ver), *seed* (semilla), *sit* (sentarse), *skin* (piel), *sleep* (dormir), *small* (pequeño), *smoke* (humo), *stand* (estar de pie), *star* (estrella), *stone* (piedra), *sun* (sol), *swim* (nadar), *tail* (cola), *that* (ese), *this* (este), *tongue* (lengua), *tooth* (diente), *tree* (árbol), *walk* (caminar), *water* (agua), *we* (nosotros), *what* (qué), *white* (blanco), *who* (quién), *woman* (mujer), *yellow* (amarillo), *you* (tú).

Otros discípulos hicieron también sus listas y llegaron a conclusiones distintas. El lingüista ruso Serguéi Yajontov seleccionó solo 35 términos esenciales, los correspondientes a ese léxico básico. Y otros han establecido los porcentajes de «retención» que tienen los términos de una lengua. Curiosamente, *tú* y *yo* no pasan de un 35 por ciento de retención, mientras que *piojo* alcanza un sobresaliente 42 por ciento. Resulta raro, por ejemplo, que *pluma* tenga un índice de conservación mayor que *mujer*, *pelo* o *carne*, y que palabras como *grande* o *caliente* tengan unos porcentajes pírricos que apenas superan el 10 por ciento.

A primera vista, lo que más llama la atención es que no se incluyan las llamadas voces naturales (*papá*, *mamá*), algunos deícticos como *aquí* o *allí*, o determinadas palabras relacionadas con las obsesiones humanas (las relativas al sexo, por ejemplo, y el dinero, la supervivencia o la familia): *hungry*, *brother*, *mother* y *sex* no se encuentran en estos listados.

La cuestión es qué aportan este tipo de listados al estudio de la lingüística histórica. Coseriu declara abiertamente que no existen léxicos básicos universales, porque creer en su existencia es «seguir considerando muy ingenuamente las lenguas como simples nomenclaturas».[3] La universalidad parece ser una de las manías filológicas recurrentes y el deseo de reducir un fenómeno tan complejo como las lenguas a paradigmas sencillos y universales no revela más que una tendencia a la simpleza que no favorece a la disciplina. Y la idea de que puede haber un léxico básico universal que no depende de la «cultura» (esto es, de la historia) resulta casi ofensiva: ni siquiera los defensores más furibundos de la gramática universal proponían un léxico básico universal, sino estructuras sintácticas o gramaticales universales, que es una cosa bien distinta.

Dice Coseriu: «Cada lengua es una organización específica del universo precisamente porque sus *significados* (y no sus *significantes*) están organizados de una manera peculiar». Swadesh tal vez debería haber planteado su lista en indoeuropeo, es decir, en una lengua de origen, y no en inglés (que es lengua final), cuya evolución ha discurrido por caminos que el italiano, el francés, el español o el catalán no han recorrido. Que *this* y *that* se encuentren entre el léxico básico es razonable, pero no pueden ser referentes universales cuando en español no tenemos dos opciones, sino tres y con variaciones de número y género: *este*, *ese*, *aquel*, *estos*, *esos*, *aquellos*, *esta*, *esa*, *aquella*, *estas*, *esas* y *aquellas*; y en gallego, portugués y otras lenguas sucede otro tanto. Para el verbo *to know*, en castellano tenemos *saber* y *conocer*, y en francés *savoir* y *connaître*; y *say* puede emplearse como *decir*, *contar* o *hablar* en numerosos contextos. El lingüista rumano advierte que ni los significantes ni los significados se mantienen históricamente: el castellano antiguo abandonó la palabra *albus* para decantarse por la voz alemana *blank* (blanco); en latín existía la voz *niger* (negro) pero también *ater*, que significaba lo mismo. Todos los estudiantes saben que la voz latina *apoteca*, de origen griego, sufrió todo tipo de penalidades semánticas y fonéticas hasta desgajarse en *bodega* y *botica*.

Por emplear la terminología de Coseriu: ni los significados ni los significantes se mantienen estables, ni mil años, ni quinientos ni siquiera doscientos. Una sola década basta para hacerlos inestables. Prácticamente podría decirse que la inestabilidad es connatural a las lenguas y que lo normal, lo habitual y lo esperable es que tanto significante como significado cambien con el transcurso del tiempo. (Es la mutación continua y la permanencia esencial de las que hablaba Menéndez Pidal.) Por otro lado, no es solo el tiempo el que contribuye a las variaciones semánticas, gráficas o fonéticas; los sustratos y superestratos lingüísticos y la relación con otras lenguas, los avatares culturales y políticos, las modas y las costumbres, las innovaciones y las reacciones..., todo cuanto afecta al mundo del hombre afecta también al léxico, sea esencial, universal, general, ocasional o particular.

Los mediterráneos que empleaban formas bastante corruptas del latín utilizaron la palabra δαιμόνιον (*daimónion*) originaria del griego bizantino para elaborar su *daemonium*, que significaba genio o dios menor; en el griego original, el δαίμων (*dáimon*) era un geniecillo benéfico o un espíritu de la felicidad (εὐδαιμονία), «una especie de ángel de la guarda»;[4] y en el ámbito socrático (y platónico) guardaba relación con el genio o la fuerza interior creadora. Pero en la Biblia griega ya hay demonios como espíritus malignos, origen de muchas enfermedades, como constata Covarrubias, para quien el demonio-genio benéfico ya era solo un recuerdo etimológico. A mediados del siglo XV ya existía en castellano el *demonio* como sinónimo de diablo.

Los griegos antiguos llamaban ἰδιώτης (*idiṓtēs*) al ciudadano particular,[5] pero ya a partir del siglo V AEC, durante el mandato de Pericles, la cultura griega empezó a utilizar ese vocablo para despreciar a «quienes no participaban en la cosa pública», con el significado de egoísta o insolidario. Pocos siglos después, el latín lo asimila a voces como *zafio* o *ignorante*, y así pasa al castellano, que lo emplea con ese significado desde el siglo XIII. En inglés, sin embargo, el vocablo no es un término restringido a las relaciones sociales y familiares (un insulto, en fin), sino que guarda una relación más estrecha con la medicina y la psiquiatría, y se define como «una persona con una profunda deficiencia intelectual, con una edad mental por debajo de los tres años y generalmente incapaz de elaborar un discurso lógico o protegerse frente a peligros comunes».[6]

Una última voz: *tortuga*. Procede[7] del griego *tartaroûchos*, que pasó al latín tardío como *tartaruchus*. Estas voces remitían, dicen, al Tártaro, el infierno, y a veces eran sinónimos de espíritus malignos o diablos. Se supone que las tortugas, por vivir en el lodo, eran representantes infernales. Da la impresión de que los etimologistas andan aquí un poco a ciegas, pero cuando esto ocurre, debe considerarse un claro indicio de la violentísima variabilidad semántica, fonética y gráfica de las voces. Lo que interesa es que ya en el latín medieval se decía *tortuca* y que dio en portugués, gallego, corso e italiano *tartaruga*, en francés *tortue* y en euskera *dortoka*. A finales del siglo XV los autores españoles ya escriben *tortuga*.

Se trata simplemente de tres ejemplos, tres palabras comunes que han sufrido distintas variaciones en su significado y en su significante a lo largo de unos escasos cuatrocientos o quinientos años. Desde luego, tampoco se mantienen constantes las palabras esenciales: «Tenemos, en las lenguas románicas, no solo "sustituciones de significantes", sino también, en la mayoría de los casos, una nueva organización semántica».[8]

¿Cómo pudo llegar Swadesh a la conclusión de que hay un ritmo constante de sustitución de los «significantes básicos» o un índice constante de conservación de esos significantes en las lenguas? Pudo llegar a esa conclusión porque primero fue la idea y, después, el intento de verificación. Como dice Coseriu en su crítica, «en realidad, no hay ninguna razón plausible y sensata para que esto sea así»: no hay ninguna constante ni en la degradación de voces, ni en la sustitución de los términos ni en su conservación. «El ritmo de la llamada "decadencia" de los significantes "básicos" no es, por tanto, el mismo en todos los diferentes dialectos» y, como ya hemos apuntado, «la "decadencia" de los significantes depende de las circunstancias históricas particulares de cada dialecto y no tiene ninguna relación definida con una cronología absoluta».[9]

Hay, en la extravagante teoría de la glotocronología de Swadesh, un problema esencial que afecta a la idea que se tiene de las lenguas y su evolución. En principio, todas esas fórmulas y embrollos matemáticos de porcentajes y clasificaciones tendrían como objetivo poner fecha al momento en que una o varias lenguas se *separan* de otra principal. Desde el punto de vista de la lingüística histórica, esta idea es absurda, porque en la evolución de las lenguas no existe una fecha en la que se pueda decir que una lengua *ya* es otra. Eso que los glotocronólogos llaman «separación» es un proceso lentísimo de modificación, sustitución, eliminación, invención, creación de voces y estructuras. «Nunca puede asegurarse ni que el proceso no haya comenzado aún, ni que esté realmente concluido. La glotocronología se propone, pues, fechar algo que sencillamente no es fechable.»[10]

> En conclusión, la glotocronología nos parece una técnica mal fundada, falsa e incluso teóricamente absurda. [...] Implica la cuantificación de lo que no es cuantificable, la pretensión de reemplazar el método comparativo y la historia por las matemáticas y el cálculo. A menudo tenemos la impresión de que, empleando símbolos y cifras, somos exactos y coherentes. Pero en realidad la exactitud reside en el pensamiento y en la correspondencia con su objeto, y no en los símbolos y las cifras.

## 15

# ETIMOLOGÍA POPULAR

En algunas zonas del noroeste castellano —y probablemente también en otras áreas—, hay una expresión popular que habla de «pasarlas cardinas». Siempre se ha dado por hecho que «pasarlas cardinas» era sufrir un gran mal, o un dolor, o un castigo, o pasar un calvario, probablemente porque se relacionaba con «pasarlas moradas»[1] y ese «cardinas», con los cardenales, o quizá era un sustituto de *canutas* («pasarlas canutas»). En ambos casos, *moradas* (aceitunas) y *canutas* (licenciatura militar), la versión original parece haber sido «pasar las moradas» y «pasar las canutas», donde el artículo se convirtió en un pronombre personal átono, siguiendo la tradición inveterada del castellano de formar locuciones adverbiales con ese enigmático pronombre enclítico: «jugársela a alguien», «pegársela a alguien», «matarlas callando», «dársela con queso», «vérselas y deseárselas», y otras muchas fórmulas semejantes.

En el caso de la expresión «pasarlas cardinas», todos los indicios apuntan a que originalmente fue «pasar las cardinas». Además, esta expresión es un ejemplo clásico de lo que se denomina en filología «etimología popular». Este fenómeno se produce cuando los hablantes se topan con voces y expresiones raras o desconocidas y deciden utilizar otras que conocen u optan por formular una aproximación a algo familiar. En el estudiantil *Manual de gramática histórica española*, Menéndez Pidal explicaba así cómo surgía la etimología popular:

> Las palabras más usuales y corrientes de la lengua las pronuncia el que habla viendo en ellas íntimamente encarnada su significación; así que al pronunciar una palabra no tan corriente, sobre todo si tiene alguna apariencia rara, bien sea por su configuración o agrupación poco común de sonidos, bien sea por su grande extensión, le produce una impresión de extrañeza, y queriendo descubrir en ese vocablo la transparencia significativa que halla en los familiares, propende voluntaria o involuntariamente a asociar la voz oscura a otra de las más comunes y conocidas, con la cual advierte alguna semejanza de sonidos y siente la necesidad de hacer esa semejanza mayor de lo que en realidad es. La etimología popular es, pues, como un cruce de palabras procedente de un error de interpretación respecto de una de ellas; el que habla cree equivocadamente que entre ellas hay una conexión etimológica.[2]

¿Qué comprendieron mal los hablantes para acabar estableciendo una relación entre «sufrir enormemente» y «pasarlas cardinas» o «pasar las cardinas»? ¿Qué desvergüenza etimológica tuvo lugar en la lengua española para que alguien decidiera que cardinas es un sinónimo de desgracia indescriptible?

La historia se remonta al año 321 AEC, cuando los ejércitos romanos intentaban doblegar a las combativas tribus samnitas de las montañas del sur de Italia. Para engañar a los romanos, el jefe samnita hizo correr la voz de que sus hombres estaban sitiando la ciudad romana de Lucera. Cuando los cónsules romanos se enteraron, inmediatamente convocaron a sus tropas para defender a sus aliados. Dice Tito Livio que los romanos estuvieron pensando qué camino tomar para intentar socorrer a los ciudadanos amigos de Lucera: el camino largo iba por la costa; el camino corto, por las montañas.[3]

> Esta es la naturaleza del lugar: hay dos pasos profundos y estrechos, con colinas boscosas a cada lado y una cadena continua de montañas alrededor de ellos. Entre ellos se encuentra una amplia llanura húmeda y cubierta de hierba, por en medio de la cual va el camino. Antes de llegar a la llanura se ha de atravesar el paso por el primer desfiladero y, o bien se vuelve por donde se ha venido o, si se continúa, se debe seguir el camino por un paso aún más estrecho y más difícil al otro extremo.

Pues bien, estos dos desfiladeros tan maravillosamente descritos por Tito Livio se llamaban Horcas Caudinas. Y los romanos decidieron ahorrar tiempo y arriesgarse a pasar por esa peligrosa angostura. Como el lector imaginará, los samnitas organizaron la emboscada y convirtieron el lugar en una trampa mortal; desesperados, los soldados romanos intentaban escalar las paredes, y caían despeñados o acribillados por los enemigos. Acosados y enjaulados como animales, los romanos fueron finalmente liberados, aunque en unas condiciones humillantes y después de sufrir innumerables padecimientos.

Por eso cuando se sufre mucho es como pasar las Horcas Caudinas, expresión que aún se conserva como formulismo culto. Pero las Caudinas tienen un nombre extraño e irrelevante para los hablantes castellanos, que decidieron emplear una expresión más ajustada a su modo de entender el mundo: «pasar las caudinas» > «pasarlas cardinas».

¿Qué sentido tiene para el hablante la palabra *vagabundo*? ¿No es mucho más razonable decir *vagamundo*?[4]

(El hablante ignora el sufijo culto *-bundo*, como en *meditabundo*, *errabundo*, *furibundo*, *moribundo*, *nauseabundo*, *tremebundo*, para escoger una terminación con razón semántica.) Más curiosa es la voz de raíz griega *necromantia* (invocación a los muertos), donde *necro-* se refiere a los muertos, pero los hablantes castellanos lo asociaron al color *negro* o quizá a la magia *negra*, de donde nació *nigromancia* y *nigromante*.

Ningún sentido tiene para el hablante que una naranja que se *monda* tan bien se llame *mandarina*: lo lógico es que se llame *mondarina*. ¿Qué le importa al hablante si esas naranjas las enviaron a Europa los mandarines chinos desde el Lejano Oriente y deben su nombre original a aquellos supremos dignatarios?

El universo imaginativo popular ofrece algunas joyas impagables: había en la cuenca alta del río Sil, en la parte leonesa, una zona que recibió el nombre latino de *Turr[e] mauri* (o torre de los moros), que acabó siendo *Tormor*. Pero se ve que Tormor no tenía sentido para designar aquel río rumoroso y las localidades adyacentes, y, evidentemente, creyeron que convenía mucho más el verbo *tremer* (ant. temblar), de donde nació Tremor, la palabra que hoy da nombre al río y a algunos pueblos cercanos.

García de Diego, que ha observado de cerca las manías de los hablantes castellanos, explicaba en sus *Lecciones de lingüística española* que a veces los hablantes cambian las palabras por proximidad, sin necesidad de que intervengan los significados en absoluto: «Un antepasado nuestro inventó *mostrenco* en vez de *mestenco*, de *mesta*, por una falsa aproximación con *mostrar*, que no tenía nada que ver con *mestenco*». Y añade que, en realidad, muchas palabras vacilan en su evolución por la atracción que producen en ellas otras más conocidas o habituales, y a veces semánticamente afines.

Del mismo tenor es la precisión de Elena Leal Abad cuando argumenta que los hablantes tienden a cargar de contenido semántico e histórico las palabras que les resultan extrañas.[5] Ante esas voces que les parecen carentes de «razón etimológica», buscan una modificación que les conceda una «razón semántica». Es decir, inventan una etimología. En realidad, el proceso es inconsciente, porque es popular y generalizado; solo sería un verdadero método si los hablantes fueran conscientes de que cambian la forma de una palabra porque creen equivocadamente que la palabra tiene su origen en otra voz o en un vocablo determinado.

La etimología popular ha llamado la atención de la mayoría de los filólogos, que han designado estos procedimientos de diferentes formas (analogía fonético-semántica, atracción paronímica, etimología cruzada, etimología asociativa, etcétera),[6] pero fue Saussure el que elaboró en su *Curso* la primera e influyente teoría a propósito de estos procesos.[7]

Decía el profesor que «a veces deformamos palabras cuya forma y sentido nos son poco familiares, y a veces el uso consagra esas deformaciones». Y comentaba algunos ejemplos graciosos. Por ejemplo, dice, los alemanes tomaron del francés la palabra *aventure*, pero la transformaron en *abentüre* y *Abenteuer* porque les pareció mucho más lógico derivar la palabra de *Abend* («relato nocturno»). Los franceses decidieron unir la voz *chou* (col, repollo) con *croute* (costra) porque seguramente lo preferían al incomprensible término alsaciano-alemán *Sauerkraut* (*sauer*, avinagrado, agrio, y *kraut*, verdura).

> La etimología popular no actúa pues más que en condiciones particulares y solo alcanza a las palabras raras, técnicas o extranjeras que los sujetos asimilan de modo imperfecto.[8]

En algún caso se ha dicho que estas transformaciones son contaminaciones léxicas,[9] aunque tal vez deberíamos hablar mejor de reformulaciones semánticas. Los hablantes establecen relaciones semánticas asombrosas, pero, sobre todo, se remiten a lo conocido. Por eso Cervantes bromea con las etimologías populares cuando le hace decir a Sancho «¡Mirad [...] qué martas cebollinas!».[10] Sancho seguramente estaba más familiarizado con las cebollas que con las martas cebellinas, cuya lujosa piel era incluso más apreciada que el armiño. Leo Spitzer dedicó algunos párrafos a este vicio de Sancho, que «altera los nombres según las asociaciones que más convienen a su horizonte intelectual».[11] Y así Mambrino se convierte en Malandrino o Malino, Fierabrás acaba siendo «el feo Blas», y Cide Hamete Benengeli se convierte en el impagable Cide Hamete Berenjena. La justificación del cambio es aún mejor: «Por la mayor parte he oído decir que los moros son amigos de las berenjenas».[12]

La etimología popular —o, cuando no llega a tanto, el error común— suele servir a los más torpes para burlarse de la ignorancia ajena, para hacer chistes malos de aldeanos, para escribir libros llenos de antiguos tópicos rurales o manuales de supermercado donde explican cómo es «el español correcto». Y así, no faltan ilustrados que levanten el dedo acusador y burlón contra quienes dicen *destornillarse*, en vez de *desternillarse*; y contra los que hablan de mesas de *fornica*, en vez de *formica*, *mondarina* en vez de *mandarina*, *eruptar* en vez de *eructar*, etcétera. ¿No saben que las lenguas se han modelado también con «errores» como *nigromante* y *choucrout*? Para ellos también tiene Sancho su receta:

> Otro reprochador de voquibles tenemos. Pues ándense a eso y no acabaremos en toda la vida.[13]

# 16

# BREVE CATÁLOGO DE LENGUAS HERMANAS, PRIMAS, SOBRINAS Y NIETAS

El lingüista Charles Bally (1865-1947) ha pasado a la historia estudiantil de la disciplina como uno de los alumnos de Ferdinand de Saussure que, recopilando los apuntes del maestro, publicó junto a Albert Sechehaye el famoso *Curso de lingüística general* (1916). Sin embargo, Bally fue un profesor muy meritorio y, tras doctorarse en Berlín, llegó a heredar la cátedra de su maestro Saussure en Ginebra. Además, escribió un tratado que interesa especialmente aquí, cuando se trata de precisar los usos y los abusos de la lengua.

En *El lenguaje y la vida* (*Le langage et la vie*, 1926) pretendía demostrar que «la lengua natural recibe de la vida individual y social, de la cual es su expresión, las características fundamentales de su funcionamiento y de su evolución».[1] Todos los fenómenos de la vida, dice Bally, se reflejan en el lenguaje natural, y con frecuencia impiden que sea una construcción puramente intelectual. Desde luego, las lenguas tienen muchas imperfecciones comunicativas (ya se encargó Locke de precisarlas casi todas), pero lo fundamental es que son —para bien y para mal— la expresión lingüística de la vida.

> El lenguaje natural, el que hablamos todos, no está al servicio ni de la razón pura ni del arte; no apunta ni

a un ideal lógico ni a un ideal literario; su función primordial y constante no es la de formar silogismos, ni de redondear las frases ni de plegarse a las leyes del verso alejandrino. Está, sencillamente, al servicio de la vida, no de la vida de unos pocos, sino a la vida de todos, y en todas sus manifestaciones: su función es biológica y social.[2]

La función vital de la lengua (acción, emoción, necesidades, deseos, razón, psiquismo, etcétera) es tan poderosa que nunca faltarán avispados que la conviertan en arma de combate (*«Le langage devient alors une arme de combat»*),[3] y se esgrime para imponer las ideas a los demás, para persuadir, para implorar, para ordenar, para prohibir... Una de las principales desgracias con las que deben cargar las lenguas es la viejísima idea (pero típica de los polvorientos movimientos nacionalistas del siglo XIX) que identifica pueblos o naciones con lenguas. Y las sociedades humanas, siempre dispuestas a conservar con persistencia las mentalidades más reaccionarias, tienden a ordenar el mundo y las lenguas conforme a las fronteras de los mapas. En Rusia se habla el ruso, en Turquía se habla en turco, en España se habla español y en... No hace falta esforzarse mucho para entender que el mapa de los países nada tiene que ver con el mapa de las lenguas. «Mientras que un mapa político aparece como un conjunto de bloques sólidos y monocromáticos, las lenguas crean algo que se parece más a un mosaico multicolor en muchos lugares, al tiempo que en otras regiones parece un suelo salpicado de confeti.»[4]

Veamos solo unos ejemplos: el sami (lapón), una lengua urálica que ha dado al mundo la palabra *tundra*, lo hablan unas treinta mil personas en distintos territorios de Suecia, Noruega, Finlandia y Rusia; en Bélgica, sin entrar en muchos detalles, se habla neerlandés (variante flamenca), francés y alemán; y entrando en más detalles, cuenta con al menos una veintena de variedades (picardo, lorenés, liejés, valón, etcétera); el italiano se habla en Italia, en Suiza, en Malta, en Eslovenia y en Croacia, pero en Italia, además del italiano, se hablan el occitano, el toscano, el catalán, el friulano, el sardo, el ladino, el esloveno y, para completar el panorama, algunas variantes alemanas y tirolesas, entre otros muchos. En la Dinamarca continental hay diecisiete variantes del danés, aparte del alemán y el sueco. Y en el Reino Unido se habla inglés, escocés, gaélico, gaélico escocés, gaélico manés, córnico y otros.

Decía Américo Castro[5] que la existencia de lenguas regionales es un hecho y la sola idea de que pudieran desaparecer «entristecería a cualquier amante de la vida». Y añade que, además, para los filólogos, la muerte de una lengua siempre «es una desgracia irreparable». Por otro lado, nada ha habido más común en la historia de las lenguas que su transformación, su desaparición, su evolución, su fusión, su disgregación, su expansión o su decrecimiento paulatino. En la península ibérica, como en todos los territorios del mundo, las lenguas han evolucionado con los grupos humanos que las utilizaban y han visto cómo algunas adquirían estatus político y literario, otras se veían reducidas a sobrevivir en ámbitos rurales, otras eran perseguidas por la política, otras desaparecían o sus miembros eran expulsados del país, otras ocupaban islas y territorios lejanos, y otras, en fin, tenían que contratar a filólogos especializados que les confirmaran que sí, que efectivamente eran una lengua, y no un dialecto...

A continuación examinaremos brevemente algunas lenguas cuyas trayectorias reflejan los vaivenes en la historia de los idiomas, los peligros que corren y los esfuerzos por su subsistencia.

1. El aranés, la lengua que se habla en el Val d'Aran (Vall d'Aran en catalán), se considera una variedad gascona del occitano. El occitano, de larguísima y cultísima tradición europea, surgió en la Alta Edad Media y se desarrolló en la ribera mediterránea francesa y a lo largo de los Pirineos hasta las costas cantábricas. El provenzal, el languedoc, el auvernés, el lemosín, el occitano delfinés y el gascón son variantes del antiguo occitano. El gascón se extiende en un triángulo que ocupa el sur del Garona, hasta el País Vasco francés, y el límite sur son los Pirineos. El gascón tiene tres variedades: el bearnés, el bigorrés y el aranés, que se habla en un pequeño territorio que se encuentra en la vertiente norte de los Pirineos pero que, por azares de la historia, quedó políticamente vinculado a la Corona de Aragón y a Cataluña. Las lenguas occitanas están en franco declive en Francia, cuya política lingüística siempre fue estrictamente centralista, de modo que la vitalidad del occitano está en manos de los habitantes de reductos como el Val d'Aran, donde más de un 50 por ciento de la población habla esta lengua. Como es natural, el aranés se ha visto *acosado* por el francés, por el catalán y por el castellano, de donde no ha tenido más remedio que adoptar muchas de sus voces. Aun así, sigue teniendo el inconfundible sabor de las lenguas medievales del creciente mediterráneo, donde floreció la poesía del amor cortés.

El hispanista H. J. Chaytor[6] nos recuerda que la vinculación de lenguas y nacionalidades es un asunto reciente (y, con frecuencia, más teñido de malicia que de ignorancia): «En la Edad Media la lengua tenía muy escaso sentido político, por no decir ninguno». Las lenguas prerromanas, salvo el euskera antiguo, desaparecieron y fueron sustituidas sin más por la lengua latina, que administrativa y culturalmente resultaba más útil. En los siglos medievales, el latín y la Iglesia eran conceptos universales que se daban por sentados. En contextos eclesiásticos, o teológicos, filosóficos o científicos, nadie tenía dudas sobre la lengua que se debía utilizar. Ahora bien, cuando se trataba de llegar a un público más popular, había que escoger otra. Y era necesario tener en cuenta consideraciones de tipo cultural o estético. Por ejemplo, el trovador Ramon Vidal de Besalú (*ca.* 1196-*ca.* 1252) decía que la «parladura francesa» era estupenda «a far romanz»; sin embargo, «per far verses et cansos», lo mejor era la lengua de Lemosín. Por la misma época, el rey Alfonso X no tenía la menor duda de que había un tipo particular de canciones que debían escribirse en gallego (galaico-portugués o gallego medieval), mientras que los libros de historia debían redactarse en castellano o latín. Estas decisiones obedecían a «la convención que establecía que la elección de la lengua estaba determinada por el género literario que se cultivaba y no por la nacionalidad del autor». En el cortesano mundo de los trovadores, se daba por hecho que la poesía y las canciones debían escribirse y cantarse en provenzal (una lengua más poética que social), se viviera en Gascuña, en Cataluña, en Provenza o en Italia: «El provenzal [o *langue d'oc*] se convirtió desde el siglo XII en la lengua de la poesía lírica, y su hegemonía se mantuvo mucho tiempo: numerosos poetas catalanes la utilizaban como vehículo de expresión literaria todavía a mediados del siglo XV».[7] Como es lógico, Cataluña y la Corona de Aragón dieron nombres notables a la lírica trovadoresca (la relación con el sur de Francia era continua y constante), como Berenguer de Palou, Guillem de Berguedà, Guillem de Cabestany o Cerverí de Girona, que adoptaron en su momento el provenzal para luego irse desvinculando paulatinamente tanto de los temas como de la lengua.

Berenguer de Palou (no confundir con el obispo cruzado del mismo nombre), que vivió a mediados del siglo XII, escribía así:

*Ilh no promet ni autreya*
*ni estrai ni falh ni men,*
*mas de no sap dir tan gen*
*qu'ades cuydaretz que deya*
*totz vostres precx obezir...*[8]

[Ella ni promete ni concede, / ni quita ni falta ni miente, / pero sabe decir que no (de una manera) tan gentil / que a veces parece que cede / y va a aceptar todos sus ruegos...]

2. «L'asturlleonés ye una de les llingües romániques de la península ibérica.» Y por más que se ha intentado reducirla a un mero dialecto del castellano, o a un habla rural minoritaria e inculta, o a un estadio intermedio de evolución a partir del latín vulgar, o a un conglomerado de castellano con influencias galaico-portuguesas, lo cierto es que esta lengua tuvo en su momento todos los rasgos necesarios para ser considerada, en puridad, un idioma independiente. Desde luego, el asturleonés de los primeros siglos (del VIII al X) no puede compararse con el actual: la característica vacilación de las lenguas en sus inicios, unida a la falta de una cultura popular escrita, propició que el asturleonés medieval fuera una lengua titubeante, pero no más ni menos que el resto de las lenguas romances, desde Finisterre al Cap de Roses. Los escribanos[9] procuraban redactar los documentos en latín,

pero la mayoría ya eran incapaces de hacerlo (tampoco sabían decir misas), así que escribían o más bien transcribían su modo de hablar al pergamino como Dios les daba a entender. (Eso fue lo que ocurrió, precisamente, con la «Nodicia de kesos», v. *supra.*) En su momento, Menéndez Pidal no pudo sino identificar el verdadero carácter de una lengua que se estaba formando en aquellos siglos oscuros, pero se negó a darle carta de naturaleza, más allá de considerarla un «latín vulgar leonés». Pero el hecho cierto es que el Reino de León (910-1230 y 1296-1301) tuvo en su periodo de esplendor una lengua en la que se redactaron fueros, leyes y otros documentos administrativos, a lo largo de todo el siglo XIII. Del mismo modo que no se puede negar la fuerza implacable del castellano a partir de esas fechas, es imposible negar la existencia de la lengua que sucumbió precisamente a ese poder político, bélico y también cultural. Cuando Menéndez Pidal redacta su *Manual*, en 1904, reconoce la importancia del gallego-portugués y del catalán, pero no está convencido de la solidez lingüística de las hablas leonesas y aragonesas, y, en su opinión, «estos dialectos afines tienen la mayoría de sus leyes fonéticas comunes con el castellano» y, por tanto, «no llevan sello de evolución especial».[10] Uno de los problemas graves que ha tenido la lengua leonesa o asturleonesa es que los documentos y textos literarios que se aportan no tienen la regularidad que se esperaría de una lengua, pero el castellano tampoco la tuvo hasta muy adelantado el Renacimiento. Menéndez Pidal lo explicaba así:

> Los textos literarios y los diplomas notariales [leoneses] no reflejan con suficiente fidelidad el dialecto leonés hablado; y en los textos literarios, especialmente, se ven luchar dos influencias, literarias también, y enteramente

> opuestas, la gallego-portuguesa y la castellana, que no se ejercieron de igual modo, ni mucho menos en la lengua hablada. La lengua hablada mantuvo hasta hoy caracteres propios bien armonizados entre sí, en los cuales se observa la transición gradual en el espacio, de los rasgos gallego-portugueses hasta los castellanos; en vez de esta transición gradual, los textos escritos nos muestran mezcla antagónica, pues la literatura leonesa, falta de personalidad, se movió vacilante entre los dos centros de atención que incontrastablemente la sobrepujaban.[11]

Pero no se trataba de regularidad lingüística en realidad, sino de la fuerza de dos reinos belicosos y muy poderosos frente a otro en decadencia. Menéndez Pidal explicaba que el castellano había absorbido dos lenguas adyacentes, el leonés y el navarro-aragonés,[12] y probablemente se quedaba corto, porque las influencias regionales y de otras lenguas en el castellano son de tal profundidad que la presunta uniformidad de este idioma no es más que una ilusión propagada, como dice Inés Fernández-Ordóñez, por la escuela filológica española: «Muchas soluciones fonéticas que Menéndez Pidal consideraba en exclusividad *castellano-viejas* probablemente fueran al mismo tiempo bien navarras, bien aragonesas o bien leonesas».[13] (Por otro lado, eso no resta méritos al castellano, sino que, más bien, habla de su poder de asimilación de todo cuanto encuentra a su alrededor.)

El asturleonés se ha conservado a duras penas en una franja que va desde Gijón y Avilés hasta las tierras de Sayago, aunque la versión más asturiana de esta lengua se amplía en el norte hasta Cantabria. En su momento, la «cuña» asturleonesa llegó hasta tierras cacereñas, donde la *fala* galaico-portuguesa no puede negar una marcada influencia de los norteños. El asturiano se mantiene vivo en las distintas áreas del Principado, pero su versión mesetaria en León y Zamora apenas recorre una débil franja en el occidente de esas provincias; desde El Bierzo hasta Sanabria, las distintas variedades actuales resultan bastante distintas a la forma cantábrica y, desde luego, tienen una influencia determinante del gallego y el portugués, por una parte, y del castellano, por la otra; en estas zonas, desde la Maragatería y el Páramo a las tierras zamoranas de Aliste y Sayago, es difícil no admitir que sus hablas son más bien lenguas de transición.

Los especialistas dicen que hay partes de la gramática asturleonesa que aún se conservan y que siguen incidiendo en las variantes del castellano que utilizan. Aunque reconocen la indudable potencia del castellano, recomiendan tener en cuenta que el castellano no pudo con ciertos rasgos característicos de las zonas que ocupó y que las hablas navarras y aragonesas, las variantes meridionales o las distintas variantes asturleonesas siguieron influyendo en la lengua común o castellana. (Por ejemplo, el uso del condicional en sustitución del subjuntivo es exclusivo del norte castellano, y no lo es por el castellano mismo, sino por la influencia de las lenguas septentrionales; y la sustitución del *amase* por *amara* en las formas de subjuntivo parece ser propia del occidente, donde se sigue manteniendo con gran tenacidad; a los foráneos les resulta muy curiosa, por ejemplo, la manera de utilizar las formas simples de los verbos de la zona asturleonesa, frente a las formas compuestas cuyo foco parece estar en el oriente castellano y aragonés.)

En todo caso, el asturleonés actual (*definitely endangered*, según la clasificación de la Unesco), suponiendo que aún exista, sería un mosaico de decenas de variedades dialectales, amorfo y carente de unidad: solo la lengua asturiana parece haber resistido, con un cierto impulso social y político, y una tibia institucionalización de una Academia de la Llingua Asturiana, al carácter de «curiosidad cultural»[14] al que parece abocado si no se toman medidas extraordinarias. En la parte portuguesa, el Estado reconoció en 1999 los «derechos lingüísticos de la comunidad mirandesa» (Miranda do Douro), pero la normalización ortográfica que se propuso se basaba estrictamente en el portugués.

3. A mediados del siglo pasado, un lingüista húngaro y judío llamado Samuel Miklos Stern, que trabajaba para la Universidad de Oxford, se encontraba estudiando en España unas composiciones medievales árabes llamadas moaxajas. Las moaxajas (*muwaššaḥs*) eran poemas largos, escritos en lengua árabe culta, que tuvieron gran predicamento a partir del siglo IX, aunque es probable que existieran modalidades más antiguas. Se da por hecho que fueron Muqaddam de Cabra o Yusuf al Ramadi los que inventaron el género,[15] pero los especialistas más informados suponen que ya había moaxajas parecidas antes, aunque no se sabe cómo eran exactamente. Stern pensaba que habían nacido en un entorno popular, pero que su éxito había concluido con la redacción de poemas cultos en manos de árabes y, posteriormente, en hebreo, compuestos por judíos ilustrados. Por eso, las moaxajas que se conservan están «asimiladas» a la *qaṣīda* clásica, y por tanto pueden tener como tema cualquiera de los tradicionales de la poesía culta y clásica (*shi'r*): poesía amorosa, panegíricos, plantos funerarios o elegías, algunos temas religiosos y, a veces, satíricos.

En 1948, cuando Stern se encontraba estudiando estos poemas árabes o judíos, descubrió que algunas moaxajas se remataban con unos peculiares versillos populares (desde luego, estaban escritos con grafías orientales, pero no transcribían una lengua árabe ni judía, sino una suerte de lengua popular romance...). Aquello, sin duda, significaba que las moaxajas habían nacido como cantares populares, por mucho que las élites cultas los hubieran adoptado después para sus propios intereses. Los textos decían que esa estrofilla popular del final se llamaba *jarŷa* (jarcha, remate o final) o *markaz*. Stern ofreció al mundo veinte ejemplos de esas jarchas escritas en romance de los siglos XI, XII y XIII y que aparecían como remates a moaxajas hebreas. Otros especialistas españoles, como Emilio García Gómez, consiguieron duplicar el número de jarchas; muchas de ellas eran remates de moaxajas árabes, y acababan mezclando en una mezcolanza lingüística el árabe con las hablas romances.

Stern resumía así la «poética» de la jarcha:

> La jarcha es el último de los *qufls* (versos que terminan con la misma rima) de la moaxaja; es una unidad aparte. Su asunto depende del tema del poema: si se trata de un poema de amor, la jarcha compendia su contenido a modo de expresión quintaesenciada de tal sentimiento. Si se trata de un panegírico, la jarcha elogia incisivamente a la persona celebrada. [...] En la mayoría de los casos reproduce palabras de mujeres (preferiblemente muchachas que cantan). [...] La poética de la moaxaja exige además que la jarcha se escriba en algún dialecto vernáculo.

La lengua escogida por los poetas para rematar sus moaxajas fue el árabe vulgar, pero también el mozárabe: el dialecto hispánico hablado tanto por los mozárabes (cristianos en zona árabe) como por los judíos o la población musulmana. El mozárabe era un dialecto peculiar, porque nació, como el resto de las lenguas romances, del latín, pero quedó aislado en las áreas musulmanas, de modo que conservó muchas formas arcaicas y, naturalmente, adoptó numerosos arabismos. Como ocurría en la mayor parte de las lenguas romances, el mozárabe no tenía una forma única; más bien, constituía un grupo variopinto de lenguas parecidas, con distintas variantes; solo la voluntad de un animoso filólogo podría considerar el mozárabe como un sistema uniforme. En cualquier caso, todas estas modalidades desaparecieron para siempre en el siglo XIII, bien por la persecución de los mozárabes en tierras musulmanas, bien por las conquistas aragonesas o castellanas, bien por el abandono de una lengua que ya no resultaba útil frente al árabe común o el potente castellano.

Al referirse a la persistencia sociolingüística de la cultura mozárabe, Rafael Lapesa es —como siempre— más épico y combativo: «Los dialectos mozárabes desaparecieron conforme los reinos cristianos fueron reconquistando las regiones del sur. Aquellas hablas decadentes no pudieron competir con las que llevaban los conquistadores, más vivas y evolucionadas».[16]

En fin, la vida de los mozárabes, integrados mal que bien en la sociedad musulmana, ha dado para arrebatos patrióticos divertidos. Como siempre, Menéndez Pelayo en su impagable *Historia* tiene algo que decir sobre el particular. Y dice que, a pesar de una inicial tolerancia, al final los musulmanes se revelaron como lo que eran, unos tiranos sanguinarios, y que el califa de Córdoba prohibió la lengua latina «y mandó que asistieran a las escuelas arábigas los hijos de los cristianos». Así se «contagió» primero el habla y luego se contagiaron las costumbres y la religión. No obstante, nada podrá oscurecer la gloria inmensa de los heroicos mozárabes que «resistieron lidiando a un tiempo por la pureza de la fe y por la ciencia y la tradición latinas».[17]

Un patriotismo al menos tan fervoroso como el de Menéndez Pelayo esgrime el filólogo e historiador malagueño Francisco Javier Simonet, que a finales del siglo XIX publicó una enjundiosa obra titulada *Historia de los mozárabes de España*. Su trabajo comienza así: «Es nuestro propósito escribir la historia de aquellos españoles que, subyugados por la morisma, mas no sin honrosos pactos y capitulaciones, conservaron constantemente, por espacio de muchos siglos, la religión, el espíritu nacional y la cultura de la antigua España romana, visigótica y cristiana, arrostrando con entereza muchos trabajos, persecuciones y calamidades, ganando nobilísimos lauros y palmas de héroes, de doctores y de mártires [...].[18] Más ecuánime y moderado es Galmés de Fuentes: «Al producirse la arrolladora invasión árabe en 711, la mayor parte de la España románica quedó sometida al dominio musulmán. Los principales focos culturales del mundo hispánico-romano-visigodo, como Toledo, Mérida, Córdoba, Sevilla, Zaragoza, etcétera, permanecieron durante siglos bajo el dominio de la cultura y de la lengua árabes. No obstante, la romanidad no sucumbió ante la invasión». Y añade que la lengua romance pervivió «en el plano familiar», pero, al estar aislada de sus hermanas norteñas, mantuvo «rasgos claramente arcaizantes». Los árabes llamaron a quienes hablaban esa extraña lengua *mustā'rib*, que significa «el que vive como árabe sin serlo», de donde procede la voz castellana *mozárabe*.[19]

Aunque resulta más bien dudoso, puede que los mozárabes fueran, como dicen Menéndez Pelayo y Simonet, unos héroes patrioteros y que lucharan denodadamente para mantener sus creencias visigóticas, cristianas y *españolas*, pero la impresión que queda a juzgar por sus textos es que recorrían el mismo camino cultural que el resto de los pueblos europeos. «Las canciones mozárabes pertenecen al género más característico de la primitiva lírica europea en lengua vulgar: la canción de amor femenina.»[20] Los alemanes tenían el *Frauenlied*; los franceses disfrutaban de la *chanson de femme*; en galaico-portugués se entonaba la *cantiga de amigo*, y en castellano y catalán era típico el «cantar de doncella». En todas, es la joven enamorada la que solicita la presencia del amado, a veces con tonos melancólicos y a veces con más picardía.

En una jarcha del siglo XI, la joven le dice a su amado Ibrahim:

*... vent a mib*
*de nojte,*
*in non, si non queres,*
*ireym'a tib.*
*Gárreme a ob*
*legarte.*

[... ven conmigo / esta noche / y si no, si no quieres, yo iré contigo. / Dime dónde / encontrarte.]

Y en otra:

*¡Non me mordas, ya habibi!*
*¡Fa-encara danioso!*

[¡No me muerdas, amigo, / que todavía me duele!]

Y esta de Yosef ibn Saddiq (Córdoba, 1075-1149) siempre será fabulosa, por lo mucho que dice sin decir:

*¿Qué faré, mamma?*
*Meu al-habib est ád yana.*

[¿Qué hago, madre mía? / ¡Mi querido está en la puerta!][21]

Recuérdese que estas son *transliteraciones* de las jarchas, que estaban escritas en árabe o en hebreo y que, por tanto, no transcriben los sonidos vocálicos, lo cual hace mucho más difícil el trabajo de asegurar cuál sería la forma oral. Por ejemplo, una de las jarchas más hermosas y conocidas es la que dice:

*De tanto amar, de tanto amar,*
*amor mío, de tanto amar,*
*enfermaron mis ojos alegres,*
*y tanto me duelen ahora.*

Pero esto no es más que una traducción elaborada con base en la transliteración que Stern realiza en 1948 a partir de grafías hebreas:

*tnt 'm'ry tnt 'mry*
*hbyb tnt 'm'ry*
*'nfrmyrwn wlywš gydš*
*y dwln tn m'ly*

Aunque hubo especialistas que propusieron algunas variantes, en general se aceptó la transliteración de Stern. Menéndez Pidal decía que la jarcha sonaría aproximadamente así en boca de la joven enamorada:

*¡Tant' amárí, tant' amárí,*
*habib, tant' amárí!*
*enfermeron uelyos gayos*
*ya duelen tan mali.*[22]

4. «Los Reyes Fernando e Isabel, por la gracia de Dios, Reyes de Castilla, León, Aragón y otros dominios —decía el edicto de Granada, publicado el 31 de marzo de 1492—, ordenamos además en este edicto que los judíos y judías [¡lenguaje inclusivo!] de cualquiera edad que residan en nuestros dominios o territorios que partan con sus hijos e hijas [¡lenguaje inclusivo!], sirvientes y familiares pequeños o grandes de todas las edades al fin de julio de este año y que no se atrevan a regresar a nuestras tierras y que no tomen un paso adelante a traspasar, de la manera que si algún judío que no acepte este edicto si acaso es encontrado en estos dominios o regresa será culpado a muerte y confiscación de sus bienes.»

Hasta la saciedad se ha repetido cómo aconteció este vergonzoso episodio de la historia de España, aunque tal vez no se haya hecho mucho hincapié en la relación inmediata con el despliegue de la institución política —y no tanto religiosa— de la Inquisición y el vacío cultural que dejó en España un pueblo que cultivaba la medicina, las letras, las ciencias y las leyes. En ocasiones parece que este hecho, aislado, debe considerarse la prueba y certificado de una intolerancia intrínseca a Isabel I de Castilla y a Fernando de Aragón. Tal vez porque no se tiene en cuenta que el Concilio de Letrán ya había proclamado en 1215 (como en otro celebrado treinta años antes), en las constituciones o cánones 67, 68, 69 y 70, entre otras recomendaciones a los estados cristianos, que los judíos no debían ejercer cargos públicos, que no convenía que se les viera en público (porque los cristianos podrían cometer el «error» de unirse a mujeres judías o sarracenas sin darse cuenta...), que debían llevar marcas o distintivos claros que pusieran de manifiesto su pertenencia a dicha religión y que en ningún caso, siendo conversos, podían ocultar que estaban practicando la antigua religión.[23]

La mayoría de los monarcas de Europa, súbditos (a regañadientes) del poder papal, habían estado persiguiendo a los judíos desde mucho antes (generalmente por razones económicas, pero también por puro fanatismo religioso y racial), difundiendo los «grandes temas» antisemitas: la usura, la condena divina, el crimen contra Jesucristo, la ambición por el poder, la vinculación a las artes mágicas, la profanación de los símbolos cristianos, etcétera. Eduardo I de Inglaterra, por ejemplo, ordenó la expulsión de los judíos de la isla en el año 1290: bueno, podía hacerlo porque legalmente los judíos eran *propiedad* del rey. «Inglaterra fue la primera nación de Europa en adoptar el infame distintivo judío en 1218»,[24] que en este país tomó al principio la forma de una banda blanca. (Esto no es del todo cierto, París llevaba *marcando* a los judíos desde varias décadas antes.) La mayoría de los judíos ingleses y galeses huyeron a los Países Bajos, pero muchos se trasladaron a tierras francesas. Del condado de Gascuña fueron expulsados en 1287 y en Francia se sucedieron las persecuciones y las masacres a lo largo de toda la Edad Media (el rey Felipe II ya ordenó una expulsión en 1182), aunque fueron reiteradas y más agresivas desde 1306, y después en 1322. Muchos de ellos pasaron a España, o fueron a esconderse en Italia o la Provenza (de aquí tuvieron que huir en 1500, tras terribles masacres). Alemania comenzó la persecución bastante pronto, con «suicidios colectivos» y matanzas aterradoras, desde el siglo XI: se les acusaba de matar niños en rituales sanguinarios, se les achacaba la pestilencia de los pozos y se formaron bandas de campesinos para matarlos. Los territorios alemanes (Sajonia, Baviera, Borgoña, etcétera) fueron expulsando a los judíos hasta bien entrado el siglo XVI; muchos de ellos se desplazaron al este, hacia Silesia y Polonia, y más allá, como los húngaros y las comunidades austriacas. Los judíos de Portugal (1497) también huyeron a los Países Bajos. Y los ducados de Parma y Milán tampoco tardaron tanto como la reina de Castilla: los Sforza los expulsaron diez o doce años antes.

Así que cuando, casi a regañadientes, los reyes de Castilla y Aragón deciden expulsar a los judíos, Europa felicita a los monarcas y se alegra de que, ¡por fin!, España se haya incorporado a la modernidad. Se asegura que la Universidad de la Sorbona envió una felicitación a la soberana de Castilla con tal motivo.[25]

Pero los pueblos perseguidos no dejan atrás su lengua, y los judíos que tuvieron que abandonar la Península llevaron la suya a los lejanos destinos que quisieron acogerlos. Era la lengua judía del siglo xv, la que se hablaba en Castilla, pero también en Galicia, Andalucía o las variantes de los reinos de Valencia, de Aragón y los condados catalanes. Hubo algunos grupos judíos de Andalucía que solo cruzaron el Estrecho con la esperanza de poder volver pronto, pero otros muchos recorrieron el Mediterráneo para asentarse en las colonias orientales de Salónica, Esmirna, Constantinopla, Beirut o Jerusalén. Se les llamaba sefarditas porque procedían de Sefarad. Y Sefarad era un territorio que tradicionalmente se asociaba a la península ibérica desde tiempos bíblicos.

En uno de los libros proféticos, el más corto del Antiguo Testamento, un tal Abdías, del que apenas se sabe nada, narra una visión en la que augura una terrible venganza contra aquellos que persigan a los miembros de la tribu de Judá. En los últimos versículos llama a la revuelta a todos los que están sufriendo cautiverio y persecución, y dice que hay muchos deportados en un lugar llamado Sefarad. Los judíos siempre pensaron que a los deportados de Jerusalén los llevaban a Hispania, a Sefarad, y nunca perdieron la esperanza de poder regresar a Sion.

> *... y los deportados de Jerusalén que están en Sefarad*
> *ocuparán las ciudades del Négueb*
> *y subirán victoriosos al monte Sión.*[26]

Los judíos expulsados de Castilla y Aragón mantuvieron hasta cierto punto sus comunidades cerradas en los lugares de acogida —se ha explicado más por su alto nivel económico que por una segregación racial— y eso permitió que se conservara en el ámbito doméstico la lengua petrificada del siglo XV.

Mark Mazower[27] narra maravillosamente cómo era la vida de la lengua española en la comunidad de Salónica y apunta que en torno al año 1600 los niños judíos que empezaban a estudiar las Escrituras las leían y las discutían en español, y que «todos los negocios e intercambios comerciales de Levante se plasman por escrito en caracteres españoles y hebreos». En Salónica, continúa Mazower, había una lengua española tan identificada con los judíos que se le llamó *judezmo* y se convirtió en lengua de enseñanza, comercial, científica y médica. Y se tradujeron a esa lengua muchos textos de todo tipo, «porque esta lengua es la más empleada entre nosotros». Y esto es precioso:

> En los muelles, entre los pescadores, en el mercado y los talleres, los acentos de Aragón, Galicia, Navarra y Castilla desplazaban a los portugueses, griegos, yidis, italianos y provenzales. Al final, el acento castellano se impuso a los demás.

El autor de *La ciudad de los espíritus* recuerda que Gonzalo de Illescas, que ejercía de secretario de Alonso de Aragón, embajador en Venecia en tiempos de Carlos V, se quedó asombrado de que los niños de Salónica hablaran español tan bien como él, «por no decir mejor». Y otro tanto decían los marineros y mercaderes que pasaban por aquel puerto.

> Estaban orgullosos de su lengua, de su flexibilidad y dulzura, de su capacidad para poner en su sitio con un oportuno diminutivo las palabras grandilocuentes y rimbombantes.

Ha habido alguna confusión respecto a las distintas denominaciones de la lengua de los judíos expulsados,[28] pero, en general, puede decirse que se denomina *ladino* la lengua culta con la que se traducen los textos sagrados; el *judezmo* o *judesmo* sería la lengua española que hablaban los sefardíes, y el *judeoespañol* sería la denominación que han ideado los filólogos modernos para no complicarse.

La persistencia de la lengua castellana (y sus distintos acentos regionales) en las comunidades de la diáspora permite poner en duda algunas ideas recurrentes teñidas de mitología medieval; por ejemplo, que las comunidades judías vivían encerradas en sí mismas, odiando a los cristianos y avariciando el dinero que podían acumular con sus usuras, o que los cristianos sencillamente no se relacionaban con ellos. Las relaciones entre los miembros de las tres religiones no siempre fueron fáciles, pero no tan difíciles como a algunos historiadores aficionados de nuestra época les gustaría.

El caso es que el Imperio otomano (La Sublime Puerta) acogió de manera excepcional a los judíos españoles y estos constituyeron comunidades prósperas donde pudieron conservar su lengua.

> Durante los siglos XVI y XVII los sefardíes desempeñaron un importante papel en la vida económica, cultural y política del Imperio otomano: dieron un extraordinario impulso a las industrias textiles y del vidrio; el comercio nacional e internacional estaba en gran parte bajo su monopolio; se dice que eran expertos en la fabricación y difusión de armas de fuego; introdujeron la imprenta en el Imperio, con el consiguiente desarrollo de la industria editorial en Constantinopla, Esmirna, Salónica y, más tarde, en Sarajevo y Viena...[29]

Cuando se promulgó el edicto de expulsión, la lengua de los judíos no era el judeoespañol, sino el castellano, el gallego o el catalán, o el castellano con trazas de gallego, o valenciano, o andaluz, o catalán, o mallorquín. Las diferencias parecen más atribuibles a razones profesionales que a una verdadera distinción respecto de la lengua de los pueblos con los que convivían. En este sentido, los textos que se aportan son de tipo legal, notarial o religioso, donde la lengua común no tiene mucha participación.[30] Es a partir de la expulsión cuando comienza la verdadera historia del judezmo o judeoespañol, porque es entonces cuando las hablas hispánicas y esa lengua de migración comienzan a distanciarse.

El primer rasgo característico del judeoespañol es la petrificación léxica; y en segundo lugar, la asimilación de numerosos componentes ajenos al castellano, tanto en el léxico como en la fonética y las grafías (ortografía rashí). La petrificación alcanza a formas culturales complejas, como señala Lapesa[31] cuando afirma que los judíos de oriente han conservado «con tenacidad» sus tradiciones: hay romances enteros y dichos y refranes que ya no se recuerdan en España, pero que siguen vivos en esas comunidades de oriente. «Por la caveza fyede el peşe» (Por la cabeza apesta el pez) o «El amigo que no ayuda y el cuçiyo que no corta, que se piedran poco emporta» siguen conservando todo el sabor de la España cervantina.

Los judíos de la diáspora han sentido durante siglos la necesidad de conservar la lengua de un lugar al que deseaban volver, entre la ilusión y la ensoñación («Vos te fraguas castiyos en Sefarad», te haces castillos en España), y esto se ha traducido en una pervivencia de rasgos arcaizantes muy característica. En cualquier caso, la diáspora llevó a las comunidades sefardíes a lugares muy diversos, donde 1) la evolución lingüística siguió caminos independientes, y 2) forzosamente se hicieron notar influencias ajenas al español. La consecuencia inmediata de la dispersión es que no hay unidad en los sonidos correspondientes a las grafías *s*, *c*, *ç* o *z*, porque en algunos lugares se conserva el sonido medieval, en otros ha evolucionado y en otros se ha suprimido. En ciertos lugares, como en Marruecos (allí el judeoespañol se denomina *haquetía* o *haketía* o *jakitía*, etcétera), se han desarrollado formas aspiradas que no existen en otros, y mientras en algunas zonas se mantiene la distinción medieval *b/v*, en otras se ha eliminado. En algunas regiones se ha observado la evolución *ñ* > *ni* (*aniu*, *puniu*; año, puño), pero en otras se conserva la /ɲ/. En cuanto a la diptongación, el caos es prácticamente absoluto, y ello guarda relación desde luego con la procedencia de los judeoespañoles que tuvieron que huir.

Un detalle que suele apuntarse es la influencia que tuvo el judeoespañol en el español peninsular. Lapesa[32] sospecha que la lengua de los judíos tuvo algo que ver en la aplicación de la desinencia de segunda persona del singular en el pretérito indefinido: *salistes*, *vinistes*, *comistes*, *dejastes*, por *saliste*, *viniste*, *comiste* o *dejaste*, por influencia de la pervivencia del *vos* en algunas áreas del judeoespañol y de las formas características de la segunda persona: *haces*, *comes*, *sales*, *piensas*, *vienes*, *harás*, *hicieras*, etcétera; y en los plurales *salisteis*, *vinisteis*, *comisteis*, *dejasteis*. Pero el caso es que las hablas populares siguen aplicando esta regla en extensísimas zonas del español peninsular sin que parezca que exista influencia judaica alguna; más bien, parece una tendencia propia del castellano que solo a duras penas la norma culta logra combatir.

Las colecciones de cancioneros y romanceros sefardíes son variadas en casi todos los sentidos y, aunque los especialistas han hecho un esfuerzo enorme de compilación, los resultados son con frecuencia irregulares.[33] Frenk Alatorre lamentaba además la casi ausencia total de canciones propias de las comunidades judías en España (las canciones de boda, por ejemplo, tan comunes en su tradición).

De las *Endechas judeoespañolas* recogidas por Manuel Alvar:

*Viento malo y viento dolorido*
*mos arribates a buenos maridos.*
*Viento malo y viento con pesare,*
*mos arribates a grandes de cajale.*
*Si supiera que'l árbol plantara,*
*de mi casa yo no lo sacara.*
*Viento malo y viento con oyina,*
*cuando viene el golpe rabioso*
*no lleva cura ni melecina.*
*Y este dolor fue grande, doblado ha el pesare;*
*se va un padre de sus hijos*
*vacia a su casa y su lugare.*[34]

Estos versos son un pasaporte a un pasado conservado con fidelidad hebraica pero destinado a desaparecer.

«La decadencia del judeoespañol es progresiva y abrumadora», dice Lapesa. «Reducido al ámbito familiar, su léxico primitivo se ha empobrecido extraordinariamente, mientras se adoptaban infinidad de palabras y locuciones turcas, griegas, rumanas, eslavas o árabes.»[35] Por no hablar de los anglicismos, galicismos o italianismos. Visto el panorama, decía Lapesa en su obra clásica, todo hace temer «la ruina de esta preciosa supervivencia».

5. En las islas Filipinas, llamadas así por voluntad del marino López de Villalobos, que quiso halagar al príncipe y luego rey Felipe II, se hablan en la actualidad unas ciento ochenta lenguas de la rama malaya y polinesia. La lengua más hablada es el tagalo, con la que se comunican más de veintidós millones de personas; el cebuano (o sugbuanon) lo hablan otros tantos. Menos hablantes tienen el ilocano y el hiligaynon, que sirven para comunicar a siete millones de personas cada uno. El bicolano, el samareño, el kapampangano, el maranao, el tausug, el maguindanao, el surigaonón y otros tantos completan un panorama que nos permite imaginar cómo sería el universo lingüístico cuando no existían formas de promoción, imposición o fijación cultural.

Solo la historia de la navegación, la manía religiosa, el desarrollo comercial y la explotación colonial permiten hoy comentar la pervivencia del español en un lugar tan remoto como las islas Filipinas. A mediados del siglo XVI los españoles comenzaron una intensa colonización en esos territorios, con la fundación de fortificaciones, puertos, colegios, universidades e instituciones públicas, pero sobre todo con una costosísima y peligrosa red comercial y militar, y también con su correspondiente obsesión religiosa impuesta por Felipe II. Además, los ingleses, los portugueses y los holandeses también estaban interesados en esas tierras, así que los tres siglos que duró la Capitanía General de Filipinas no fueron más que una amarga sucesión de combates y luchas por el territorio insular.

El español fue solo lengua administrativa hasta el siglo XIX, destinada a las élites españolas y filipinas. Únicamente cuando la reina Isabel II decretó la obligatoriedad del sistema escolar público, el español entró a formar parte integral de la cultura filipina. Pero eso ocurre en 1863. El resultado es que apenas un 15 por ciento de la población filipina hablaba español a finales de siglo, aunque se asegura que en la capital, Manila, la cifra alcanzaba el 50 por ciento. La propaganda nacional-lingüística nunca pierde oportunidad de fanfarronear. «Recordemos que el idioma español no fue nunca vehículo de expresión de la mayoría de nuestro pueblo. Siempre fue el patrimonio exclusivo de una minoría.»[36] Si la independencia «se hizo en español», y si la Declaración de Cavite y la Constitución se redactaron en español («de momento», precisaba la Carta Magna), se debió únicamente a que las élites empleaban la lengua española. A finales del siglo XIX, con la irrupción de Estados Unidos como bravucón cosmopolita en el concierto internacional, la lengua española queda relegada definitivamente en las islas del Pacífico y comienza un rápido declive hasta su práctica desaparición. Aunque los datos no parecen muy fiables, en los últimos cincuenta años la cifra de hablantes nativos de español en Filipinas ha oscilado entre los seis mil y los tres mil, aunque *se supone* que más de un millón de almas es capaz de entenderlo o lo habla como segunda lengua. La pervivencia del español en Filipinas es más un acto de fe que una empresa romántica, pero tanto la Academia Filipina de la Lengua Española como el Instituto Cervantes de Manila parecen dispuestos a resistir.

Las lenguas filipinas no han dejado mucha huella en el español, más allá de algunos elementos más bien folclóricos: *carabao* (una especie de buey o bestia de tiro que allí llaman *karabáw*), el nombre del juguete chino llamado *yoyó*, o el *paipay* o *paipái* (una especie de abanico hecho a veces con hojas de palma); no obstante, Quilis y Casado anotan varias decenas de voces locales que llegaron a estar presentes en el *Diccionario de autoridades*, aunque fueron desapareciendo paulatinamente.[37]

Por el contrario, el español parece haber dejado una huella más significativa en el tagalo: en algún caso se asegura que el vocabulario tagalo le debe al castellano hasta un 30 por ciento de su léxico. Por supuesto y como era previsible, la fonética sufrió algunos cambios en el viaje: es curiosa, por ejemplo, la incapacidad filipina para pronunciar el sonido /χ/, y así *japoneses* lo pronuncian /aponeses/ o *jabón* es /abón/; en ocasiones se pierde la *r* vibrante (/pod·ído/ por *podrido* o /d·óga/ por *droga*); también se pierde con frecuencia la *-r* del infinitivo para convertirse en sustantivo; y se conserva una de las características del hispanismo: la tendencia a la supresión de la *-d-* intervocálica postónica: *mojado* es /mo·áo/, aunque a veces se convierte en /r/ por influencia de las lenguas locales, y así *arado* es */araro/.* Quilis y Casado también apuntan diversas variaciones morfosintácticas que afectan, sobre todo, a la indeterminación del género, dificultades con los pronombres átonos (también hay graves problemas en España en ese punto, por cierto, y ya las había en latín), ordenación de palabras en la oración, algunas variaciones en prefijos (*destornudar*, *esperezarse*, *encampar*, etcétera), o la formación regular de verbos irregulares (*cabimos*, *deshacieron*, *producieron*, etcétera).

El tagalo conserva voces como *ahedres* (ajedrez), *asul*

(azul), *bandila* (bandera), *baryo* (barrio), *bentilador*, *bisikleta*, *ebanghelyo* (evangelio), *eroplano* (aeroplano), *hepe* (jefe), *kasilyas* (baño), *kolehiyo* (colegio), *kotse* (coche), *kursonada* (corazonada), *labakara* (toalla), *litrato* (retrato), *multo* (muerto), *pabrika* (fábrica), *relos* o *rilos* (reloj), *sarado* (cerrado), *umpisa* (empezar). Los filólogos disfrutan enormemente con estas variantes, porque muchas evoluciones guardan relación con el propio desarrollo del castellano (que se lleva incorporados los sustratos europeos por el mundo), con la influencia fonética de las lenguas locales y con la influencia de, por ejemplo, las lenguas americanas, dado que Filipinas tuvo un enorme intercambio cultural con México. En todo caso, la situación geográfica del país y su devenir histórico han hecho del tagalo una lengua de importación, asumiendo numerosísimas voces inglesas, pero también chinas, árabes, japonesas y náhualts: *kakaw* (cacao), *sili* (chile), *paruparo* (mariposa), *tsokolate* (chocolate).

Un proceso semejante al del tagalo sufrió la lengua llamada cebuano, por la isla de Cebú. Se trata de una variedad malayo-polinésica que hablan en la actualidad más de veinte millones de personas, sobre todo en las islas meridionales. Como el tagalo, el cebuano (o sugbuanon) adoptó un extenso vocabulario procedente del español (y de las colonias americanas). Es característica del cebuano la escasez fonética, con dieciséis consonantes y tres vocales (*a*, *i*, *o*/*u*; *o* y *u* son alófonos), aunque emplean sonidos ajenos a su lengua en las numerosas importaciones léxicas (español, inglés, chino o árabe). Los préstamos españoles parecen haber sufrido más variaciones fonéticas en cebuano que en tagalo: *tsimenea* (chimenea), *impyerno* (infierno), *kalgás* (pulga), *sundalo* (soldado), *bangko* (banco); *artistang lalaki* y *artistang babay* (el artista y la artista; *babay* o *babae* es marcador femenino, aunque también se adoptaron las desinencias españolas *-o* y *-a* como marcadores genéricos): *libakero* y *libakera* (chismoso, chismosa); y es curioso cómo han pasado al cebuano (y también al tagalo) numerosos términos con *-s* final del plural español que, sin embargo, son singulares en su lengua: *sapatos* (zapato), *sardinas* (sardina), *galyetas* (galleta), *kasilyas* (retrete), *botones* (botón), *tortilyas* (tortilla), *ahos* (ajo), *mansanas* (manzana), *kamatis* (tomate), *sibuyas* (cebolla) o la estupenda *siriguylas* (ciruela).[38] Otra curiosidad es que el cebuano suele emplear las formas españolas para los números superiores a once: el numeral *uno* es *usa*, y *diez* se dice *napulo*; de manera que *once* es *napúlog usá*. Pero se prefiere la voz *onse* (once); las decenas se cuentan como *beynte*, *treynta*, *kuwarenta*, *singkwuenta*, etcétera.

Pero las lenguas del Lejano Oriente filipino nos tienen reservada otra maravillosa sorpresa relacionada con el español. Se trata del chavacano o chabacano, una lengua criolla con una intensa lexicalización española. Esto significa que los pobladores de las islas Filipinas, desde muy pronto, comenzaron a emplear un sistema lingüístico que se conoce como *pidgin* y que no es más que una *lingua franca*, simplificada, para poner en contacto comunidades que no tienen una lengua común en la que poder entenderse. Como se trataba de una lengua utilitaria, con frecuencia se llamaba «español de tienda» o «español de cocina» o «español de trapo», porque servía para establecer las pequeñas comunicaciones comerciales o sociales entre gentes de diversos orígenes. La morfología y la sintaxis solían adecuarse a las lenguas indígenas, pero el léxico tenía una profunda influencia española. Tal y como indican Quilis y Casado, en el siglo XVII ya había notables agrupaciones urbanas en las que se hablaba ese «español corrupto»: se conocían como el chabacano de

Cavite o caviteño, el chabacano de La Ermita o ermitaño y el chabacano de Ternate o ternateño. Estas tres modalidades surgieron en un espacio mínimo: la bahía de Manila.

Lo más interesante, para los filólogos, es asistir a la formación (seguramente poligenética) de diversas lenguas casi por arte de magia. A lo largo del siglo XVIII, además, se registraron modalidades chabacanas en Zamboanga (zamboangueño), en Mindanao, y una variedad de este llamada davaudeño (por haber surgido en Dávao, al sur de la isla más meridional).[39] Como se consideraba una lengua corrupta, los especialistas no le prestaron atención hasta que comprendieron que la formación de estas lenguas ofrece indicios esenciales para entender muchos otros aspectos de la evolución de las lenguas en general. John M. Lipski aclara la situación lingüística de una vez por todas: «Las variedades del chabacano son verdaderas lenguas criollas, que no son dialectos del español ni casos de un lenguaje caótico y asistemático producido por la confusión lingüística».[40] Algunos rasgos gramaticales advierten ya sobre la personalidad de estas lenguas: los pronombres *yo*, *bo* (por vos), *ele*, *nisós*, *busós* e *ilos* tienen una variedad deliciosa en Ternate: *mijotro*, *bujotro* y *lojotro* (nosotros, vosotros y los otros [ellos]). No existe marca de género, como es habitual en las lenguas criollas, necesitadas de una simplificación máxima. En el caso del sistema verbal, parece evidente que los hablantes se encontraban más cómodos con estructuras cercanas a las lenguas polinésicas y que las formas latinas les resultaban extrañas. Por ejemplo, *voy* se dice «*ta andá yo*» y *fui* se dice «*ya andá yo*»; el futuro, *iré*, se dice «*di andá yo*».[41] (Efectivamente, el pronombre es posterior al verbo, el infinitivo ha perdido la *-r* y es invariable porque rigen las partículas preverbales *ta*, *ya* y *di*, que indican el tiempo presente, pasado o futuro.)

Estas lenguas se estuvieron formulando a lo largo de doscientos y trescientos años, un periodo de tiempo suficiente para que se desarrolle una lengua. Aun así, muchos lingüistas observaban estas consecuencias de las relaciones humanas y lingüísticas como híbridos, lenguas corruptas, dialectos nativos, mezclas ocasionales, etcétera. Y no deja de ser curioso que quienes deberían saber perfectamente que las lenguas han de recorrer siglos de dudas fonéticas, sintácticas y morfológicas hasta que adquieren cierta solidez achaquen a estas variedades locales poca uniformidad, cuando muchas la habían logrado en el curso de solo dos generaciones. Otros especialistas, sin embargo, han estado más atentos: el antropólogo Charles Frake escribió que «el español criollo filipino no es simplemente una lengua filipina con una cantidad excepcional de influencias léxicas del español ni se trata del español con una gran cantidad de préstamos filipinos. Es una lengua diferenciada, que se distingue claramente tanto de sus antecesores romances como de sus antecedentes austronésicos».[42]

Para lo que nos ocupa, en fin, lo más interesante es observar cómo los grupos humanos conforman las lenguas en las que necesariamente han de entenderse. Lo que ocurrió con el chabacano, al parecer, es que se elaboraron simplificaciones gramaticales de las distintas lenguas y, a su vez, se optó por una fortísima lexicalización procedente del castellano, tal vez por razones utilitarias (el uso del español resultaba más beneficioso económica y socialmente). Por otra parte, Lipski indica que algunas variantes chabacanas pueden rastrearse en el pasado hasta que el español y el chabacano apenas se distinguen, lo cual claramente no es indicio de una invención utilitarista, sino de una derivación lingüística impecable. El caso es que en el siglo XVIII ya tenemos variedades chabacanas estructuradas a la perfección, de donde podría suponerse un proceso acelerado en la formación de una lengua distintiva, elaborada a partir de modalidades autóctonas diferentes y la imposición de un superestrato léxico castellano. Esa lengua ya no era un *pidgin* utilitarista en realidad, ya no era una «lengua de cocina», sino un verdadero idioma. «El chabacano no es una lengua incompleta ni una lengua importada, aunque contiene elementos de lenguas extraterritoriales (español e inglés), sino que es una lengua tan filipina como el tagalo, el ilocano y el visaya.»[43]

17

# SILBA, QUE NO TE ENTIENDO

André Martinet (1908-1999) es otro de los nombres habituales en los apuntes de los estudiantes de filología. Representante del estructuralismo lingüístico (o funcionalismo), buena parte de su trabajo estuvo centrada en la fonética y la fonología. Pero también nos dejó un clásico imprescindible en las aulas: los *Elementos de lingüística general* (1960), donde condensó el curso de lingüística que dictó en el año académico de 1958-1959 en la Sorbona.

El lingüista, decía el profesor Martinet, es el científico que estudia el lenguaje del hombre.[1] (El lenguaje de los animales, añadía, «es una invención de los fabulistas».) Y el lenguaje humano es la facultad que tienen los hombres de entenderse por medio de signos vocales; en este sentido, Martinet destaca «el carácter vocal del lenguaje». Otra de las ideas importantes de los *Elementos* es que no considera el lenguaje tanto una *facultad humana* como una *institución humana* que surge precisamente de la vida en sociedad y que concebimos esencialmente como «un instrumento de comunicación». (Compárese esta definición con las formulaciones de Chomsky, Pinker y Everett, por ejemplo.) La función primordial del lenguaje es la comunicación, porque el lenguaje es el «soporte del pensamiento». En definitiva, «una lengua es un instrumento de comunicación doblemente articulado [léxico y morfosintaxis / fonemas conmutativos] y de manifestación vocal». El hablante escoge distintos fonemas de la segunda articulación para producir, organizándolo de acuerdo con la primera articulación, un enunciado. El habla es la realización concreta de una lengua.

Esta es, en resumen, la teoría de André Martinet. Y, desde luego, se ajusta en términos generales a las ideas que tenemos de lenguaje, lengua y habla.

Pero resulta que tal vez estemos quedándonos con una idea muy restrictiva del lenguaje. ¿Por qué el lenguaje de los animales es *menos* lenguaje que el lenguaje humano? Lo importante es comunicar lo que se desea comunicar con la mayor efectividad. ¿Por qué los pirahãs del Amazonas van a tener un lenguaje *menor*, por no tener nombres para los colores o carecer de ciertas formas verbales? ¿El lapón es menos lengua por no haber dado una *Crítica de la razón pura*? ¿En qué idea precientífica cabe que el chabacano sea menos lengua que el francés diplomático dieciochesco? Nuestra lengua es muy compleja, pero seguramente no seríamos capaces de reunir una manada de orcas para cazar las focas que toman el sol en un témpano de hielo antártico. Resulta que el lenguaje de chasquidos de las orcas les funciona muy bien para vivir y sobrevivir en los océanos australes (tienen unos cincuenta sonidos distintos), igual que a nosotros la colección de una treintena de fonemas consonánticos y vocálicos nos sirve para pedir el pan en la panadería o dar una clase de retórica. Cada grupo humano (e incluso cada especie animal) tiene el lenguaje que necesita para vivir y sobrevivir, y el antropocentrismo es una mentalidad polvorienta que deberíamos ir cuestionando. (La idea circense de obligar a las orcas a imitar las voces humanas para que digan «hola» o «adiós» a los visitantes del zoológico es una necedad típicamente antropocéntrica.) La lengua, como han intuido algunos lingüistas avispados, tiene la especialísima característica de la *utilidad*. Una lengua que no es útil es una lengua muerta en el sentido más estricto de la palabra. El resto de las funciones del lenguaje no tiene tanto que ver con el lenguaje como con el pensamiento humano, que lo utiliza para otros intereses marginales.[2] Las lenguas seguramente no nacieron por una necesidad metalingüística o lírica, sino por su función referencial (denotativa, cognoscitiva), o para expresar las necesidades emotivas y conativas o apelativas. Estas tres funciones esenciales (denotativa, emotiva y apelativa) pueden encontrarse en el lenguaje humano y en todos los demás. (Es cierto, sin embargo, que las funciones poética y metalingüística parecen ser privativas del lenguaje humano, a veces por desgracia.) Las lenguas, decía Bally, están al servicio de la vida, no de la literatura o el arte.[3]

En las islas Canarias se desarrolló un modo de comunicación que tenía como base el silbido; no es una excepción, porque existen y han existido siempre comunidades que se han servido de este recurso (en muchas ocasiones, combinado con lenguas orales): en México, el amuzgo, el kikapú, el mazateco o el totonaca tenían versiones silbadas, igual que otros pueblos de Birmania, Nepal o Papúa Nueva Guinea; en África, muchos pueblos utilizan el lenguaje silbado, y en los Pirineos franceses aún quedan personas que recuerdan que se practicaba el silbo de base occitana (Laruns). Como no se trata de meras llamadas convencionales, sino que permiten entablar conversaciones comunes, se denomina lenguaje silbado. En gran medida, estos lenguajes silbados son una transposición (a silbidos) de la lengua hablada común.

Tanto en El Hierro como en la isla de La Gomera el silbo era de base guanche. El guanche era la lengua ancestral de las islas Canarias. (En realidad, había distintas lenguas prehispánicas en las islas y muchos lingüistas reservan la palabra *guanche* únicamente para la variedad tinerfeña.) El guanche y sus variantes insulares se extinguieron en el siglo XVIII y, aunque existen muchísimas dudas respecto a su filiación, parece haber cierto acuerdo en derivar estas lenguas de la familia bereber, que se hablaba y se habla hoy en el occidente meridional de Marruecos.

Se cree que la modalidad silbada que se practicaba en las islas (al menos en La Gomera, El Hierro, Tenerife y Gran Canaria) era una transposición o codificación en silbidos de la lengua guanche o de cada una de sus variedades. En el siglo XVII, tanto la variedad oral como la variedad silbada estaban plenamente vigentes. Y a finales del siglo XIX los viajeros franceses constataron que en el continente africano se conocían tanto las variedades silbadas como las tamborileadas («*language tambouriné et language sifflé*»).[4] De las lenguas prehispánicas de Canarias no queda hoy mucho más allá de restos léxicos y topónimos, pero se supone que la variedad consonántica y vocal de aquellas lenguas sería escasa (como ocurre con algunas lenguas bereberes), lo cual facilitaría la adaptación a la modalidad silbada. Cuando las variedades orales guanches fueron extinguiéndose, los silbidos se adaptaron al castellano importado, pero esta adaptación conllevó algunos problemas, porque la forma de silbar (con los dedos en la boca) impide la formación aproximada de sonidos bilabiales muy comunes en español (*b*, *p*, *m*).[5] El carácter de lengua *sustitutiva* le resta muchas posibilidades a la hora de considerarlo una verdadera lengua, porque, siendo un «mecanismo transpositor», podría considerarse un simple código con el que se pueden elaborar enunciados en todas las lenguas posibles. En este sentido, dice el profesor Ramón Trujillo, lo mismo puede silbarse en castellano que en portugués o en sueco.[6] La cuestión que merecería un estudio es saber si en su origen no fue un código, como parece posible, sino una verdadera lengua paralela al guanche de origen norteafricano.

El silbo reemplaza las vocales y consonantes del español por silbidos: dos silbidos distintivos sustituyen a las cinco vocales españolas; y otros cuatro, a las consonantes, aunque no todas. La intensidad, la continuidad o los tonos son diacríticos en la expresión silbada; es decir, permiten distinguir el significado concreto de una «palabra» frente a otras. El problema, como fácilmente puede entenderse, es que el silbo gomero solo permite dos tonos (alto y bajo) y dos funciones de la línea melódica (continua y discontinua), de manera que los seis elementos del silbo gomero serían los siguientes:[7]

↑ = vocal alta (e, i)
↓ = vocal baja (a, o, u)
Y = consonante alta continua (n, ñ, l, ll, y, rr, r, d)
CH = consonante alta interrumpida (t, ch, s)
G = consonante baja continua (m, b, f, g, h)
K = consonante baja interrumpida (p, k)

Algunos especialistas han hecho hincapié en las ambigüedades y confusiones que pueden producirse. Hubo quien apuntó que los gomeros acabarían por confundir la palabras *cara*, *cada*, *cana* o *calla*. Pero estas confusiones son tan probables o improbables en la comunicación con silbidos como en la comunicación oral, o, si no, que se lo pregunten al estudiante de inglés que hablaba del «sol de la playa». Este fenómeno se denomina *polifonemia*: la secuencia [K ↓ CH ↓] podría emplearse para decir *pasa*, *pata*, *pocho* o *Paco*. Pero cuando el mensaje se torna oscuro o demasiado ambiguo, se recurre a una de las funciones clásicas de las lenguas: el control del canal de comunicación. En este caso, se recurre a preguntas y circunloquios que ajustan los significados —a veces prolijos, advierte el profesor Trujillo— hasta que puede establecerse la comunicación en los términos justos. Desde luego, cualquiera puede comprender que las conversaciones mediante el silbo no son especialmente complejas y ni la filosofía escolástica ni la física cuántica son temas habituales; al fin y al cabo, «no hablan los cabreros de las propiedades de los polígonos».[8]

# III

# SAGRADAS ESCRITURAS

## Notas sobre el origen de las letras y los alfabetos

I

# MILAGROS DE LAS LENGUAS Y LAS LETRAS

Decía Baltasar Gracián en su *Criticón* que con frecuencia nos pasan inadvertidos los grandes milagros de la creación («una prodigiosa continua novedad»),[1] precisamente porque los tenemos a mano y nos parecen tan naturales y cotidianos que no consideramos siquiera la necesidad de dedicar unos minutos a reflexionar sobre su causa o su origen. Así, ocupados en nuestros tristes quehaceres, nos pasa desapercibida la maravilla de la lluvia o ignoramos el sublime espectáculo celeste.

El lenguaje sufre un desprecio semejante. A excepción de los pocos filólogos que se han jugado la vista y la salud en tales indagaciones,[2] no es fácil encontrar clientela para este tipo de estudios. Además, ir un poco más allá de los hechos concretos de los orígenes para alcanzar el significado último (o al menos penúltimo) de esos milagros de la historia humana es un esfuerzo que solo algunos filósofos están dispuestos a hacer.

Una de las premisas que cabe recordar —para los filólogos, como hemos visto, esta es la migraña primordial— es que el lenguaje se fundamenta en un hecho asombroso: que los sonidos no guardan ninguna relación con el objeto designado. Es decir, que no hay nada en la palabra *caballo* o en los sonidos /kabajo/ que pueda sugerir que nos estamos refiriendo a un animal cuadrúpedo, bastante grande, ungulado, doméstico y que se suele montar... Y, como hemos visto también, hay hipótesis que sugieren que en los primeros gruñidos prehumanos pudo existir alguna relación entre esos alaridos y los actos, los relinchos, la figura o el lugar de procedencia del caballo. Pero este estadio debió de ser breve e inmediatamente entró en acción lo que los lingüistas denominan «la convención»: los grupos sociales llegan a *un acuerdo* gracias al cual saben que el grupo de sonidos /hɔːs/, /ʃəval/ o /kabaʝo/ remite a dicho animal cuadrúpedo con crines que suele aparecer en las películas de indios y vaqueros. Por eso decimos que las lenguas son convencionales. (A veces se añade que son también arbitrarias, cosa que no está tan clara.)

El gran milagro de las lenguas, por tanto, es esta capacidad para llegar a un acuerdo sobre el grupo de palabras (de quince mil a veinte mil, aproximadamente, más otros miles de voces de nuestra lengua que no utilizamos o desconocemos) con las que nos entendemos y con las que organizamos las secuencias sintácticas que nos permiten elaborar pensamientos complejos.

El segundo episodio de esta historia asombrosa tiene lugar cuando a alguien se le ocurre la descabellada idea de que los sonidos podrían *representarse*. «Hay algo sobrenatural en esta habilidad de capturar la palabra hablada, siempre efímera, y fijarla en una superficie, de donde se pueda recuperar después y hacerla sonar, una y otra vez, y repetirla una y otra vez.»[3] Es un salto de ingenio prodigioso, sin duda. Y todas las sociedades —incluso en la actualidad— admiran a las personas que son capaces de representar las palabras con signos que son *también* convencionales (aunque no del todo arbitrarios). El escriba de Babilonia ya no tenía que memorizar cuántas cabras había entregado el pastor de las montañas, porque podía anotarlo convenientemente en una tablilla de arcilla. Y el sacerdote no tenía que memorizar que los hijos de Cam eran Kus, Misráyim y Canaán; y los de Kus, Sebá, Javilá, Sabtá, Ramá y Sabketá, y los de Ramá, Sebá y Dedán... Bastaba con que un secretario o un escriba fuera capaz de escribirlo en un papiro o en un pergamino; y era importante que luego no solo él pudiera descodificarlo sino que hubiera un grupo lo suficientemente amplio de personas que estuvieran en el «secreto» de ese misterio y supieran que se puede comer buey, ganado lanar y cabrío, ciervo, gacela, gamo, cabra montés, antílope, búfalo y corzo. Pero que está prohibidísimo comer avestruz, pelícano, gavilán, cigüeña, garza, abubilla y murciélago.

San Isidoro, con un talento literario poco apreciado en nuestros días, decía que «las cosas se encadenan a las letras para que no caigan en el olvido».

> Las letras son pregoneros de las cosas, imágenes de las palabras, y tan enorme es su poder que, sin necesidad de voz, nos transmiten lo que han dicho personas ausentes. (Y es que nos introducen las palabras no por los oídos, sino por los ojos.) Las letras comenzaron a usarse por el deseo de conservar el recuerdo de las cosas.

En este proceso representativo intervienen facultades humanas que reflejan una inteligencia superior: del objeto a la voz y de la voz a la representación es un camino tan asombroso que el dominio de estas habilidades, para alguien que las desconociera, podría acercarse a la magia o la telepatía.

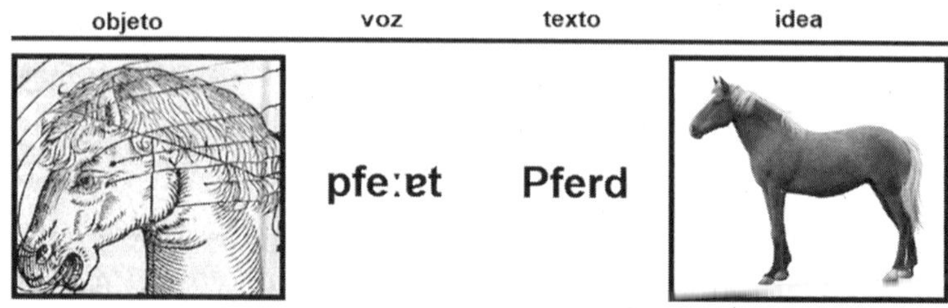


En 1986, el profesor Eric A. Havelock publicó un pequeño opúsculo titulado *La musa aprende a escribir* (*The Muse Learns to Write: Reflections on Orality and Literacy from Antiquity to the Present*) en el que sintetizaba muchas de las ideas que había ido apuntando en trabajos previos (sobre todo en su *Prefacio a Platón*, 1963). Esas ideas hacían referencia al proceso que permitió que la sociedad griega pasara de la oralidad a la literalidad (la transcripción de la lengua en un alfabeto fonético). O, dicho de otro modo, Havelock estudió cómo y en qué condiciones se produjo la transición de una sociedad caracterizada por la cultura oral a una sociedad donde la cultura se manifiesta, sobre todo, en forma de textos escritos.

Hay en el texto de Havelock abundantes detalles en los que detenerse, pero aquí nos interesan especialmente tres. En primer lugar, ¿ocurre algo en la estructura de una lengua cuando esa lengua empieza a escribirse? En segundo término, ¿ocurre algo en el nivel psicológico de los hablantes cuando lo sustancial de su cultura se vierte en textos y se abandona la oralidad? Y, en tercer lugar, ¿le ocurre algo a la sociedad (y a la mentalidad de esa sociedad) cuando pasa de una estructura cultural oral a una estructura cultural alfabetizada?

Conviene recordar —señala Havelock, decidido partidario de que el mundo occidental, tal y como lo conocemos, tiene su principio fundamental en el mundo griego, con escasa participación egipcia, fenicia, babilonia, hebrea o bárbara— que los griegos marcaban el año 776 AEC como el comienzo de su andadura histórica. (Se suponía que era la fecha de los primeros Juegos Olímpicos.) Según todos los indicios, fue en ese siglo VIII cuando los griegos incorporaron y modificaron el alfabeto fenicio, confiriéndole, además, una característica esencial: el alfabeto era por fin fonológico, y no silábico o ideográfico: ¡resultaba asombrosamente sencillo transcribir lo que se pronunciaba!

La lista de los primeros autores ya nos advierte que la relación de la Grecia oriental con el mundo fenicio y su cultura favoreció la definición del alfabeto fonético: Hecateo de Mileto, Anaxágoras de Clazómenas, Protágoras de Abdera, Heródoto de Halicarnaso o Ion de Quíos (todos nacieron entre los siglos VI y V AEC) pusieron de manifiesto finalmente, tras dos siglos de transición, la importancia del texto escrito. Las escuelas donde se enseñaba a escribir comenzaron, si los arqueólogos están en lo cierto, en torno a las últimas décadas del siglo V AEC.[4]

En esos dos siglos de dudas y titubeos se encuentra, según Havelock, la clave de la formación de una nueva estructura mental y social. Son los años en los que *la musa aprende a escribir*: antes de que los filósofos, los poetas y los historiadores decidieran poner sus ideas por escrito, la musa murmuraba los versos a los aedos y estos, con ritmos, y rimas, y repeticiones, y retahílas, y otros artificios de la antigua oralidad, lograban que el oyente retuviera y replicara los cantos, las oraciones, las imprecaciones, los lamentos y las ficciones. La memoria es un componente esencial de una sociedad basada en la oralidad. Cuando esa sociedad se transforma en una sociedad alfabetizada, la función de la memoria pasa al texto, de donde cualquiera (alfabetizado) puede recuperar lo dicho. El texto es, por tanto, una «memoria externa» o, como dice Havelock, una «memoria artificial». Para entonces, para cuando una sociedad puede utilizar ese artefacto asombroso que es el texto escrito, ya se han producido innumerables cambios en la vida humana, desde la producción lingüística a las estructuras sociopolíticas.

> La «invención» de la escritura o, dicho con más precisión, la transición de una sociedad carente de escritura a otra en la que toda —o casi toda— manifestación lingüística relevante se efectúa por medios escritos supone una transformación radical de todos los aspectos de la vida social y del pensamiento: ni la religión ni la literatura, ni las ciencias ni el derecho, tal como los venimos entendiendo los «civilizados» desde hace más de dos mil años —desde que hay propiamente «historia», otro concepto indisociable de la expresión escrita— serían concebibles sin la intervención de la escritura.[5]

Aunque Havelock, más filósofo que filólogo, pasa un poco de puntillas sobre los aspectos lingüísticos de este proceso, no olvida un hecho que aquí debemos considerar esencial: que la estructura lingüística del texto adquiere formas distintas de las que tendría en la sociedad oral. «Una vez inscritas, las palabras de un documento quedan fijadas, y fijado está también el orden en el que aparecen. Toda la espontaneidad, la movilidad, la improvisación y la agilidad de la respuesta del lenguaje hablado se desvanecen.»[6] Havelock prefiere pensar que la cultura oral es más espontánea, móvil, improvisada y ágil que la cultura escrita, pero en realidad los productos culturales lingüísticos orales —canciones, cuentos, refranes, cantilenas, romances, etcétera— están tan petrificados y tan secos como los textos; es más, en gran medida, los textos solo han reproducido las fórmulas de la oralidad, de tal manera que no han hecho sino fijar lo que ya estaba fijado en la tradición oral. Los formulismos (Aquiles, el de los pies ligeros; Hera, la de los ojos de novilla; Atenea, ojos de lechuza; troyanas, de rozagantes peplos, etcétera), las repeticiones («que en buen ora nasco», «que en buen ora çinxo espada»), los ritmos, las enumeraciones, apócopes, sinalefas, contracciones, anadiplosis y epanadiplosis, los paralelismos, los quiasmos o hipérbatos no se inventaron con el texto escrito: estaban ya en la alocución oral y pasaron al texto, y en ocasiones se petrificaron. Aun así, no deja de ser cierto que la cultura escrita ideó sus propias fórmulas también y se reelaboraron los discursos para un nuevo y sorprendente mecanismo: el texto escrito. Al pasar al texto, por tanto, la lengua sufre transformaciones de índole gramatical: la sintaxis, la morfología y la ortografía se distancian en cierta medida de la oralidad. Ello no se debe a un influjo divino, sino al hecho evidente de que los textos empiezan a formar parte del mundo humano: la lengua, en los textos de los tribunales, en las anotaciones mercantiles, en los libros religiosos, en la literatura de entretenimiento, en la ciencia o en la filosofía adquiere rasgos particulares y concretos que la distancian de ese mundo memorístico. Como hemos visto, además, los textos fijan en cierta medida las lenguas y frenan una evolución siempre desatada cuando no hay referencias escritas.

Havelock pensaba que la memoria desempeñaba un papel fundamental en la civilización oral. Al introducirse en la sociedad una memoria artificial, la memoria individual y colectiva deja de tener una relevancia especial. Más complicado, sin embargo, es saber en qué medida ese cambio afecta también a los procesos creativos.

¿Se produjeron cambios psicológicos en el ser humano cuando se pasó de una sociedad oral a una sociedad alfabetizada? Havelock[7] creía que sin duda se produjo un «cambio de conciencia». Aunque hay muchos aspectos discutibles en su teoría, sí parece relevante el hecho de que el mundo conceptual de una sociedad alfabetizada, frente a una sociedad de tradición oral, se ve transformado por la presencia del *ser* frente al *suceder*: en la sociedad oral, son los acontecimientos lo que cuenta, mientras que el texto podría vincularse al análisis. Dice Havelock que en la evolución del pensamiento vinculado a la escritura se desarrollan las entidades conceptuales y las abstracciones; es decir, se supera la mentalidad vinculada al objeto y el mismo objeto parece adquirir rasgos que son también más intelectuales que materiales: «Cuando la musa aprendió a escribir, tuvo que apartarse del panorama viviente de la experiencia».[8] En este sentido, es interesante recalcar también que la gramática nace en la cultura alfabetizada; no es que la oralidad carezca de gramática, es que no está sintetizada: los hablantes utilizan perfectamente los sujetos, los complementos, los pronombres, los casos, las concordancias, y la morfosintaxis, en fin, aunque no la sepan explicar teóricamente.

Es innegable, por tanto, que la alfabetización tuvo consecuencias enormes y decisivas en la lengua, en la psicología de los hablantes y en la sociedad en su conjunto. Sin embargo, quizá no sea prudente cargar en el haber de la alfabetización y la textualidad todas las transformaciones culturales, económicas, sociales, filosóficas, religiosas y políticas que se dieron en Grecia a partir del siglo v. Ha habido sociedades ágrafas, como los incas americanos, que sin embargo poseían todas las características sociopolíticas, económicas y culturales.[9] Que la cultura alfabetizada promovió determinadas transformaciones (en el pensamiento, la ciencia, la economía, la política, el derecho o el arte) es tan innegable como el hecho de que dichas transformaciones sociales contribuyeron a difundir, promover y expandir la textualidad y a variar decisivamente sus contenidos. Tal vez convenga observar estos procesos como desarrollos simbióticos, que es lo que ocurre con frecuencia en las sociedades humanas.

# 2

# EL CEREBRO HUMANO ANTES DE LA ESCRITURA CUNEIFORME

Ya se ha advertido a lo largo de las páginas precedentes hasta qué punto debería sorprendernos —asombrarnos, más bien— el proceso que parte de una idea, se transforma en voz, y esa voz se representa mediante ideogramas, signos o trazos para poder recuperarla siempre que se desee.

Pero acercarse al momento en que se produce ese sobrecogedor milagro, ese *big leap* que dará un gran impulso definitivo a la civilización humana, no es sencillo. Los manuales al uso afirman que la escritura surgió en dos lugares distintos, Egipto y Babilonia, aproximadamente al mismo tiempo, en torno al 3300 AEC. Se asegura, además, que las tablillas de arcilla más antiguas de Uruk (Mesopotamia) se remontan a esa época. Pero al otro lado del mundo, en tiempos de la cultura llamada Yangshao, los chinos ya trazaban signos en la cerámica que podrían ser formas primitivas de escritura, y esto ocurría en torno a los 4000 o 5000 AEC. Las escrituras cretenses (1750 AEC) y mesoamericanas (900 AEC) son mucho más tardías. Respecto al alfabeto, «los vestigios más antiguos se encontraron en una pared rocosa llena de grafitis, cerca de una árida carretera en Wadi el-Hol (el Valle Terrible) que atraviesa el desierto entre Abidos y Tebas, en el

Alto Egipto».[1] Eran trazos que recordaban las escrituras protosinaíticas y protocananeas, pero apenas si alcanzaban los cuatro mil años de antigüedad (se dataron en torno al 1850 AEC).

No obstante —para lo que nos interesa—, esos símbolos ya son escritura formada y fijada, igual que la escritura cuneiforme de los hititas, elamitas, acadios, de Súmer y de otros pueblos de los desiertos orientales. En el Museo Británico se custodian alrededor de ciento treinta mil tablillas mesopotámicas. Entre ellas está la famosa tablilla de la cerveza,[2] en la que alguien apuntó las raciones que se le debían o que le correspondían o que debía entregar. En esa tablilla antiquísima —entre el 3100 y el 3000 AEC— se representan vasos, cabezas, cuencos, símbolos que designan el acto de beber, números de raciones, etcétera.

> Se podría decir que, en realidad, esta escritura no lo es en sentido estricto, y que se trata más bien de una especie de recurso mnemotécnico, un repertorio de signos que pueden utilizarse para transmitir mensajes bastante complejos.[3]

En efecto, la mayoría de los especialistas señalan que la verdadera escritura es aquella en la que un símbolo gráfico no sirve para ilustrar el objeto, sino la palabra que designa dicho objeto. Desde luego, es una forma muy restrictiva de entender la escritura y su relación con el lenguaje, pero son las convenciones de los expertos y poco se puede discutir al respecto.

También en el Museo Británico se custodia la Tablilla del Diluvio, datada entre el 700 y el 600 AEC, procedente de Nínive, que contiene ya un relato literario: «Trata de un hombre al que su dios le dice que construya un barco y meta en él a su familia y a una serie de animales, puesto que un diluvio está a punto de borrar a la humanidad de la faz de la tierra».[4] Cuando George Smith, a finales del siglo XIX, descifró la escritura cuneiforme de esa tablilla, temblaron los cimientos de las religiones monoteístas, porque resultaba que la historia del diluvio universal se adelantaba en más de cuatrocientos años a la versión más antigua del relato bíblico.

Entre estas dos importantes piezas de museo transcurre el tiempo que va desde el ideograma que quiere dejar de serlo a la representación gráfica, y es el tiempo que va desde el registro burocrático a la literatura y el relato simbólico.

Cuando los mesopotámicos adquirieron la costumbre de anotar las cabras y las ovejas que recaudaba el rey, o las raciones de cerveza que correspondían a los obreros, o cuando decidieron instaurar escuelas para escribas, el proceso por el que la mente humana había experimentado un impulso singular ya había comenzado. Resulta que los especialistas[5] han llegado a la conclusión de que la escritura fue esencial para el desarrollo de la civilización humana, porque tiene una capacidad transformadora decisiva en nuestro cerebro y nuestra conciencia. Es decir, la escritura no es solo un registro que nos permite recuperar información que no deseamos retener en la memoria. Al escribir ensanchamos nuestra conciencia, potenciando lo que se denomina «pensamiento complejo» (matemáticas, lógica, filosofía, literatura) y creando nuevas instituciones que conforman nuestra realidad social: con la escritura se crean intereses, objetivos, organizaciones, estructuras sociales, estructuras políticas, formas de gobierno, redes sociales complejas...

Y esto, forzosamente, tuvo que ocurrir *antes* de que la escritura cuneiforme ya estuviera por completo interiorizada como forma de registro y modalidad expresiva de los pueblos mesopotámicos. En los últimos tiempos, el concepto de escritura se está remontando miles de años atrás, hasta el punto de que las «obras de arte» prehistóricas se denominan «grafías prehistóricas» o «grafías paleolíticas».[6] Aparte de las representaciones más o menos realistas de animales y humanos, los trazos, los puntos, las rayas, las ondulaciones, las flechas y otros cientos de símbolos de difícil catalogación podrían denominarse protoescritura. Sabemos que los primates y otros animales pueden comunicarse y tienen lenguajes particulares (incluso pueden engañarse y formar alianzas); sin embargo, solo el ser humano ha sentido la necesidad de la «representación». Y esta obsesión por la representación es exclusivamente humana. «No es descabellado imaginar que ese impulso está relacionado con nuestra conciencia y que sea probablemente un efecto secundario de la misma.»[7]

El triángulo semiótico que reproducíamos en la página 33 nos recuerda, en realidad, cómo funcionan el lenguaje y la representación del lenguaje:[8] entre la realidad y la lengua se desarrolla la designación, el etiquetaje (Adán poniendo nombre a los animales). Entre la realidad y la mente, o más bien al revés, entre la mente y la realidad, tiene lugar el proceso de conceptualización, que permite pasar de lo individual a lo general, de lo particular a la categoría, de lo específico a lo universal y de lo determinado a lo común.

Pues bien, «la capacidad de conceptualizar, planificar y pensar de antemano dio a los humanos claras ventajas» y ensanchó su mundo de un modo asombroso.[9] Esta visión de un mundo nuevo era también una nueva conciencia, una conciencia que los arrastrará a calcular «si las fases de la Luna están relacionadas con el clima, con la buena caza o con las enfermedades».

> En consecuencia, los humanos han construido símbolos, han inventado historias y han practicado ritos que aportan significados, que los ayudan a entender las variaciones del clima, los cambios de fortuna, la salud, la caza y las cosechas. El arte, la cultura, la religión y, posteriormente, la ciencia han formado parte de un proceso que, al parecer, arrastramos con nosotros desde el principio.[10]

Sabemos que a los paleontólogos les cuesta mucho encontrar objetos simbólicos más allá de hace cuarenta mil años, en el periodo llamado Paleolítico superior, aunque hay casos excepcionales, como los objetos y marcas hallados en la cueva sudafricana de Blombos (de hace unos setenta mil años). El profesor Christopher Henshilwood, de la Universidad de Nueva York, mostraba en la prensa un fragmento de ocre tallado y decía que aquellas marcas podían tener algún objetivo simbólico, pero desconocido para nosotros. «No sabemos qué significan, pero son signos que yo creo que podrían ser interpretados por aquella gente y que tendrían su significado y que los demás podrían comprenderlos.»[11] Uno podría decir que estas palabras son una buena definición de «escritura»: el simbolismo o la representación abstracta e inmotivada de un signo es escritura.

El cavernícola nos resulta conocido porque dejó en la franja occidental de Europa muestras asombrosas de su talento artístico: las cuevas de Lascaux, Altamira, Ekain, La Pasiega, Les Combarelles, Laugerie, etcétera, no solo se consideran en su vertiente paleontológica o antropológica, sino también en su condición de obras de arte íntegras. En las paredes se han encontrado multitud de grabados, dibujos y relieves, y en objetos rituales, ceremoniales o cotidianos los especialistas también han podido descubrir tallas, a veces convertidas en pequeñas y magníficas esculturas.

El debate sobre el *significado* —he aquí la clave del negocio— del arte paleolítico sigue siendo encendido y, desde las interpretaciones simbólicas a las lecturas mágicas o chamánicas, todo cabe en un espacio del que apenas sabemos nada: «Un símbolo o una figura prehistórica pueden significar cualquier cosa que uno desee».[12] El voluntarismo ha sido inevitable en la paleontología, pero probablemente también necesario para abrir vías de investigación e interpretación. En todo caso, parece que «los entendidos modernos han abandonado en su mayoría la indagación en el significado de las pinturas, porque creen que es imposible que lleguemos a conocerlo».[13]

Otra simplificación habitual cuando se tratan estas actividades humanas es limitarse al estudio de las representaciones de animales en las pinturas rupestres. Son las más llamativas y espectaculares, naturalmente. En realidad, contamos también con grabados, estatuillas y relieves que presentan abundantes motivos (animales, hombres, cazadores, hechiceros, escenas de caza, manos, símbolos fálicos, vulvas, representaciones femeninas, representaciones sexuales, rituales de fecundidad, etcétera). Y, sobre todo, contamos con los extraños *ideomorfos*, cuyo verdadero valor se nos escapa.

La cueva de La Pasiega (Puente Viesgo, Cantabria), declarada Patrimonio de la Humanidad, es una larga galería que transcurre junto a la ladera de la montaña y tiene al menos seis salidas naturales al exterior. En lo que algunos paleontólogos consideran un «santuario», se encuentran más de setecientos dibujos de ciervos, caballos, cabras, bisontes... e incluso un megaceros (un tipo de ciervo gigante que vivió hasta hace aproximadamente diez mil años). Pero los especialistas han llamado la atención sobre unas marcas o dibujos poco definidos que, por otra parte, se encuentran también en otras cuevas occidentales como Altamira y Lascaux. Se trata de los ideomorfos.[14]

Los ideomorfos son signos sencillos y elementales cuya interpretación resulta dudosísima, como esos grupos de puntos, a veces ordenados en series y a veces en agrupación irregular, y que generalmente no están asociados a las representaciones animales. En otras ocasiones, junto a la cabeza de un caballo, hay series de puntos ordenados en grupos e hileras, o bien desordenados y en disposiciones caóticas. Estas series de puntos son habituales, al parecer, en el periodo solutrense (por Solutré, en la Borgoña francesa), de hace unos dieciséis mil o dieciocho mil años. Entre los signos llamados lineales se han encontrado ejemplos de «bastoncillos», signos plumiformes, signos pectiniformes (como peines) y signos flechiformes, onduliformes y ornitomórficos, pero son solo designaciones imaginativas (los paleontólogos son tan imaginativos como los filólogos), porque resulta imposible saber si realmente representan jabalinas, lanzas, flechas, plumas o aves. Muy llamativos son los signos que se denominan claviformes, que se dan en prácticamente todas las cuevas del norte peninsular y que a veces se han intentado asociar a formas estilizadas humanas, masculinas o femeninas. Los llamados «ideoformos poligonales», por su parte, son cuadrados, pentágonos o hexágonos, de difícil y variopinta adscripción (los de Lascaux son complejísimos), y los tectiformes, muy abundantes, con formas de chozas (o de *croissants*, y que a veces recuerdan por su forma los tradicionales bocados japoneses, *sushi* y *nigirizushi*). Los signos escaleriformes (muy abundantes en Altamira) se asocian a las corrientes de agua, pero incluso quienes proponen esta significación recuerdan que solo son especulaciones; el agua también parece ser la referencia de otros signos ondulantes y curvilíneos, presentes en Altamira.

¿Qué son esos trazos? ¿Qué significan? *¿Qué quieren decir?* Benito Madariaga[15] explica que a veces resulta sencillo establecer analogías que nos permiten asociar estos signos con las actividades de los cavernícolas (la caza, la construcción de chozas, la elaboración de mapas, las trampas, la actividad sexual, etcétera); pero «en otros casos, los signos se consideran prácticamente indescifrables». Es importante —para lo que nos ha traído aquí— que entendamos que muchos de esos trazos no son ideogramas ni ornamentos, sino verdaderos signos que *quieren decir* algo y no son pura representación «estilizada» de objetos naturales.

> Los llamados signos de la prehistoria no son, pues, a nuestro juicio, un juego o caprichos sin significado, realizados al azar, sino que están referidos a objetos y fenómenos materiales o a componentes del pensamiento, simplemente a «ideas», y que utilizaron para entenderse, a modo de un sistema de signos con un código compartido.[16]

Los signos de las cuevas atlánticas, como los petroglifos de tantos otros lugares, y las diversas manifestaciones ornamentales o funcionales de los humanos del Neolítico nos sitúan en ese tiempo asombroso en el que la idea buscaba una representación, en el que la representación buscaba el acuerdo de la comunidad para convertirse en convención, y en el que el anciano y el niño podían comprender qué significaban y para qué servían aquellos puntos, aquellos trazos pectiniformes, aquellas ondulaciones o aquellos grupos gráficos de cuadrados y pentágonos. Cuando afirmamos que estas sociedades del Neolítico no conocían la escritura, estamos negando pasos intermedios en el desarrollo cognitivo del ser humano y, sin darnos cuenta, estamos declarando que la escritura surgió —como por arte de magia— en los desiertos de Babilonia y Egipto miles de años después. Y de nuevo, la idea del surgimiento espontáneo y radical de la escritura vuelve a parecer una ocurrencia o una monstruosidad. O una buena propuesta para los defensores de la teoría de los *ancient aliens*.

## 3

# CHAMPOLLION Y LA ESCRITURA JEROGLÍFICA

Los arqueólogos de salón nunca nos cansamos de leer las historias de Heinrich Schliemann (1822-1890), Arthur Evans (1851-1941) y Jean-François Champollion (1790-1832).

Schliemann fue el arqueólogo aficionado que se empeñó en descubrir Troya cuando todos los académicos le repetían, entre burlas, que las historias homéricas de la guerra de Troya eran mitologías, ficciones e invenciones. Los académicos nunca le perdonaron semejante hazaña (no desenterró la Troya homérica, sino una bastante posterior, pero eso poco importa) y suelen recordar que tuvo la desvergüenza de vestir a su esposa Sophia con las joyas del tesoro de Príamo (en realidad, joyas del tercer y cuarto milenio AEC).

A sir Arthur Evans, por su parte, nunca se le perdonará lo que algunos consideran el estropicio estético más flagrante de la arqueología, el que perpetró en el palacio de Cnosos. Evans estaba empeñado en encontrar los restos de la civilización del rey Minos, anterior a la civilización micénica. A principios del siglo pasado desenterró un palacio que atribuyó a la civilización minoica y creyó ver en sus alrededores el famoso laberinto clásico; acto seguido, pintó con colores muy llamativos los restos del edificio, para disgusto de los restauradores más conservadores.

Finalmente, la historia de Champollion, teñida de romanticismo y pasión por las lenguas, siempre resulta cautivadora: fue el hombre que descifró la escritura jeroglífica, gracias al descubrimiento de la piedra de Rosetta, y murió tísico y paralítico a la temprana edad de cuarenta años.

Los franceses que llegaron con Napoleón a Egipto en 1798 y se asombraron ante los prodigios del país del Nilo, con sus pirámides, sus templos, sus estatuas ciclópeas y sus obeliscos, tuvieron que asistir desconcertados al hecho cierto de que los propios egipcios no tenían ni la más remota idea de lo que significaban aquellos dibujos que lo cubrían casi todo. Halcones, hojas, juncos, pies sueltos, brazos oferentes, serpientes, búhos, ovillos, cestas, jarras, patos, garzas, vacas, ojos, esfinges, escarabajos, rejillas, insectos... ¿Qué era aquel galimatías?

Por supuesto, los jeroglíficos eran conocidos desde la Antigüedad. De hecho, la palabra *jeroglífico* es griega: ἱερός (sagrado) y γλύφειν (cincelar, grabar). Heródoto, en su fabuloso viaje a Egipto, se hizo acompañar de un guía, un intérprete, al que le preguntó qué significaban todos aquellos símbolos extraños... Bien, esta es una de las historias de picaresca oriental más divertidas que puedan contarse. Al parecer, el guía no tenía ni idea de lo que significaban aquellos signos, y le dijo al historiador que eran las cuentas de ajos, cebollas y rábanos que se habían comido los obreros durante la construcción de la pirámide. Y añade el bueno de Heródoto, como ingenuo turista: «Y me acuerdo muy bien de que, al leérmelo, el intérprete me dijo que la cuenta ascendía a mil seiscientos talentos de plata».[1] Un talento griego rondaba los veinte kilos de plata: es decir, el faraón se gastó más de cuarenta mil kilos de plata solo en cebollas, ajos y rábanos para alimentar a los obreros.

En el siglo IV se compuso un tratado titulado *Hieroglyphica*, atribuido a un supuesto historiador al que todos conocen como Horapolo y que ha llegado a nosotros por una traducción de un tal Filipo que vivió un siglo después.[2] Lo más curioso (y sorprendente) de la *Hieroglyphica* de Horapolo es que las doscientas explicaciones de los símbolos egipcios son pura invención. «[Horapolo] hablaba de los jeroglíficos considerándolos como una escritura en imágenes, por lo cual, durante centenares de años, todas las interpretaciones se hicieron buscando el sentido simbólico de tales imágenes.»[3] Así que los aficionados a los emblemas y la poesía estaban encantados con el juego que les permitía *descifrar* los jeroglíficos conforme a los vuelos de la imaginación. Se trataba de unir fantasiosamente el agua de la raya ondulada con un halcón y con un junco... Los renacentistas, tan proclives al simbolismo emblemático, no tardaron en reproducir una y mil veces el Horapolo. Una traducción italiana del siglo XV[4] resumía, por ejemplo, qué significaba la serpiente que se mordía la cola: «Cuando quieren describir el mundo, pintan una serpiente que devora su cola, y cambia de piel como cambian las estaciones del año». Y, muy poéticamente, recordaba que así ocurre en el mundo, que todas las cosas que se generan en él han de volver a su seno.

El jesuita Athanasius Kircher (*ca.* 1600-1680) fue famoso por su máquina de movimiento perpetuo, su erudición en el campo de la sinología, sus relojes solares o su estudio del magnetismo, autor de más de cuarenta volúmenes entre los que hay algunos sobre el Arca de Noé, el mundo subterráneo o la generación espontánea de algunos animales; también escribió un libro sobre la Torre de Babel (magníficamente ilustrado por Coenraet Decker), en el que astutamente afirmaba que, teniendo en cuenta la altura de la esfera celestial (aun la más baja), no habría materiales suficientes en la tierra para alcanzarla. Pues bien, a Kircher se le deben los primeros trabajos formales en el estudio de la escritura jeroglífica: dedicó varias obras a describir lo que decían los obeliscos (*Obelisci Aegyptiaci*, 1666 y 1676) y a comparar las lenguas orientales. En todo caso, de los cuatro volúmenes de traducciones que dio a la imprenta, «ni una sola era ajustada, ni siquiera se aproximaba a la interpretación exacta».[5] Sin embargo, sí intuyó que el copto era una derivación de lenguas egipcias más antiguas. (En efecto, en esencia la evolución es: escritura jeroglífica, escritura hierática, demótico y copto.)

Otro de los atrevidos intérpretes de los jeroglíficos egipcios fue el orientalista francés Joseph de Guignes (1721-1800, famoso por una *Historia general de los hunos, turcos, mongoles y otros tártaros* [1756-1758]). De Guignes planteó la teoría más estrafalaria que pueda imaginarse a costa de los jeroglíficos: en 1759 publicó un opúsculo titulado *Memoria en la que se demuestra que los chinos son una colonia egipcia*.[6] Aunque hubo autores que se burlaron ampliamente de semejante teoría (como Voltaire), algunas instituciones (como la Société Asiatique de C. H. de Paravey) la respaldaron sin fisuras. En su obrita, De Guignes empieza diciendo que ha estudiado muy bien la escritura fenicia, la egipcia y la copta, y que, sin duda, puede demostrar la estrechísima relación entre la antigua lengua egipcia y el chino. «Ya sé que parecerá raro», admite en el prólogo, pero acude a la autoridad de un tal Huet, que escribió una historia del comercio en la que demostraba que Osiris y Sesostris habían viajado más allá del Indo. Por otro lado, dice, es bien conocido que Noé, después del diluvio, se retiró a vivir a

China... En fin, «estoy convencido de que las letras, las leyes y la forma de gobierno, el Soberano, y los ministros mismos que gobiernan con él, y el imperio chino entero fue egipcio, y que toda la historia antigua de China no es más que la historia de Egipto».[7] Algún sinólogo francés posterior dijo benévolamente que De Guignes tenía «demasiada imaginación y escaso espíritu crítico». Desde Inglaterra llegaron también voces discordantes, como recuerda Ceram: decían que los chinos no habían sido una colonia egipcia, sino que los egipcios habían sido una colonia china.[8]

Solo había una cosa segura entre tanta confusión de teorías estrafalarias: que nadie sabía a ciencia cierta qué significaban aquellos signos y símbolos, ni cómo se leían ni a qué estructura sintáctica o morfológica se ceñían, si es que tenían tal estructura o se ceñían a alguna lógica. Los filólogos desesperaban.

Todo cambió en 1799, cuando el teniente Pierre-François Bouchard, que se encontraba trabajando en el fuerte Julien, cerca de la ciudad de Rashid (Rosetta, en Egipto, al este de Alejandría), se percató de que los soldados estaban desenterrando una gran piedra negra (granodiorita) en la que parecían adivinarse distintas inscripciones. Se trataba de un decreto del faraón Ptolomeo V transcrito en tres lenguas: en jeroglíficos egipcios, en demótico y en griego clásico. Si el texto decía lo mismo en tres lenguas distintas, cabía la posibilidad de desentrañar el significado de los condenados símbolos. El descubrimiento causó sensación de inmediato, y todos los eruditos (y bastantes aficionados) de Europa comenzaron a estudiar las representaciones de Rosetta con la idea de poner fin a tanta oscuridad jeroglífica.

Horapolo seguía teniendo un gran predicamento, aunque un joven revolucionario, profesor de lenguas antiguas e historiador, llamado Jean-François Champollion, ya había escrito que, en lo tocante a los jeroglíficos, no se había avanzado más allá de las interpretaciones cabalísticas, simbólicas, astrológicas, religiosas e incluso bíblicas. Lamentaba Champollion que los estudiosos creyeran que los egipcios no tenían ni una cultura propia ni una escritura propia.

Apartarse de las extravagantes teorías anteriores fue el gran éxito de Champollion. «Tuvo la ocurrencia feliz de que las imágenes jeroglíficas eran letras, o, mejor dicho, signos representativos de sonidos».[9] En la carrera por descifrar la piedra de Rosetta, algunos aficionados y especialistas hicieron sus cálculos y arrancaron algunas palabras y sonidos a la historia. Pero Champollion descubrió el «sistema de escritura». También averiguó, a partir del griego que conocía bien, que los imaginativos egipcios solían enmarcar los nombres de los reyes (aquí, Ptolomeo) en una especie de marco que suele llamarse *cartouche* (cartucho), y por un cotejo de símbolos que hoy nos parece lógico, descubrió «la clave para abrir todas las puertas del milenario Egipto».[10]

Si en España hubiera universidades que impartieran egiptología (como las hay en casi todos los países civilizados de Europa), los estudiantes estarían al tanto de que aquellos antiquísimos jeroglíficos se transformaron con el tiempo en lo que se conoce como escritura hierática (ἱερατικά, sacerdotal), que era una simplificación jeroglífica, y que esta aún evolucionó más, abreviándose y refinándose hasta convertirse en lo que hoy se denomina escritura demótica (δημοτικός, popular, común). Los estudiantes sabrían que hay distintos tipos de signos jeroglíficos (fonéticos, de palabras o de ideas) y que los egipcios escribían de derecha a izquierda o de izquierda a derecha, y de arriba abajo, sin que eso los trastornara en absoluto. Si existieran facultades en España que impartieran estudios de lenguas antiguas, los jóvenes estudiantes acudirían humildemente al cementerio de Pierre Lachaise a rendir homenaje a Jean-François Champollion, y a la sala 4 del British Museum, donde se encuentra la Piedra de Rosetta.

Neil MacGregor, exdirector del Museo Británico, explicó muy bien cómo esa piedra gris, un fragmento de una losa más grande, fracturada, y con un texto administrativo perfectamente anodino, «ese insulso trozo de granito roto», tuvo un papel estelar en uno de los grandes momentos de la historia.[11]

# 4

# LA ESOTÉRICA VIDA DE LOS SIGNOS

Teniendo en cuenta el poder de las letras y esa capacidad misteriosa para representar sonidos y, al final, iluminar en nuestro cerebro las imágenes con las que pensamos, reflexionamos, imaginamos y razonamos, ¿a quién le podría extrañar una vinculación casi inmediata con las divinidades y los pueblos elegidos por Dios?

Como todas las invenciones importantes de este mundo, la tradición clásica y medieval daba por sentado que «*litterae latinae et graecae ab hebraeis videntur exortae*».[1] Que las letras latinas y griegas parecieran derivar de las hebreas era muy lógico, sobre todo si se consideraba la vinculación de ese pueblo con la cultura escrita. Las letras hebreas, se decía, se debían a Moisés (el Prometeo hebreo), mientras que las grafías caldeas y sirias se debían a Abraham. Por lo que toca a la estrafalaria escritura egipcia, lo que pensaban muchos es que Isis (Ío) se la había enseñado a los sacerdotes, aunque sobre esto había muchas disputas, porque la mayoría de los egipcios estaban convencidos de que el inventor y promotor de la escritura había sido Tot o Thot (el dios con cabeza de ibis o de babuino, y que lleva una tablilla para apuntar los pensamientos de los hombres). Lucano, en la *Farsalia*, recuerda que —según se creía— fueron los fenicios los primeros que se *atrevieron* a «poner en figuras la voz».[2] A este hecho singular atribuía san Isidoro que las letras mayúsculas se escribieran con color «fenicio» (púrpura o granate, el color divino) durante buena parte del primer milenio.

De las letras griegas podrían contarse mil historias, como la que asegura que el poeta Simónides había inventado algunas letras que le faltaban al alfabeto. (Hay quien mezcla al mítico Palamedes con el poeta Simónides en este punto.) Se da por hecho que inventó las dificilísimas Ψ, Ξ y Θ, aunque hay quien también le atribuye la H y la Ω. Pero más interesante es que, entre los griegos, había cinco letras místicas. La primera era la Y, que representaba con su bifurcación superior los dos caminos morales de la vida (v. *infra*). La segunda era la Θ, que significaba la muerte: al parecer, los jueces griegos colocaban esa letra delante de los nombres de los condenados a muerte, porque con esa letra se escribe Θάνατος (Thánatos, 'muerte'), o bien delante de los nombres de quienes habían caído en la batalla. San Isidoro, tan ingenioso como siempre, dice que esa virgulilla interior de la Θ nos recordará la muerte porque es como una cuchillada. Por todas estas razones suele decirse: «Oh, letra zeta, la más desdichada de todas». De la T se dice que era un presagio de la cruz, y se recuerdan las palabras de Ezequiel, que decía: «Cruza de lado a lado Jerusalén y haz una T en la frente de los que sufren y lloran».[3] En el universo de las imágenes medievales tienen singular importancia la primera y la última letra del alfabeto griego, la A y la Ω: el principio y el fin. Las representaciones de Jesucristo pantocrátor (como el famosísimo de San Clemente de Tahull, hoy en el Museu Nacional d'Art de Catalunya) tienen a ambos lados las grafías alfa y omega.

Respecto a las letras latinas, según todos los indicios, la principal responsable de su difusión fue la ninfa Carmenta, de la que se decía que tenía dotes proféticas. Al parecer, ni siquiera se llamaba Carmenta. Era originario de Arcadia y su verdadero nombre era Nicóstrata, pero en Italia recibió su nuevo apelativo, tal vez derivándolo de *carmen* (cántico), porque las sibilas solían entonar canciones mágicas y oraculares, y porque —dice Ovidio— esta Carmenta solía proporcionar sus augurios en verso.[4]

Por lo que toca al alfabeto latino, se asegura que era una variante del alfabeto griego que se empleaba en una colonia meridional de Italia, Cumas, que los etruscos adoptaron en el siglo VII AEC. En este punto suele hablarse de un héroe menor llamado Evandro, hijo de Hermes y de la citada adivina Carmenta, que pronosticó que su hijo acabaría sus días en el Lacio. Las narraciones, como puede suponerse, son variadas y dispersas, pero se da por hecho que este Evandro viajó a la península itálica, donde fundó una ciudad llamada Palanteo, en el mismo lugar donde Rómulo y Remo fundarían luego Roma. También se asegura, entre otros asuntos no menores, que fue Evandro quien llevó el alfabeto a estos territorios. Los griegos, no obstante, conservaron en buena medida su alfabeto clásico, que derivaba del fenicio.

El primero —o uno de los primeros— que contó la historia de la sibila Carmenta en relación con la invención de las letras fue el fabulista Cayo Julio Higino (64 AEC-17), probablemente de origen hispano. Dice en su libro de mitología fabulosa[5] que, para empezar, las letras griegas no las inventó ningún poeta o filósofo, sino las mismísimas Parcas —una teoría que hará sonreír tristemente a muchos autores—: Cloto, Láquesis y Átropo inventaron siete letras, entre ellas las A, B, H... y otras cuya atribución era dudosa, como la T y la Y, tradicionalmente unida a Pitágoras. Respecto a Simónides, citado más arriba, habría inventado cuatro (Ω, E, Θ y Φ), mientras que Epicarmo de Sicilia habría inventado dos letras muy matemáticas: Π y Ψ.

> Se dice que Mercurio llevó estas letras griegas primero a Egipto; desde Egipto, Cadmo las llevó a Grecia, y el errante Evandro las llevó desde Arcadia a Italia. Su madre, Carmenta, las transformó en quince letras latinas. Apolo, en su cítara, añadió las restantes.

Una historia confusa y, sobre todo, una travesía alfabética retorcida en el que entran en juego dioses, pitonisas, héroes y poetas. ¿Cómo va a extrañarnos que la escritura siga teniendo ese hechizo singular? Sin embargo, las primeras letras latinas no se encontraron en lugares frecuentados por los dioses, sino en objetos cotidianos y bastante triviales. Las descubrió el arqueólogo alemán Wolfgang Helbig en una fíbula o alfiler de oro de Palestrina, y estaban escritas de derecha a izquierda. Decían poca cosa: que tal artífice había hecho la fíbula para un cliente o amigo. Otra paleógrafa moderna, Margherita Guarducci, escribió un artículo sobre los «*eruditi e falsari nella Roma dell'Ottocento*», donde demostraba que aquello no era más que un fraude.

Otro episodio curioso en la historia de las letras latinas lo protagonizó el emperador Claudio, que se empeñó en introducir tres letras «muy necesarias» para designar sonidos que el resto de las letras no podían representar. Suetonio, en el apartado que le dedica en *Los doce césares*, explica cuál era el plan del emperador Claudio:

> Inventó tres letras que creía muy necesarias, y que quiso añadir al alfabeto. Sobre este asunto había publicado ya

> un libro antes de ser emperador; y cuando lo fue, no encontró grandes dificultades para que se adoptase el uso de estas letras, que se encuentran en la mayor parte de los libros, actas públicas e inscripciones de aquella época.[6]

Las letras fueron: la antisigma (Ↄ o ↄC), que tendría una función parecida a la X (/ks/ o /gs/, como representación de los sonidos correspondientes a los dígrafos BS o PS); la digamma invertida (Ⅎ), que se utilizaría para representar el sonido semiconsonántico /w/ o quizá un labiodental /v/, mientras que la clásica V quedaría para su uso en el latín común correspondiente a la /u/. Finalmente, un signo llamado *sonus medius* o sonido medio (Ⱶ) serviría para representar una vocal intermedia entre la /i/ y la /u/, quizá «redondeada», previa a una bilabial.

La escritura es un arte extremadamente tradicional y muy poco dado a las revoluciones: así como las lenguas sufren constantes variaciones y están siempre en un proceso de transformación, la escritura conserva una rigidez asombrosa que cuesta reavivar. La cultura escrita es uno de los frenos de la evolución de las lenguas: por ejemplo, se da por seguro que la presencia gráfica de la -d- en palabras como *estado*, *helado*, *andado*, *cabreado*, e incluso *cogido* o *dormido*, ha ralentizado la pérdida de esa /d/ postónica que siempre amenaza con desaparecer.

Sin embargo, la escritura no siempre vence en el combate contra el tiempo. Los franceses han tenido que ver cómo la lengua evolucionaba a lo largo de los siglos mientras sus grafías se mantenían invariables. Y otro tanto ocurre con el inglés, aunque los hablantes más rebeldes (los de las colonias americanas) siempre están dispuestos a escandalizar a los británicos con sus propuestas gráficas: escriben *theater* en vez del implacable *theatre*, o *center* en vez de *centre*, o *color* en vez de *colour*, o *neigh-*

*bor* en vez de *neighbour*. (¡A veces incluso escriben *da* en vez de *the*!) Esta es una de las razones —aparte de otras más específicas y de carácter fonológico— que podrían explicar el fracaso de las letras claudias. Muerto el emperador que obligaba a usarlas, no tardó en olvidarse la extravagancia.

Volvamos, por tanto, al alfabeto clásico.

Dice nuestro guía habitual, san Isidoro, que las letras pueden ser de dos tipos: las vocales y las consonantes. Los jóvenes aprendices de fonética y fonología pueden recordar que «vocales son las que se emiten con la simple apertura de la boca y sin que se produzca choque alguno en los órganos fonadores», mientras que «consonantes son las que se producen con diferentes movimientos de la lengua o apoyatura de los labios»...

Lo más interesante de estas definiciones isidorianas y de las obsesiones claudias no es su precisión científica o su voluntad correctora, sino el hecho de que en su idea ya aparecen unidos indefectiblemente los sonidos y los signos. Cuando hablamos de los misterios de las letras, en buena medida, hablamos de esta fusión que se produce en nuestros cerebros. Sin embargo, las letras solo son signos arbitrarios que varían temporal y espacialmente. El alfabeto latino, por ejemplo, ha sufrido múltiples vaivenes a lo largo de los siglos, y es muy arriesgado pensar que las letras tienen el mismo sonido en Nápoles que en Copenhague, en Detroit o en Helsinki.

Pero no será necesario viajar tan lejos para ejemplificar lo evidente: sin salir de la Península tenemos muestras suficientes de la variedad fonética de las letras. El signo *X/x* es un caso modélico: en la Edad Media española se pronunciaba como una palatal fricativa sorda (una especie de *sh* del inglés): como en *dixo* y *traxo*: /dišo/ y /trašo/. Esta *x* empieza a pronunciarse como una velar a principios del siglo XVII:[7] es decir, casi idéntica al sonido que utilizamos con la *j* o con *g+e*, *i*. Son muy conocidos los restos de esta evolución en palabras como México o Texas, cuyas pronunciaciones correctas son /méχiko/ y /téχas/, y no */méksico/ o */téksas/. (Sin embargo, los americanos dicen tranquilamente /téksəs/.) En algunas zonas del oriente peninsular pronuncian la *x*- inicial como una fricativa sibilante /ʃ/ (casi una *sh*-, casi una *ch*-), como en Xavi o Xàtiva, mientras que las interiores (como en *fixar*) se pronuncian generalmente como /ks/. En el resto del territorio hispanohablante la *x* se pronuncia (es un decir) como /ks/; en realidad, lo que se pronuncia en palabras como *examen*, *expansión* o *extremo* es una especie de relajadísima combinación: /gs/. Y esto, en la versión más refinada del habla: la mayoría de los hispanohablantes dicen /esámen/ y /estrémo/, por más que quienes se niegan a aceptar la realidad fonética de la vida (que la evolución de las lenguas es imparable) sigan insistiendo en unos agónicos /eksámen/ y /ekstrémo/. En Galicia, la *x* es una prepalatal fricativa sorda (parecida al catalán) en algunas palabras, como en *xente* o *xaneiro*, pero es /ks/, /gs/ /ᵍs/ o /s/ en voces como *exame*, *exterior* o *sexo*.

No es un caso único, ni el más raro: lo que sucede con los sonidos correspondientes a los signos *c*, *k*, *q*, *z*, *s* y *ç* es un laberinto en las lenguas hispánicas y un verdadero pandemónium en el contexto internacional. En catalán la *c* es una alveolar sorda /s/ ante *e*, *i*, igual que la *ç*, pero la *s* puede ser sorda o sonora dependiendo de la posición o de la combinación (como en *assetjar*); la *z*, por su parte, suele ser sonora, aunque en combinación con *t* adquiere tonos particulares /dz/. En castellano, la *c* es /k/ ante *a*, *o*, *u*, pero es /θ/ ante *e*, *i*. Sin embargo, en las (numerosas) variantes meridionales del castellano, la *s* puede tener valores sordos, sonoros o convertirse en una interdental /θ/: la frase «salir de casa» puede entenderse como «salir de casa» o «salir de caza» y, dependiendo de las zonas geográficas, la única solución es preguntar si se lleva arma de fuego.

Ya hemos visto cuán volubles y arbitrarias son las naciones y con qué facilidad cambian de opinión en todo, especialmente a la hora de hablar, de modo que no puede resultarnos extraño que hagan otro tanto con las letras.

Hoy se dice que los *grafemas* del alfabeto son *símbolos* del discurso, así que nuestro tiempo sigue conservando ese halo de misterio esotérico y sagrado que convierte las letras en un enigma insondable. En la Edad Media se decía que las letras tenían tres «accidentes»: era el modo aristotélico de hablar de las características esenciales de cualquier objeto. Y los tres accidentes de las letras eran: la figura, la propiedad y el orden. La figura es el trazo con que se representan: las letras propiamente dichas. Los antiguos incluían las tildes, virgulillas, rayas y diéresis en la categoría de la figura, igual que algunos especialistas modernos los incluyen en la categoría de grafemas. Antiguamente a las tildes las llamaban «ápices» porque estaban en la parte de arriba de las letras. Otros, como Diomedes o Marciano Capela, preferían llamar «cacumen» a la tilde, por la misma razón. El segundo accidente de las letras es la propiedad; es decir, la clase de sonido que representan, y si son vocales o consonantes. El tercer accidente —no aceptado por todos los expertos del *scriptorium*— es el orden, que remite directamente al alfabeto y la posición que ocupan. Solía decirse que en la mayoría de las lenguas los alfabetos empiezan por la A porque es «el primer sonido que pronuncian los recién nacidos».[8] Respecto a los nombres de cada letra, dice san Isidoro, cada pueblo le dio a cada uno el que mejor le pareció. Por eso en inglés llaman *aitch* a la letra que nosotros llamamos *hache*. Los italianos, en cambio, la llaman *acca*. Los alemanes, tan clasicistas, llaman ípsilon a la Y, mientras que nosotros la llamamos *i griega*, y los ingleses la llaman *wye*. El nombre de la letra *J/j* es *jota* en castellano, pero en inglés es *jay* y en italiano se dice *i lunga*, pero solo se utiliza en palabras extranjeras.

Alfabeto español
a b c d e f g h i j k l m n ñ o p q r s t u v w x y z

Alfabeto polaco
a ą b c ć d e ę f g h i j k l ł m n ń o ó p q r s ś t u v w x y z ź ż

Alfabeto noruego
a b c d e f g h i j k l m n o p q r s t u v w x y z æ ø å

Alfabeto turco
a b c ç d e f g ğ h ı i j k l m n o ö p r s ş t u ü v y z

Alfabeto rumano
a ă â b c d e f g h i î j k l m n o p r s ş t ţ u v x z

Alfabeto húngaro
a á b c cs d dz dsz d e é f g gy h i í j k l ly m n ny o ó ö ő p q r s sz t ty u ú ü ű v w x y z zs

Alfabeto islandés
a á b d ð e é f g h i í j k l m n o ó p r s t u ú v x y ý þ æ ö

Alfabeto armenio
ա բ գ դ ե զ է ը թ ժ ի լ խ ծ կ հ ձ ղ ճ մ յ ն շ ո չ պ ջ ռ ս վ տ ր ց ւ փ ք օ ֆ

Alfabeto cirílico
а б в г д е ж з и й к л м н о п р с т у ф х ц ч ш щ ъ ь ю я

Alfabeto abjasio
гь ҕ ҕь дә ҵ ҵь ҽ ҿ жь жә ӡ ӡә кь қ қь ҟ ҟь ҩ ҧ тә ҭ ҭә хь ҳ ҳә цә ҵ ҵә ҷ шь шә ы Гь Ҕ Ҕь Дә Ҵ Ҵь Ҽ Ҿ Жь Жә Ӡ Ӡә Кь Қ Қь Ҟ Ҟь Ҩ Ҧ Тә Ҭ Ҭә Хь Ҳ Ҳә Цә Ҵ Ҵә Ҷ Шь Шә Ы

En esto vemos que los dioses —en connivencia con la volubilidad humana— fueron bastante caóticos a la hora de fijar los alfabetos.

Con frecuencia olvidamos que en gran parte de Europa también se emplea hoy el alfabeto cirílico (por san Cirilo), un corpus inventado según todos los indicios por san Clemente de Ocrida (Macedonia) en el siglo IX. Utilizan este alfabeto los rusos y los bielorrusos, los macedonios, los moldavos, los serbios, los ucranianos, los chechenos, los kazajos, los uzbekos y otros pueblos remotos, como los yakutos de la República de Sajá-Yakutia.

Algunos pueblos europeos emplean signos particulares, como el alemán (ß), el francés (œ, ç), el español (ñ), el islandés (ð) o el noruego (ø). El número de símbolos estrafalarios que se combinan con el alfabeto latino es sorprendente: Þ þ, Ð, Ð ɖ, Đ đ, Æ æ, Œ œ, Ŋ ŋ, Ɲ ɲ, ɛ ɛ, Ə ə, Ǝ ə, Ɔ ɔ, ʃ ʒ, ʙ ß, ᴋ, ȣ, Ʒ, Ƿ, ɼ, &. El uso de tildes, virgulillas, diéresis, macrones, carones, ogoneks, anillos, cuernos, ganchos y otro tipo de aditamentos gráficos es frecuente y particular de cada lengua y, naturalmente, añade muchas más complicaciones a los sistemas gráficos.

Aunque los vicios eurocéntricos y occidentales nos impidan considerar en todo su valor otros alfabetos, resulta imposible sustraerse a la belleza de algunos sistemas de escritura particulares, como el devanagari, cuyas consonantes, siempre colgadas de una raya superior, son:

क ख ग घ ङ च छ ज झ ञ ट ठ ड ढ ण त
थ द ध न प फ ब भ म य र ल ळ व श ष स ह

O el tamil, cuyas grafías son verdaderas joyas: அ (a), எ (e), இ (i), ஒ (o), உ (u). Llaman muchísimo la atención la sencillez y elegancia del alfabeto armenio, probablemente derivado del antiguo sirio con influencia griega, y que se utiliza desde el siglo v. El alfabeto glagolítico (anterior al cirílico) es también de una belleza singular y con sus letras se escribieron la mayor parte de las lenguas eslavas hasta la adopción del moderno cirílico. Más reconocibles para el «turista lingüístico» son los alfabetos árabe, hebreo, chino, coreano o japonés, cuyas dificultades gráficas solo son comparables a las dificultades gramaticales que presentan.[9]

Actualmente se cuentan casi 150 000 caracteres, registrados por Unicode, un sistema estandarizado para favorecer «el procesamiento, el almacenamiento y visualización de textos en cualquier idioma y en todos los protocolos modernos de software y tecnología de la información».[10] Los caracteres almacenados y estandarizados para el uso general incluyen alfabetos, sistemas ideográficos, símbolos matemáticos, técnicos, etcétera. Este sistema está coordinado con otro estándar común, el ISO/IEC, que define el Conjunto de Caracteres Universal (Universal Character Set/UCS). Este estándar tiene registrados más de 136 000 caracteres.

# 5

# SAGRADAS ESCRITURAS

Suele decirse que los tres grandes profetas de la historia (Jesús de Nazaret, Mahoma y Buda) eran lo suficientemente inteligentes para no cometer el error de escribir ni una sola palabra. En ese detalle se puede apreciar que la sabiduría divina estaba de su parte. Santo Tomás en la *Summa Theologica* se preguntaba si Jesús debería haber puesto su doctrina por escrito (*Utrum Christus debuerit doctrinam suam scripto tradere?*). Y explicaba que la decisión de no entregar sus enseñanzas a la escritura se debía a que prefería que su mensaje quedara «impreso en los corazones». Fundamentalmente, dice santo Tomás, ocurre que la excelencia de la doctrina de Cristo no puede encerrarse en unas cuantas palabras. Y añade que la tradición de los grandes maestros era no escribir sus teorías (como Pitágoras y Sócrates). En la época de san Agustín se decía que Jesús había escrito libros con las «fórmulas mágicas» que utilizaba para hacer los milagros, pero santo Tomás condena semejantes embustes.[1]

No gozan de buena reputación quienes escriben —especialmente quienes escriben mucho—, al igual que no se aprecian las palabras de los habladores y charlatanes. La filosofía culta y la popular son partidarias de hablar poco y escribir aún menos.

Demetrio de Falero (*ca.* 350-283 AEC)[2] recopiló las sentencias de los siete sabios de Grecia, y todos ellos tenían varios aforismos que recomendaban tener el pico cerrado. Cleóbulo de Lindos decía: «Sé amigo de escuchar y no muy hablador», y Solón de Atenas vinculaba la sabiduría y el silencio: «Sella tus palabras con el silencio»; Quilón de Esparta recomendaba no hablar cuando se bebe ni mover las manos cuando se habla, «porque es de locos»; y otro tanto aconsejaban Tales de Mileto, Periandro de Corinto y los demás. Que en boca cerrada no entran moscas lo sabía el filósofo ateniense como lo sabe el aldeano de Castilla. Y del mucho escribir podría decirse otro tanto. Incluso Homero parecía desconfiar de los que cuentan historias, porque él sabía que eran invenciones y embustes: Agatárquides de Cnido se preguntaba maliciosamente si el aedo ciego habría estado presente en la disputa entre Zeus y Poseidón, en vista de la seguridad y precisión con que la contaba. Se dice que Juvenal recomendaba ahorrar papel y lo decía, evidentemente, por el mucho que se gasta cuando hay tan poco que decir. Se quejaba de la abundancia de poemas y elegías, de dramas interminables y monstruosos...,[3] y en el mismo sentido se pronunciaba Horacio. Y Erasmo, más en serio que en broma, llamaba estúpidos a «los que aspiran a la fama inmortal mediante la publicación de libros. Y los que más me deben [a la estupidez] son los que emborronan el papel con meras tontadas». Y si los tontos enfadan, los sabios dan lástima: «Me parecen, más que felices, dignos de compasión, porque se atormentan sin parar, añaden, cambian, suprimen, vuelven a empezar, reescriben, repasan, insisten y luego lo retienen nueve años para no estar nunca satisfechos», para recibir al final tan solo la alabanza de cuatro, a costa de tantas vigilias y tanto sueño. «Y encima, echan a perder su salud y arruinan su aspecto, a lo que es preciso añadir la pérdida de visión, incluso la ceguera, la pobreza, la envidia, la abstinencia de todo placer, la vejez prematura, la muerte adelantada y otras lindezas semejantes.»[4] Por esto mismo que decía Erasmo, tal vez, protestaba también Samuel Johnson: «Nadie, salvo un zoquete, escribiría jamás una palabra, si no es por dinero».[5]

No obstante y a pesar de todo, la escritura sigue conservando un prestigio místico que impulsa a jóvenes y viejos a desear, con ansias quizá poco razonables, ver sus nombres en letras de molde.

Pero los profetas y los hijos de Dios no tienen necesidad de escribir. Otros lo hacen por ellos. El caso de la compilación del Corán evoca las cálidas noches árabes, en oasis donde corren frescos riachuelos mientras en la cúpula celeste, de un azul eléctrico, brillan miríadas de luminarias. Se dice que las revelaciones de Alá, transmitidas por medio del arcángel Gabriel a Mahoma, se conservaban oralmente en los poblados y en las caravanas de mercaderes. Al parecer, había especialistas en la memorización de las enseñanzas del profeta (llamados «memoriones», sing. *hafiz*; pl. *hafizes* o *huffaz*), pero cuando casi quinientos de esos musulmanes piadosos murieron en una batalla, el califa Abu Bakr decidió que había que reunir la palabra del profeta y ponerla por escrito. El encargado de la tarea fue el escriba Said o Zayd ibn Tabit, que fue recopilando fragmentos de pergamino, de cuero, de huesos, de hojas de palmera y de piedras donde los fieles habían escrito la palabra de Alá; naturalmente, se consultó también a los pocos hombres que aún sabían los textos de memoria.[6]

La palabra de Buda (*buddhavaccana*) quedó registrada de un modo más caótico: hay distintas escuelas y distintas autoridades religiosas y organismos que pueden decidir si un texto es auténticamente la palabra de Buda. El *Canon Pali* o *Tipitaka* recoge los textos propios del llamado budismo theravada; en grandes áreas de Oriente el budismo se remite al canon chino (*Taishō Tripiṭaka*), y, en el budismo tibetano, la palabra del profeta se reúne en los libros *Kangyur* y *Tengyur*.

Respecto a Jesús de Nazaret, su obra está recogida en los cuatro evangelios de Mateo, Lucas, Marcos y Juan, que se escribieron varias décadas después de la muerte del profeta, entre el año 60 y el 90 del siglo I, en el griego oriental de Palestina. Por muchas razones, llama la atención el evangelio de Juan («el discípulo a quien amaba Jesús»), pero sobre todo porque relata con un extraordinario vigor literario unos hechos que, claramente, vivió y padeció. Es en el evangelio de Juan donde encontramos un pasaje peculiar, en el que Jesús aparece escribiendo... ¡en el suelo! Jesús nunca escribió nada, salvo lo que escribiera en aquella ocasión y que el viento se llevó. El episodio[7] cuenta que estaba Jesús en el templo y se presentaron allí unos fariseos con una mujer, y la arrojaron delante de él diciendo: «Maestro, esta mujer ha sido sorprendida en flagrante adulterio. En la Ley, Moisés nos dice que debemos apedrearla; pero tú ¿qué dices?». La actitud del Maestro es sorprendente: «Jesús, inclinándose, escribía en el suelo con el dedo». ¿Por qué? ¿Qué escribía? ¡Todo el mundo quiere saber qué escribió Jesús en esa ocasión! Juan no nos lo dice. Cuenta que retó a los fariseos a que tiraran una piedra si no tenían pecado y que, humillados, todos se alejaron. Y, a continuación, de nuevo: «E inclinándose otra vez, seguía escribiendo en el suelo».

Sí, pero ¿qué?

Los exégetas se han devanado los sesos intentando dar con una solución, pero el hecho cierto es que Jesús escribió algo y no sabemos qué fue. Lo que llama la atención es que Juan insista en el detalle de que Jesús estuviera escribiendo en el suelo; e insiste porque debe de tener importancia y algún significado. Hay quien piensa que Jesús estaba desafiando la Ley Mosaica (cosa que hacía habitualmente), porque en el Éxodo se cuenta que Yahvéh le entregó a Moisés «las dos tablas de piedra, escritas por el *dedo* de Dios», y Jesús contradice la norma de la lapidación escribiendo en la tierra y con su *dedo* una nueva ley, la del perdón y la compasión. Los judíos son el Pueblo del Libro, y los fariseos, que conocían al dedillo la Ley Mosaica, seguramente entendieron bien lo que estaba propugnando el nuevo y revolucionario profeta. Tal vez sintieron un temor reverencial al ver a Jesús escribir en la tierra, porque recordarían las palabras de Jeremías: «Los que de ti se apartan serán inscritos en la tierra»[8] y serán barridos por el viento y la lluvia.

Entonces, ¿no contamos con ningún texto escrito por el propio Jesús de Nazaret? Bueno... alguna cosa hay, aunque no muy fiable. En las colecciones de evangelios apócrifos suele incluirse una supuesta carta que Jesús envió a cierto rey sirio, fruto de la curiosa relación epistolar que mantuvieron, según se dice.

El rey era Abgaro V Ukhâmâ, que reinó en Edesa (Siria) por el tiempo en el que Jesús andaba predicando en Palestina.[9] Y «encontrándose este monarca aquejado de una enfermedad incurable (algunos documentos afirman que era la lepra negra), escribió una carta a Jesús hacia el año 30 o 32 de la vida de este, y se la envió por medio de su correo Ananías»:

> Han llegado a mis oídos noticias referentes a ti y a las curaciones que obras, por lo visto, sin necesidad de medicinas ni de hierbas. Pues, según dicen, devuelves la vista a

los ciegos y la facultad de andar a los cojos; limpias a los leprosos y expulsas espíritus inmundos y demonios; devuelves la salud a los que se encuentran aquejados de largas enfermedades y resucitas a los muertos.

Convencido de los poderes del nazareno, el rey Abgaro se decidió a escribirle, dice, «rogándote que te tomes la molestia de venir hasta mí y curar la dolencia que me aqueja». Teniendo en cuenta que Jesús estaba a punto de ser crucificado, no eran buenas fechas para molestarlo con exigencias terapéuticas.

Sin embargo, el Mesías contestó educadamente a la carta. La respuesta es asombrosa y maravillosa por muchas razones, pero lo es sobre todo por el carácter funcionarial o notarial de su estilo; después de los saludos propios de un gran profeta, dice:

> Por lo que se refiere al objeto de tu carta [...] he de decirte que es de todo punto necesario que yo cumpla íntegramente mi misión y que, cuando la hubiere cumplido, suba de nuevo al lado de Aquel que me envió.

El estilo administrativo de la misiva debió de dejar al rey estupefacto. Y quedaría aún más desconcertado cuando el Maestro añade que, de todos modos, cuando esté en el Cielo, le enviará a un discípulo «para que cure tu dolencia». (Al parecer, el enviado fue Tadeo.) A juzgar por la carta, es fácil imaginar a Jesús dictándole el texto a un escriba, afirmando que no puede viajar porque tiene otras ocupaciones, entre ellas, la de ser crucificado, y luego debe ascender a los cielos; sin embargo, desde allí se encargará de resolver el trámite sanitario del rey Abgaro.

Si resulta difícil creer en la verosimilitud de esta carta

(la leyenda del rey Abgaro comienza, en realidad, en torno al siglo III), aún es más complicado dar fundamento a una segunda carta que, al parecer, escribió el mismo Jesús... ¡desde el Cielo!

Esta segunda carta se conoce como Carta del Domingo.[10] Se trata de una carta escrita «en persona» por el mismísimo Jesucristo (y dictada por Dios, seguramente) y que cayó del cielo en el altar de san Pedro en Roma.

> Carta de Jesucristo, Señor Dios y Salvador nuestro, que fue enviada a la antigua ciudad de Roma, al templo del santo apóstol...

Toda la carta (un verdadero sermón) está destinada a convencer a los fieles de la necesidad de observar la festividad dominical. Pero empieza recordándoles que fue Él quien hizo el cielo y la tierra, y que el viernes hizo a Adán, «y ese mismo día fui crucificado». El domingo debe observarse por muchas divinas razones («En domingo me aparecí también a Moisés») y, si los pertinaces no cumplen con el precepto, «he de enviar bestias venenosas para que devoren los pechos de las mujeres [...] y lobos salvajes arrebatarán a vuestros hijos». El mal humor de Jesucristo no tiene fin:

> Y si no hacéis esto, no creáis que os voy a enviar otra carta, sino que abriré los cielos y haré llover fuego, granizo, agua hirviendo [...], provocaré espantosos terremotos; haré llover sangre y estacte en abril; haré desaparecer toda semilla, viña y plantas; finalmente, acabaré con vuestras ovejas y animales.

Luego, el mismísimo Jesús jura «por mi madre inmaculada» que esa carta no la ha escrito un hombre, sino

Dios, y que «si hay algún malévolo o mal pensado que niegue el origen divino de esta carta, tendrá por herencia, lo mismo él que su casa, la condenación, igual que Sodoma y Gomorra». Las amenazas prosiguen, cada vez más incendiarias, hasta el final.

Estas cartas procedentes del cielo debieron de ser bastante habituales durante algún tiempo. A principios del siglo VII, según cuenta Santos Otero en su impagable compilación, el obispo de Ibiza, que se llamaba Vicente, le escribió una misiva al obispo de Cartagena en la que se incluía una carta que, por lo visto, había caído directamente del cielo, escrita por Jesucristo o por el mismo Dios, para arengar a los fieles díscolos. Vicente quería saber qué le parecía al obispo Liciniano de Cartagena aquella misiva. Liciniano ardió en cólera, reprendió a Vicente por leer semejantes patrañas en la iglesia y rompió y arrojó el papel al suelo, porque consideraba intolerable que el autor de aquella sarta de insensateces pudiera atribuirse una inspiración divina.

# 6

# ELIO ANTONIO DE NEBRIJA Y EL NEGOCIO DE LA GRAMÁTICA

A la reina Isabel de Castilla no se le ocurría para qué podría servir una gramática.[1] En realidad, y a pesar del lamentable estado de las lenguas clásicas en la España del siglo XV, a nadie se le pasaba por la imaginación que fuera necesaria semejante cosa.

En 1481, Antonio de Nebrija (1441-1522) había publicado sus *Introductiones Latinae*, con las que quería amueblar las cabezas de los estudiantes salmantinos. Los años siguientes los dedicó a lo que consideraba una obra imprescindible: una gramática de la lengua castellana. No es que pensara que el castellano pudiera compararse, ni por error, al latín o al griego, pero ya que esta lengua joven parecía empezar «a mostrar sus fuerças», convenía sujetarla a las leyes de la gramática (con especialidad, de la gramática latina). Y así, igual que Zenódoto hizo con la griega y Crates con la latina, Nebrija lo haría con la castellana, porque la lengua ya estaba «en la cumbre», y la gloria recaería en él, que recibiría el galardón de ser el «inventor de obra tan necesaria».

> *Quid est grammatica? Scientia recte loquendi recteque scribendi ex doctissimorum virorum usu atque auctoritate collecta.*[2]

Los estudiantes de filología —al menos los salmantinos, haciendo honor al gran maestro de Lebrija— aprendíamos de memoria estos latines que, si bien no abordan la cuestión lingüística en toda su amplitud, tienen al menos una sencillez y una elegancia horaciana.

Para lo que nos interesa aquí, acudimos directamente al capítulo segundo, donde el autor se enfrasca (para nuestro disfrute) en una historia maravillosa con la que pretende explicarnos la creación y evolución de las lenguas y las artes literarias.[3]

Dice, para empezar, que la invención de las letras (fuera por experiencia o por revelación divina) ha sido lo más necesario y provechoso que le ha ocurrido al ser humano. Los «anticuarios», añade Nebrija, son de la opinión de que las letras las inventaron los asirios, aunque hay que contar con la discrepancia de uno llamado Gneo Gelio, que asegura, por el contrario, que las letras las inventó Mercurio en Egipto. Puede que fuera en la época de Abraham. Otros, como el griego Epígenes, piensan que fueron los babilonios, en cuyo caso se habrían inventado mucho antes de que viviera Abraham. No falta quien atribuya tan notable invención a los judíos (en la época de Moisén [sic] «las letras ya florecían en Egipto no por figuras de animales, como de primero, mas por líneas y traços») o a los «fenices», los cuales fueron famosos inventores: cuadraban piedras, hacían torres, fundían metales, hacían vasos de vidrio, navegaban «al tino de las estrellas», teñían en rojo y púrpura, etcétera. Puede que los hebreos aprendieran las letras de los fenicios, o quizá de los egipcios. Si es así, seguramente sería Jacob el que dio el alfabeto a los hebreos; pero si se inventaron las letras en Babilonia, sería Abraham el que las trajo a las orillas mediterráneas. En fin, «no es cosa muy cierta quién fue el primero inventor de las letras».

A nuestro gramático, como se ve, no le importa mezclar algunos datos de la historia con otros de la narración bíblica, y con la mitología o la leyenda. En realidad, es esta mezcolanza conceptual lo que encandila al lector moderno de paradoxografías e historias fingidas.

De las desérticas tierras de Palestina, Babilonia y Egipto, pasaron las letras a Grecia, y de allí a Italia. Pero «¿quién traxo primero las letras a nuestra España?». Para asombro del lector moderno (aunque no del renacentista, acostumbrado a las hipérboles míticas), Nebrija dice que «es una cosa muy semejante a la verdad» que fue Baco, hijo de Júpiter y de Sémele, el que trajo a España las letras desde la ciudad de Tebas (Tebas la griega, no la Tebas egipcia).

La historia de este viaje merece un aparte. Baco (o Dioniso, o Liber), hijo de Zeus y Sémele, vino al parecer a España unos doscientos años antes de la guerra de Troya, acompañado por un amigo suyo llamado Lisias. (De esto ya había hablado Plinio el Viejo en su *Historia natural*, a propósito de la geografía del occidente mediterráneo.) Hay pocas noticias seguras en este punto, porque también se dice que Lisias no era amigo de Baco, sino su hijo; al parecer, Baco quería que su hijo Lisias reinara en Portugal, pero los portugueses dijeron que solo admitirían como rey a un heredero de su mítico rey Luso. Baco los convenció diciendo que el espíritu del rey Luso vivía ahora en su hijo Lisias. Nebrija no dice nada del rey Luso; admite solo que por Lisias se llamó el país Lisitania, y de aquí, Lusitania. Alguna confusión hay al respecto y tal vez algún día los mitógrafos la resuelvan.

Es difícil creer esta historia. Sin embargo, hay otra más conocida y más fiable. Puede que las letras las trajera a España el famoso Hércules, poco antes de la guerra de Troya, cuando vino a Eriteya o Eritía, una ciudad (o una isla) que podía ser Gades o Tartessos. El héroe de Tebas vino a estos extremos de Occidente para cumplir con su décimo trabajo.[4] Se enfrentó con el monstruo Geriones, de tres cabezas (dice Nebrija que la historia de que tenía tres cabezas es cosa de los fingimientos de los poetas: es probable). Por encargo de Euristeo, Heracles debía robarle los bueyes al monstruo. Tras algunas aventuras y combates singulares, el héroe derrotó a Geríones y, para celebrarlo, levantó en el estrecho las llamadas Columnas de Hércules.

También pudo traer las letras a España el mismísimo Ulises. Es bien conocido que Ulises fundó la ciudad de Olisipo, que (por extraños vericuetos etimológicos) acabó llamándose Lisboa. O también pudo ser un Astur mítico que dio su nombre a Asturias, o Teucro, el mejor arquero entre los aqueos durante el asedio de Troya, bien conocido en Cartagena y del que se dice que «passó después a reinar en Galizia». Hay otros candidatos, como los habitantes del Parnaso o los fenicios, y otros personajes inventados por los historiadores imaginativos, como Rodrigo Ximénez de Rada.[5]

> Mas io creería que de ninguna otra nación las recebimos primero que delos romanos, quando se hizieron señores della quasi dozientos años antes del nacimiento de nuestro Salvador.[6]

Aunque solo fuera por la cantidad de indicios existentes (monedas, estelas, inscripciones), Antonio de Nebrija llega a la conclusión de que las letras llegaron a España con los romanos; para el profesor de la Universidad de Salamanca, los godos fueron un pueblo bárbaro incapaz de escribir las letras con la pureza latina. Ha de entenderse siempre que Nebrija consideraba el castellano como una corrupción del latín, por mucho que hubiera alcanzado altura y fuerza para competir con otras lenguas nacidas del antiguo imperio.

En todo caso, comprende que hay un asunto de vital importancia en el que es preciso detenerse: el aspecto *filosófico* de la creación de las letras. ¿Por qué y para qué se inventaron letras? La primera razón puede sorprender al lector actual, pero era una respuesta habitual cuando los intelectuales empezaban a preguntarse por los orígenes de la cultura literaria y la transmisión del conocimiento. Dice Nebrija que las letras se inventaron para poder hablar con los ausentes y con los que están por venir. Esto es, para que otros (ahora o en el futuro) puedan recibir conocimientos ajenos y del pasado.

Las letras comenzaron a representarse, dice, con el fin de memorizar determinados hechos o aspectos de la vida. Al principio eran imágenes, como la mano que indicaba la generosidad, o la serpiente enroscada que indicaba el calendario anual, la oreja significaba la memoria, las rodillas eran una imagen de la misericordia, etcétera. Naturalmente, Nebrija se refiere a la escritura jeroglífica y se remite a la compilación famosa del humanismo italiano realizada por un Pierio Valeriano, titulada *Hieroglyphica* (1556),[7] aunque la mayor parte de todo cuanto contiene se debe a la imaginación de Horapolo, a quien ya hemos conocido más arriba. La obra de Valeriano se convirtió en el gran diccionario de símbolos y emblemas del humanismo, confundiendo a los gramáticos de siglos posteriores, que ya fueron incapaces de ver en aquellos signos simples la representación de sonidos o palabras.

En todo caso, dice Nebrija, como sistema de escritura, el sistema de la *hieroglyphica* era malísimo, porque necesitaba una imagen para cada concepto, y, por tanto, precisaría miles y millones de imágenes para concretar cada objeto existente y para los millones de ideas, nociones y seres y objetos inexistentes o imaginarios; sencillamente, entre otros muchos defectos, ese «diccionario» resultaría imposible de memorizar: «Este negocio era infinito i mui confuso». Así que el inventor de las letras, «quien quiera que fue», adoptó un procedimiento genial, que consistió básicamente en identificar cuántos sonidos había en su lengua y asignar un signo (una figura [una letra]) a cada sonido, de modo que, colocándolos en el orden correspondiente, podría componer todas las palabras que quisiera. «De manera que no es otra cosa la letra sino figura por la cual se representa la boz». La invención es tan ingeniosa que adquiere connotaciones místicas o, al menos, filosóficas: «Assí que las letras representan las bozes i las bozes significan, como dize Aristóteles, los pensamientos que tenemos en el ánima».

La profesora Carmen Lozano, autora de un imprescindible estudio sobre Antonio de Nebrija y su *Gramática*,[8] nos recuerda que el autor siempre quiso ser «gramático», y que ahí se incluían la mayor parte de las disciplinas que hoy englobamos en la filología: como hemos visto, el profesor de Salamanca no menospreciaba la mitología, la historiografía y las antigüedades, a los textos clásicos, la filosofía antigua y medieval, y a lo largo de su trabajo tiene tiempo para el apunte político, las necesidades educativas y, naturalmente, la literatura, la exégesis, la gramática histórica, y los puros trabajos de lingüística (ortografía, prosodia, métrica, sintaxis o lexicografía). Todas estas disciplinas, y otras más peregrinas, cabían en lo que el propio Nebrija denominaba «el negocio de la gramática».[9] En los siglos del humanismo, seguramente no había *negocio* con más prestigio que el que trataba de la gramática.

No podemos despedir a Nebrija sin detenernos en un

apunte de su *Gramática* que guarda relación con nuestro asunto principal: el nacimiento del lenguaje, el origen de las lenguas, su evolución y desaparición, y, naturalmente, la posibilidad de que el lenguaje sea un órgano (o un instinto) y que exista una gramática natural.

En el libro IV, Nebrija se propone hablar de la sintaxis («orden o aiuntamiento de partes») y el concierto de las palabras. La concordancia (o «concordia» entre palabras) es la primera regla de la gramática, y por eso concuerdan los nombres con sus adjetivos, los nombres con los verbos, y los pronombres con otras partes de la oración, por ejemplo. En esto descubre Nebrija que

> este concierto delas partes dela oración entre sí es natural a todas las naciones que hablan, por que todos conciertan el adjectivo con el substantivo i el nominativo con el verbo i el relativo con el antecedente. Mas así como aquestos preceptos son a todos naturales, assí la otra orden i concordia delas partes dela oración es diversa en cada lenguaje [...].

No se diferencia mucho esta idea de la propuesta de la gramática generativa en el siglo XX. Es decir, Nebrija ya sostenía que había «plantillas» de organización lingüística que afectaban a todas las lenguas, y fórmulas que, precisamente, diferenciaban a unas lenguas de otras: los principios y categorías chomskianos, en fin. La intuición de que existe un órgano natural que activa el lenguaje y que somete a todas las lenguas a ciertos principios básicos o pautas universales parece latir ya en las palabras de Nebrija.

# 7

# VOY A HABLAR DE LA LETRA Q

El día 15 de febrero de 1987 se celebraba en la Real Academia Española el ingreso en la institución del filólogo Gregorio Salvador, que decidió dedicar su discurso a examinar la letra *q* (el sillón que le correspondía en la Academia tenía ese rótulo). La voluntad del nuevo académico era hablar «de sus peculiaridades, de su origen y vicisitudes, de sus detractores y de sus partidarios, de sus blasones y de sus flaquezas».

El de las letras es un negociado apasionante, porque las letras, los signos que *suelen* representar los sonidos de un idioma, tienen una historia tan peregrina y estrafalaria como los mismos sonidos y las lenguas en general.

En todas las lenguas hay disfunciones entre el número de letras y el número de sonidos: en español tenemos veintisiete signos y veinticuatro fonemas: «Es evidente que sobran letras o que nos podríamos arreglar con menos».[1] El inglés tiene once sonidos vocálicos simples y, dependiendo de las variantes dialectales, veinticuatro o veinticinco sonidos consonánticos, y las letras prácticamente nunca son un indicio de cómo se puede pronunciar una palabra. Aunque alguien que desconociera el castellano pudiera tener problemas al pronunciar la palabra *hechicería* (¿tiene sonido la *h*?, ¿cómo se pronuncia el dígrafo *ch*?, ¿cómo debe sonar aquí esa *c*?), en general no tendrá dificultades con la mayoría de las voces: *mesa*, *casa*, *libro*, *Madrid*, *Barcelona* o *papel* se pronuncian tal y como se escriben. Sin embargo, nadie sabe cómo se pronuncia una palabra inglesa hasta que no la escucha: *thought* /θɔːt/, *nervously* /nɜːvəslɪ/, *laughing* /lɑːfɪŋ/. La similitud gráfica no se corresponde con una similitud fonética: *though*, *cough* y *thorough* se pronuncian /do:/, /kɒf/ y /θʌrə/. La primera broma que aprenden los estudiantes de inglés es que *son of a bitch* y *sun of a beach* suenan en los oídos españoles de un modo muy parecido y hay que ser preciso en la pronunciación. Por no extender más los ejemplos de divergencias gráfico-fonéticas, podría comentarse el caso del francés, con una ortografía petrificada y clasicista que obliga a escribir miles de letras que nadie pronuncia: *temps* /tã/, *homme* /ɔm/, *tomber* /tɔ̃be/, *deux* /dø/.

Por el contrario, el sistema fonológico español se apoya muy firmemente en la norma ortográfica, dice Gregorio Salvador, y actúa sobre la lengua hablada refrenando las naturales tendencias evolutivas. Como se señaló más arriba, el español sufre una tendencia natural a perder la -*d*- intervocálica postónica en palabras como *helado*, *estado*, *pescado* o *pecado*, pero la persistencia gráfica de la *d* modera un tanto esa predisposición.

Como se sabe, el alfabeto que empleamos para representar el español es el latino. Y nuestro alfabeto esconde en su seno historias jugosas y extraordinarias, con interés suficiente para llamar la atención de filólogos y especialistas. El nuevo académico Gregorio Salvador no se iba a ocupar en su discurso de complejas evoluciones gráficas, ni de volutas, trazos orientales y virgulillas variadas, sino de la humilde y sencilla *q*. A la *q* ningún filólogo le había prestado atención, excepto un colombiano llamado Rufino José Cuervo, que le dedicó cuatro páginas y, aun así, se disculpaba por «haber escrito tan largo sobre materia tan sosa».[2] No tan sosa: la *q* siempre ha estado rodeada de polémica: para empezar, ocupa espacios fonéticos que le podrían corresponder a la *c* o a la *k*, se ve obligada por contrato indefinido a ir acompañada de una *u* que pierde su valor fonético, y a conceder su sonido velar sordo solo a la *i* o a la *e*. Aunque no siempre fue así: en el *Diccionario de autoridades*[3] se lee que a la *q* «síguesele siempre una *u*, que las más veces se liquida». La *u* se liquida a veces, pero «algunas veces se pronuncia, aunque suavemente», como en *qual*, *quando*, etcétera. El clasicismo latinista de los ilustrados académicos permitió que entraran en el diccionario voces como *quaderno*, *quadrado*, *quadrisylabo*, *quando*, *quanto*, *Quaresma*, *quartel* y *quotidiano* o *quota*, además de las correspondientes con *qu* +*i*, *u*. Siglos antes, el autor del *Quijote* utilizaba también estas voces y en el *Tesoro* de Covarrubias se hace aproximadamente lo mismo.

En su discurso de aceptación, Gregorio Salvador hacía un repaso por las filias y las fobias que despertaba esta letra; entre las fobias, destaca el odio inmisericorde de Gonzalo Correas: lo más suave que dijo de ella fue que era «enfadosa» y «melindrosa», pues siempre se separaba de otras letras con una *u*; el humanista y gramático firmó su *Ortografía Kastellana nueva i perfeta* (1630) como un punk de raza pura, Gonzalo Korreas,[4] aunque era «katedrátiko en la Universidad de Salamanka». Otro caso digno de mención es el de Juan de Valdés, que en su *Diálogo de la lengua* dice literalmente que en el caso de la *c* y la *q* «no tengo ninguna regla que daros», salvo «ser natural en la lengua». Y especifica algo que interesa a la historia de la fonética: «la misma pronunciación [...] enseñará cómo ha de escribir el vocablo, porque verá que los que se han de escribir con *q* tienen la pronunciación más hueca que los que se han de escribir con *c*, los cuales la tienen mucho más blanda». Y añade un remate fabuloso: «Más vehemencia pongo yo cuando digo *quaresma*, que no cuando *cuello*».[5] El concepto de «vehemencia lingüística» quizá debería tenerse en cuenta en los nuevos manuales de fonética.

Sin duda, decía el académico novato a finales de los ochenta, esa *u* callada no beneficiaba en nada el prestigio de la *q*. Y citaba a ciertos autores notables, como Mateo Alemán o Andrés Bello, que proponían algunas fórmulas interesantes. Alemán, por ejemplo, no entendía que hubiera que mantener la *u*: ¿por qué no escribir «por qé»? ¿O «qeso»? Bello era partidario de suprimir la *u* y, más adelante, probar con *qa*, *qo*, *qu*, de lo cual se seguiría que la *c* vería menguado su predio notablemente... El académico recuerda la algarabía que se organizó cuando un profesor de leyes salmantino llamado José Hipólito Valiente (sin duda) publicó en 1731 su *Alfabeto o nueba qoloqazión de las letras qonozidas en nuestro idioma qastellano para qonsegir una perfeta qorrespondenzia entre la esqritura i pronunziazión*. En la mayoría de los casos, estos alardes de revoluciones gráficas suelen despertar reacciones airadas. Solo hace falta recordar las últimas polémicas en nuestra lengua, cuando la recomendación de suprimir la tilde de *sólo* o *guión*, o el consejo de unir el prefijo *ex-* a los sustantivos y adjetivos levantaron polvaredas notables.

Después de muchos debates, propuestas y ofensas, en 1815 se acordó definitivamente que «las combinaciones *ca*, *co*, *cu* siempre se escribirían con *c*, quedando a la *q* solo el *que*, *qui*».[6] Y, para acabar con los problemas de letras advenedizas, se suprimía del castellano la *k*, que no volvería del exilio alfabético hasta 1869.

Todas las letras que empleamos en español tienen historias maravillosas que ofrecer: la *T* remonta su historia al símbolo que hicieron los judíos cuando eran esclavos de Egipto y salvaron a sus primogénitos trazando ese símbolo en los quicios de las puertas con sangre de cordero (T T); la *G*, inventada en el siglo III AEC por un liberto llamado Espurio Carvilio, que solucionó el problema de la inexistencia de una letra para el sonido /g/ frente a la superabundancia del sonido /k/ (*c*, *k*, y *q*). Los latinos tenían el sonido /g/; lo que no tenían era la letra: simplemente no se les había ocurrido importar la gamma griega (Γ). Carvilio solucionó el problema añadiendo un mínimo rasgo a la *C*: *G*. «Los romanos eran gente práctica, y Carvilio más todavía, así que además de la primera *g* puso la primera escuela de letras de que se tiene noticia en Roma.»[7] La *J*/*j*, cuya relación con la *I*/*i* fue intimísima hasta el siglo XVII (la llamaban «i baja», «i larga» o «i luenga»), tuvo después gravísimos problemas con otras compañeras alfabéticas: la *g* y la *x*, que con frecuencia ocupaban el espacio de la fricativa velar sorda /χ/. La *S* siempre ha estado relacionada con las serpientes y se cuenta una historia curiosa al respecto:[8] al parecer, Cadmo, hijo del rey de Tiro, partió con sus hermanos en busca de Europa, raptada por Zeus. Cadmo se detuvo en Delfos y, consultando al oráculo, este le dijo que no buscaran a Europa, sino que siguieran a una vaca y fundaran una ciudad allí donde se detuviera. Resulta que la vaca se detuvo en la fuente Castalia y allí apareció una gran serpiente, a la que Cadmo mató. Vivían allí unos hombres incultos que se comunicaban solo por siseos y silbidos. Afrodita le dijo a Cadmo que sembrara los dieciséis dientes de la serpiente, que equivalían a las dieciséis letras primitivas del alfabeto griego. Por eso se dice que Cadmo fue el héroe que propagó el alfabeto en el continente europeo. La *Y/y* se llamaba también letra de Pitágoras; dice el *Diccionario de autoridades*: «Llámase la *Y* letra de Pythágoras, porque se supone que este philósopho la añadió al alphabeto griego, tomando su figura de la que forman al volar las grullas». De esta letra se cuentan muchas historias; por ejemplo, que es una representación vital: el trazo inferior significaría la edad primera, indefinida y sin inclinaciones morales, ni a los vicios ni a las virtudes; la bifurcación se inicia en la adolescencia y, aunque el trazo derecho es más abrupto, conduce a la felicidad, mientras que el izquierdo es más sencillo pero conduce a la ruina y la muerte. En todo caso, aunque se cuenta que la *Y* se llama Árbol de Pitágoras porque representa esas dos opciones morales que suelen darse en los caminos de la vida, el Árbol de Pitágoras es un plano fractal inventado por el profesor A. E. Bosman y consiste en la unión de tres cuadrados (formando una *Y*, como la que se utiliza para demostrar su teorema), una figura a partir de la cual se pueden formar realizaciones fractales. (El uso de las grafías mayúsculas en este párrafo se debe a un sencillo hecho histórico: las minúsculas no se empleaban en la antigüedad clásica; solo se documenta su aparición en el siglo III.)

En fin, el lector podrá encontrar fácilmente estas y otras historias si tiene gusto por los logogramas, los alfabetos, las grafías o las tipografías. Pero no podemos abandonar este epígrafe sin dedicarle unas líneas a la letra *ñ*. «La *ñ* es la aportación española al alfabeto latino.»[9] Otras lenguas tienen el sonido /ɲ/, pero necesitan dos grafemas para representarlo. El francés y el italiano escogieron la fórmula *gn*, como en *Espagne* /ɛspaɲ/, *oignon* /ɔɲɔ̃/, *mignon* /miɲɔ̃/, *bisogno* /bizoɲɲo/, *bolognese* /boloɲɲese/, *ignoranza* /iɲɲorantsa/; el portugués prefirió la forma *nh*, como en *Espanha*, *marinha* (mɐriɲɐ) o *castanho* /kɐʃtɐɲu/. Aunque en los siglos pasados se conservaba en gallego el dígrafo *nh*, esta lengua optó por la letra *ñ* ya en el Medievo; no obstante, en algunos casos se mantiene el dígrafo, como en *unha*, *algunha*, *ningunha*. El catalán optó por la fórmula *ny*, como en *Espanya*, *Catalunya* o *muntanya*. La letra *ñ* no es originaria de la lengua vasca, pero al parecer la adoptó en algunos casos (*ñika* [guiño], *xoriño* [chorizo], *maiteño* [querido], Iruña, Iñaki, Garbiñe), y en otros optó por el dígrafo *in*.

La letra *ñ*, como se sabe, es la evolución de la forma *nn* para el fonema /ɲ/. Las palabras latinas que tenían *nn* o *mn*, como *annus*, *canna*, *scamnu* o *somnus*, acabaron escribiéndose *anno*, *canna*, *escanno* o *suenno* (con muchas variantes medievales y románicas), pero el papel nunca fue barato, y había que simplificar las grafías cuanto se pudiera; de ahí que se añadiera primero una raya superior a la *n* y luego se transformara en una ondulada y ornamental virgulilla o tilde: *año*, *caña*, *escaño* y *sueño*. El fonema /ɲ/ también podía nacer de las combinaciones de nasal y yod (semiconsonante en diptongo); *Hispania*, *seniore*, *extraneu* o *aranea*: *España*, *señor*, *extraño* o *araña*) o *gn* > *yn* > *yñ* > *ñ*, como en *tan magnu* > *tammayno* > *tamaño* o en *stagnare* > *restaynar* > *restañar*.[10] La *ñ* no entró hasta 1803, con carta de naturaleza y toda la dignidad, en el diccionario de la RAE. Hasta entonces, la *ñ* aparecía como un «suplemento» de la *n*: en breve, no se consideraba una letra independiente y con valor propio.[11] Pero las reclamaciones de honor para esta letra se remontan incluso a Nebrija, que consideraba una «injuria» no colocarla junto a las otras letras del abecedario.[12]

# 8

# CALIGRAFÍA NACIONAL E INDUSTRIAL

Una vez que las sociedades humanas descubrieron y dominaron la escritura, comenzó el proceso de embellecimiento. No le bastaba al ser humano con el prodigio de recuperar conceptos e ideas a partir de signos convencionales y arbitrarios, sino que debía aumentar —y mitificar— el misterio con el engalanamiento de dichos signos. Las piedras talladas con inscripciones gloriosas, o los bronces y las estelas, todos con sus elegantes caligrafías, tenían para los antiguos el mismo magnetismo que el nombre del escritor novel escrito en letras de molde y que admira con extático arrobamiento. La escritura era un fenómeno tan importante que los pueblos, e incluso las ciudades, tenían su propia caligrafía particular. En Grecia existía la caligrafía jónica oriental y la caligrafía de la isla de Eubea, y aunque las inscripciones griegas adoptaron en su mayoría las formas jónicas, fue la caligrafía de Eubea la que pasó a tierras italianas y la que se configuró posteriormente como la caligrafía latina. Los especialistas en este tipo de complejas cuestiones han llegado a la conclusión de que los griegos tallaban las letras de acuerdo con sistemas proporcionales, lo cual advierte la actuación consciente de un método representativo (con cinceles de distintos gruesos, dependiendo del tamaño y el motivo de la inscripción). Y, en este sentido, dice Ewan Clayton: «Lo más importante [...] es quizá que cuando las letras griegas pasaron, a través de las colonias griegas en Italia, al sistema romano de escritura, ya fuera directamente o a través de Etruria, no fue solamente la forma de las letras lo que se transmitió, sino también el concepto de un alfabeto como un sistema interrelacionado de formas proporcionales».[1] Es decir, se transmitió la idea de la caligrafía (καλλιγραφία).

Aunque Roma produjo varios tipos de letra (la *quadrata*, de los siglos I al III es muy característica, porque tiene la misma altura que anchura, o la *capitalis rustica*, concebida para escribir en pergamino, entre otras), nosotros asociamos la caligrafía romana principalmente a las mayúsculas imperiales, también llamadas cuadradas lapidarias, y son las que encontramos en los grandes monumentos romanos y en las imitaciones modernas. Como las letras se pintaban antes de cincelarlas con un pincel de corte cuadrado, lo que tenemos como resultado son los característicos trazos finos en unas partes y gruesos en otras. Después de cincelarlas, se volvían a pintar para que el resultado resaltara sobre los mármoles. En algunos lugares importantes, como en los arcos triunfales, esas tallas se rellenaban después con letras metálicas. La escritura, dice Mary Beard, fue un elemento fundamental en la consolidación del marco político romano.[2] En realidad, la escritura es fundamental en la consolidación de todos los marcos políticos nacionales: por eso los gobernantes atestan los espacios públicos con inscripciones, placas o monolitos con discursos cincelados.

Y, desde el siglo III, no hubo un movimiento político más decisivo que el cristianismo: la doctrina ya conocía el poder de la letra escrita, pero adoptó también una caligrafía especial con la letra llamada uncial (de una pulgada). Se llamó así porque san Jerónimo se refirió a ella en un prólogo sobre el libro de Job; pero no es que san Jerónimo la promocionara —como se suele dar a entender—, sino todo lo contrario: «¡Tengan los que así lo quieran libros antiguos escritos con letras de oro y plata en purpúreos pergaminos, o fardos más bien que códices, caligrafiados en letras unciales, así las llaman, con tal de que a los míos y a mí nos permitan tener pobres *scidulae* [hojas pequeñas de papiro] y códices no tan hermosos, pero enmendados!».[3] San Jerónimo no estaba proponiendo un tipo de letra concreta para los estudios exegéticos o bíblicos como parece deducirse de algunos resúmenes de segunda mano: solo se limitaba a recordar que lo esencial era pulir y fijar los textos correctamente y olvidarse del lujo escriturario.

Por supuesto, en el siglo de san Jerónimo como en el nuestro, la fascinación por la belleza del objeto ha nublado en ocasiones la capacidad para discernir las cualidades de lo escrito. Pero esa es otra historia. Lo que interesa destacar aquí es que —con las prevenciones necesarias— podría decirse que a un tipo de letra le corresponde una mentalidad o un ideario: las unciales, en sus distintas formas y modelos, se utilizaron durante prácticamente un milenio y con esa letra se escribieron el *Evangelio* de Godescalco (783), el *Codex Aureus* de Lorsch (act. Alemania), de principios del siglo IX, o el *Codex Amiatinus* del monasterio benedictino de Monkwearmouth-Jarrow (Inglaterra) del siglo VIII, entre otros muchos trabajos.

La historia de la letra carolingia o carolina (finales del siglo VIII y principios del IX) nos habla de un famoso teólogo y gramático inglés llamado Alcuinus Flaccus Albinus, a quien solemos llamar Alcuino de York, porque buena parte de su vida intelectual la pasó en la escuela catedralicia de esa ciudad. Suele decirse —seguramente para resumir y darle un barniz novelesco al caso— que Carlomagno le encargó a Alcuino de York la tarea de imaginar una caligrafía que encarnara su visión del mundo y, de paso, promocionara su imagen de poder. En realidad la cosa fue un poco diferente: Carlomagno invitó al sabio (en torno al año 782) a Aquisgrán, donde ejerció de maestro de jóvenes nobles y de conversador privado con el emperador. Después se le otorgó la abadía de San Martín de Tours, donde el de York podría dedicar al estudio los últimos años de su vida, mientras dirigía a los amanuenses y bebía vino importado de Inglaterra. Se decía que en San Martín había una *turba scriptorum*, una turba de amanuenses. La gran producción del *scriptorium* de San Martín fue la redacción corregida de la Biblia (en general, siguiendo las indicaciones de san Jerónimo): ya muy anciano, Alcuino decía que andaba embarcado en la «*emendatione Veteris Novique Testamenti*». Con independencia de los problemas textuales que presente la Biblia que salió del cenobio, lo que interesa aquí es que Alcuino eligió para su libro la caligrafía que era «el no va más» en la corte carolingia.[4] Por tanto, aunque se atribuye a Alcuino de York la fijación de la minúscula carolingia sencilla con poca decoración, al parecer era un modelo ya implantado en la corte de Aquisgrán. Esta caligrafía —muy popular hasta el siglo XIII— se identifica muy bien por sus capitulares claras y grandes, y por su legibilidad, la separación entre palabras, la escasez de ligaduras y su amplio interlineado. Del *scriptorium* de San Martín de Tours salió un centenar de copias de la Biblia, además de otros muchos documentos y producción intelectual, siempre con su característica letra carolingia: era una decisión que formaba parte de un programa consciente de unificación y difusión cultural... o, lo que es lo mismo, un organismo de promoción del poder carolingio. Una prueba de esta propaganda política caligráfica fue la asunción de la minúscula carolingia en Inglaterra, una maravilla ornamental que puede apreciarse, por ejemplo, en el *Salterio de Ramsey* (*ca.* 980), cuyos trazos uniformes son un prodigio admirable.

Mientras la corte carolingia difundía su modelo caligráfico desde Aquisgrán, a dos mil kilómetros de allí, en Toledo, comenzaba a fijarse una caligrafía que había partido de las formas romanas más tardías pero que solo adquiriría cuerpo en torno al siglo VIII (*littera toletana*); por más que se denomine letra visigótica, los visigodos hacía muchos años que habían desaparecido, junto con el reino visigodo de Toledo: esta letra la emplearon aquellos que estaban viviendo los conflictos armados de los reinos musulmanes con los reinos cristianos del norte.

En torno al siglo XII Europa conoció lo que hoy se denomina un «renacimiento medieval»[5] (incremento de la vida urbana, surgimiento de los primeros Estados burocráticos europeos, el principio del arte gótico, las nuevas formas literarias vernáculas, la recuperación de los latinos, la apertura a la ciencia griega y árabe, las primeras universidades, etcétera). Y una de las formas de demostrar esa renovación en los centros educativos y de poder fue la *decisión* de renovar la caligrafía. Cambió, en realidad, la manera de entender el libro (organización, glosas, ladillos, palabra de continuidad, etcétera) y la letra empezó a comprimirse y a hacerse más angulosa: era la caligrafía gótica, que en cierta manera recuerda las fórmulas arquitectónicas apuntadas y esbeltas de dicho estilo. Cuando se internacionaliza esta caligrafía, se produce también una dispersión en los modelos, porque comienzan a proliferar los espacios públicos en los que se escribe: el *scriptorium* monástico ya no es el recinto sagrado de la escritura. Escriben los comerciantes, los profesores, los médicos, los navegantes, los secretarios y un sinfín de profesionales urbanos que relajan paulatinamente la letra gótica (haciéndola *precisa*, *quadrata*, *semi-quadrata* o *rotunda*).

Hasta la invención de la imprenta, las caligrafías siguieron evolucionando y, en cierta manera, conservando un tono nacional, como el que imponía la letra carolina italiana (una versión tardía del norte de Italia) o la *littera antiqua*, que fue una reacción italiana a la letra gótica, o la híbrida de Niccolò Niccoli, que mezclaba una cursiva antigua y una cursiva gótica o nueva. El invento de Mainz, «el ingenioso descubrimiento de imprimir y formar letras sin hacer uso de la pluma»,[6] iba a trastocarlo todo. Para empezar, era un asombro que los libros salidos de la prensa tuvieran letras tan correctas y elegantes, sin errores, y de fácil lectura. La letra gótica elegida era solo una de los miles de dificultades y complicaciones que presentaba la impresión de la Biblia, con sus seiscientas páginas y dos millones de letras, con caracteres ligados y con la correspondiente justificación. La creación de los tipos era una cuestión artesanal, pero también artística. El escultor florentino Lorenzo Ghiberti (1378-1455), en una cita repetida hasta la saciedad, señalaba la virtud de la invención alemana: «La escritura no sería bella si las letras no fuesen proporcionadas en la forma, el tamaño, la posición y el orden, y en todos los demás aspectos visibles en los que pueden armonizar las diversas partes».[7] Era la declaración con la que se formalizaba una disciplina de larga y azarosa vida: la tipografía.

El primer tipo moderno —o que nosotros podemos identificar ya como un modelo de letra que no nos resulta ajeno— lo inventó el orfebre y grabador francés Nicolas Jenson (1420-1480). Dicen que también inventó una letra para una casa impresora veneciana, pero no es seguro: lo seguro es que su letra *romana* propició un cambio de mentalidad radical en torno a la lectura. De la tipografía romana nacen, en realidad, todas las tipografías modernas. El impresor Aldo Manucio estilizó estos tipos cuando decidió publicar un conocido diálogo del humanista Pietro Bembo sobre las erupciones del Etna. Manucio también perfeccionó las cajas altas o capitales, concediéndoles una elegancia muy clásica, propia del Renacimiento. A este impresor se le debe también la difusión de la letra cursiva o itálica. Sin embargo, los nombres que aparecen en los manuales de caligrafía no son siempre los que merecen todos los honores. El tallista que hizo todos los tipos del impresor Aldo Manucio se llamaba Francesco Griffo (1460-1518), originario de Bolonia, y mantuvo una riña legal con Manucio a cuenta de la propiedad de los tipos.

Ewan Clayton nos recuerda que el problema de la propiedad de las letras era un asunto complejo entonces... como lo es ahora. ¿Quién es el propietario de las letras?, efectivamente. Cualquiera sabe que la mayoría de los procesadores de textos tienen un amplio surtido de tipos a disposición del cliente (incluida la famosísima letra garamond, por el tipógrafo e impresor Claude Garamond, que elaboró sus tipos a partir de los precedentes de Griffo y Manucio); sin embargo, hay muchas otras fuentes a las que solo es posible acceder mediante compra o renta.

Las revolucionarias formas italianas podrían haber dejado atrás la tradición goticista —y en gran medida, así fue—, pero el ámbito alemán entendió probablemente que su tipografía gótica tenía algo de reivindicación nacional, y siguió prevaleciendo en la mayoría de las publicaciones de la época, no en vano la Biblia de Gutenberg se había conformado con esa estética. «Las formas romana e itálica —dice Clayton— habían penetrado algo en la Europa septentrional con los textos latinos, pero en Alemania, Austria, Suiza, partes de Escandinavia, el Báltico y Finlandia las formas habituales en los textos vernáculos fueron hasta bien entrado el siglo XX los tipos góticos y manuscritos.» De hecho, el nacionalismo alemán optó por esa tipografía o sus variantes: una de ellas, la más famosa, es la llamada Fraktur o rota, en la que se publicaron la mayor parte de los libros alemanes entre el siglo XVI y el XIX. Su importancia tiene mucho que ver con el hecho de que se utilizara esa tipografía durante los cismas de la Reforma.

Un indicio de la importancia nacional de la tipografía alemana se puede encontrar en una sesión parlamentaria del Reichstag en la que se debatió ferozmente si la letra oficial del país debería seguir siendo la Fraktur o se debía ceder a otras tipografías más modernas. Fue el *Schriftstreit* o «debate de las escrituras» (1881-1941). Curiosamente, aunque la Frakturschrift suele asociarse con la Alemania nazi (el *Mein Kampf* de Hitler apareció con una tipografía de ese tipo), lo cierto es que fueron los nazis los que decretaron el fin oficial de la letra fracturada alemana. Martin Bormann, presidente del partido y secretario personal de Hitler, publicó en 1941 un decreto por el que se prohibía la publicación de diarios y libros con la clásica letra alemana. Naturalmente, esto causó estupor en la población —los alemanes creían que esa era *su* letra (y las naciones ocupadas también)—, pero los nazis tenían una *buena* razón para acabar con la Frakturschrift: en sus investigaciones históricas habían llegado a la conclusión de que esa tipografía alemana era *Judenlettern* (letra judía) y, por tanto, se optaba por los tipos romanos. Una de las tipografías más populares fue la Kabel (una *sans-serif* diseñada por el calígrafo Rudolf Koch, que también había hecho variantes góticas), a partir de los años veinte y treinta, y que suele identificarse con el expresionismo alemán.[8]

En el Reino Unido, el impresor John Baskerville (1706-1775) procuró modernizar las tipografías en algunos de sus trabajos, a pesar de todas las críticas, aunque en su magnífica Biblia de 1763 utilizó variantes góticas. La tendencia, pues, parecía ser conservar —al menos en los textos más graves— las diferentes variantes y evoluciones de letras góticas: *formata*, *prescissa*, *quadrata* y *semiquadrata*, y *rotunda*. Todas, incluida la letra oxoniense de la Universidad de Oxford, eran herederas de los trazos carolingios. El nacionalismo inglés se empeñó en llamar Old English a un tipo de letra en el que se mezclaban —incluso se agitaban— distintas modalidades antiguas. Las tipografías del diario *The Times*, de *The Daily Times* o de *The New York Times* son elaboraciones modernas de esa supuesta Old English o *blackletter*.

*The New York Times* nació a mediados del siglo XIX con el nombre *New-York Daily Times.*, con ese punto final en su encabezado y con su característica tipografía de herencia gótica. Cuando los propietarios decidieron modernizar el diario y eliminaron el *Daily*, el guion de «New-York» y el punto final, hubo una avalancha de bajas en las suscripciones. Pero al parecer los dueños se ahorraban cuarenta dólares anuales en tinta con la supresión de ese punto final. La tipografía de apariencia gótica estuvo y está en la cabecera de muchos periódicos anglosajones, como *Los Angeles Times*, *The Daily Telegraph*, *The Boston Globe* o *The Sydney Morning Herald*. (En España, *El Norte de Castilla* o *La Voz de Galicia* también conservan ese aire gótico en sus encabezados.) Esta tipografía se consideró típicamente inglesa y por tal razón se utiliza en los rótulos de establecimientos y pubs ingleses con nombres presuntamente antiguos como Ye Olde Boot Inn o Ye Olde Oak o cosas parecidas. Por la misma razón, las tabernas, las tiendas de antigüedades y otros establecimientos castellanos que quieren dar cierta apariencia de antigüedad optan por esas simulaciones tipográficas medievales.

Antes de abandonar el mundo anglosajón, tal vez valga la pena subrayar la importancia iconográfica de la tipografía estadounidense del *college*. Se denomina Lettering College Block o Athletic Lettering y se utiliza en los logos universitarios, en las camisetas de futbol americano, de beisbol o de basquetbol (y no solo universitario, sino profesional), y en casi todo lo que pretende ser genuinamente americano, con una extraordinaria variedad de colores (aunque predominan el blanco, el rojo y el azul). Al parecer, este tipo de letra empezó a utilizarse en el equipo de béisbol de la Universidad de Harvard en 1865. (Otra tipografía típicamente americana es la de los carteles en los que se buscaba a los forajidos vivos o muertos: se trata de la letra French Clarendon, una variante de las diversas tipografías creadas a partir de la Clarendon del tipógrafo inglés Robert Besley.)

En Francia, la revolución tipográfica llegó con Philippe Grandjean (1666-1714), grabador y tipógrafo, autor de la letra *romain du Roi* (1692, el rey era Luis XIV). Los tipógrafos dicen que esta letra fue un fruto verdadero de la Ilustración, porque se diseñaron en cuadrículas antes de ser talladas.

Por supuesto, en España también se pensó en una «letra real», así que a principios del Siglo de las Luces, y con el respaldo de Felipe V y Carlos III, se crea la Imprenta Real (1761), a imagen —claro— de la Imprimerie Royale de París. Los más críticos —Martín Sarmiento, Gregorio

Mayans o Juan de Santander— aludían a la mala calidad de los libros españoles, pero, en el fondo y mientras miraban de reojo a París, estaban proponiendo una letra nacional. Así fue como se crearon los «tipos reales», en los que se reúnen «la monumentalidad de la letra romana, la racionalidad de la letra redonda y la humanidad de la letra cursiva».[9] La tipografía formaba parte de un plan cultural, el plan ilustrado, y, desde luego, del plan político que acarreaba esa competencia por la inteligencia en la que participaron los países más avanzados de la Europa del siglo XVIII. «La edición de libros de botánica, diccionarios para la traducción, geografía política y física incorpora diagramas, tablas, índices y gráficos que, junto al grabado, contribuyeron decisivamente a la Ilustración en España y a la difusión de la cultura impresa en nuestra lengua.»

A principios del siglo XIX, dos nombres acabaron con los programas ilustrados de las tipografías nacionales: Giambattista Bodoni (1740-1813), que publicó desde 1788 su *Manuale tipografico*,[10] en el que utiliza el famoso discurso de Cicerón —«*Quosque tandem abutere, Catilina, patientia nostra*»— para proponer decenas de tipos en redondas, cursivas, mayúsculas, caracteres griegos y orientales, símbolos, números, etcétera; y el grabador y tipógrafo francés Firmin Didot (1764-1836), que fuera director de la Imprenta Imperial napoleónica: accedió a tal honor cuando publicó con una nueva fuente una traducción de Virgilio en 1798. «El tipo moderno de Firmin Didot se convierte en el tipo de Francia y en el estándar nacional para las publicaciones francesas.»[11] Bodoni y Didot, cuyo éxito consistía en la solidez y el contraste de los tipos, aprovecharon una herencia técnica importante: el nuevo papel tejido que en su momento inventó el citado Baskerville. Ambos son responsables de la renovación industrial de la tipografía, con lo que se abandona —al menos en parte— el carácter nacional que las letras tenían desde tanto tiempo atrás.

Sin embargo, la industrialización y las nuevas modalidades publicitarias suscitaron paradigmas nuevos de tipografía e identidad nacional. Entre los más avispados estuvo Frank Pick, responsable de la Underground Electric Railways Company of London, que encargó en 1913 al tipógrafo Edward Johnston la letra que se estuvo utilizando hasta los años ochenta en toda la cartelería del metro de Londres: una preciosa *sans-serif* que se ha remodelado recientemente con el nuevo tipo Johnston 100.

Las instituciones públicas han adoptado —para promocionar un país, una región o una ciudad— los métodos industriales y propagandísticos empresariales. Wallace Wally Olins, que trabajó para BT, Renault o Volkswagen y fue pionero en la idea de «nación como marca», creando las imágenes tipográficas de Londres, Polonia, Irlanda del Norte, el Patronato de Turismo de Portugal, etcétera, lo explicaba así: «Ahora todas las naciones tratan de promover su personalidad, su cultura, su historia y sus valores individuales con el fin de proyectar una imagen idealizada, pero inmediatamente identificable, de sí mismas con fines económicos y comerciales además de políticos. Estas presiones llevan a los países a adoptar técnicas de *branding* y *marketing* que con tanto éxito y desde hace tanto tiempo utilizan muchas empresas globales».[12] Lo más sorprendente es que la voluntad globalista de los países se funde con ese fuerte carácter identitario que se le reclama a la tipografía. Por ejemplo, el logotipo del Gobierno de los Países Bajos (una elegante letra personalizada que se hacía eco de la larga herencia tipográfica flamenca) se encargó a un estudio privado. Los alemanes llevaban intentando fijar una letra personalizada, pero cada poco se suscitaban enojosas variantes. Hace unos años se creó el tipo Bundes para toda la variedad de instituciones alemanas. En Viena hicieron otro tanto, igual que en Helsinki, y en Suecia, donde se creó una «identidad de Gobierno», basada en la tradición de la tipografía pública de calles y carreteras del país. Los ejemplos, sobre todo en Escandinavia, son muy numerosos. La agencia publicitaria que creó la imagen visual de Copenhague explicaba así la importancia de la identidad de diseño y tipografía: «Los diseños deben crearse de acuerdo con la región y el país. Lo contrario daría lugar a diseños internacionales neutros. Por eso tratamos de hacer diseño con un sentimiento danés».[13]

> Durante las últimas dos décadas, en buena parte de las marcas territoriales (países, comunidades, regiones, ayuntamientos...) la tipografía se ha convertido en una herramienta con una función identificadora con los elementos del patrimonio locales con el objetivo de proyectarse al exterior desde la diferencia. En un contexto globalizado en el que las influencias estéticas tienden a diluir la diversidad, en el que las empresas multinacionales y franquicias convierten los barrios y calles de las ciudades en intercambiables y equiparables a cualquier lugar del mundo, la apuesta por la tipografía singular basada en la tradición local y el patrimonio cultural es una estrategia dentro de la imagen corporativa para proyectarse hacia el exterior poniendo sobre la mesa la diferenciación con respecto a la competencia. La mirada hacia su patrimonio suele provocar además una mayor identificación emocional tanto del ciudadano local como del turista.[14]

No será necesario incidir en cómo las letras se asocian a una ciudad, a una región o un país, con la fortaleza de los hechizos y los conjuros de la antigüedad más remota.

En Irlanda y Escocia se utiliza el tipo gaélico, heredero de la caligrafía irlandesa medieval (insular), que a su vez tenía distintas modalidades. Se empleó hasta mediado el siglo XX, pero actualmente solo se usa en la publicidad tanto empresarial como institucional, como proyección de la identidad gaélica en todo lo relacionado con el turismo.

La Universidad de Salamanca encargó a Andreu Balius una imagen tipográfica corporativa (Universitas Studii Salamantini) basada en los «vítores» que orgullosamente los estudiantes hacían grabar en la piedra dorada de Villamayor, con el característico color granate o burdeos que algunos entusiastas de la tauromaquia llaman «sangre de toro».[15]

En Sevilla y otras ciudades andaluzas y extremeñas son característicos los tipos ornamentados de los azulejos que nombran las calles, cuyos orígenes parecen remontarse a la fábrica de loza La Cartuja de Sevilla-Pickman, de mediados del siglo XIX. En Madrid se encargaron los azulejos a la Escuela Oficial de Cerámica de la ciudad, y tienen una tipografía muy reconocible que recientemente se ha renovado en manos de Silvia Ferpal. En fin, también, con diversa fortuna y algunas confusiones, se han propuesto tipografías para Galicia o Sargadelos (de clara influencia celta), mientras que, por ejemplo, la Generalitat Valenciana ha elegido una tipografía neutra para la identidad corporativa sin ninguna relación con la tradición ceramista y tipográfica valenciana.

La letra más reconocible e identitaria es seguramente la tipografía vasca, que se utiliza en cartelería gubernamental y municipal, en los letreros de autoescuelas, de los bares, en los nombres de las calles, en las gasolineras, en los *souvenirs* más inocuos y en las pintas que llaman a la revolución. Aunque la letra vasca empezó a adquirir fuerza con el llamado renacimiento vasco (*Euzko Pizkundea*) a principios del siglo XX, lo cierto es que sus orígenes se remontan a las estelas funerarias y lápidas medievales del País Vasco francés y de Navarra. Si bien los ejemplos más difusos se encuentran en el siglo IX, los de los siglos XVII y XVIII ya dejan ver en su tipografía las características ligaduras y compresiones de la tipografía vasca. Muy identificable es la letra A, por su «corona» y por el trazo transversal que adquiere forma de V. La idea de que existía una tipografía radicalmente vasca (en realidad son muchas y variadas, aunque con ciertas similitudes) indujo a intentar formalizar, por ejemplo, una tipografía Bilbao (realizada por Alberto Corazón) que, curiosamente, suprimía los dos rasgos característicos de la A de los que hemos hablado. Además de esta letra Bilbao, hay una docena larga de tipografías vascas disponibles: Haritzaga, Etxeak, Gernika, Navarre, EuskaraOld, etcétera.[16]

Las letras forman parte, también, de las marcas comerciales más importantes del mundo y quienes están muy actualizados en estos asuntos aseguran que el éxito publicitario guarda mucha relación con la letra que se elija para los logotipos.

Entre 1850 y 1925, aproximadamente, en los cubículos empresariales anglosajones se solía utilizar una caligrafía tendida y muy elegante llamada Spencer o Spencerian, diseñada por Platt Rogers Spencer (1800-1864), maestro y profesor de economía y negocios en distintas instituciones académicas americanas. En 1848, cediendo a su pasión pendolista, publicó un trabajo en el que desarrollaba un sistema particular de escritura, propio para las damas y para los correos comerciales. Sus discípulos y amigos se remitieron al apellido del maestro para nombrar esta caligrafía: letra Spencer o Spencerian, un tipo de letra clara, amplia, ovalada, con algunas florituras —sencillas y elegantes— y rasgos ondulantes en las mayúsculas, a veces con volutas. Esta fue la letra que se utilizó para diseñar el logotipo de Coca-Cola; aunque los primeros anuncios se publicaron con una tipografía común y aburrida que negaba todo lo que anunciaba (*Delicious! Refreshing! Exhilarating! Invigorating!*), un empleado de la compañía llamado Frank Mason Robinson utilizó la letra Spencer para crear el logo, que se registró como marca finalmente en 1887. Por supuesto, tanto la disposición de las letras como los elementos integrantes del logo han sufrido algunas variaciones en estos ciento cincuenta años (hubo un tiempo en el que colgaban unos diamantes de las C, y en otros momentos se animaba con un *Drink* o un *Enjoy*). Aunque la manera popular estadounidense de referirse a este refresco es Coke (que tiene su propia tipografía), la Coca-Cola más identificable es la que se escribe con esa caligrafía Spencer por la que no parece pasar el tiempo.

En 1971 se le encomendó a la estudiante Carolyn Davidson que hiciera un logotipo para una marca de ropa y productos deportivos. El dueño, que había llamado a su empresa Blue Ribbon Sports cuando la fundó en los años sesenta con una fortuna mediana, estaba decidido a cambiar el rumbo de su marca. Para empezar, en un alarde de cultura grecolatina decidió renombrarla como la diosa griega de la Victoria: Νίκη (Niké). En Estados Unidos no están muy acostumbrados a la pronunciación griega y suelen decir /naɪki/ o /naɪk/. Davidson —dicen— pensó en una de las alas de la diosa Victoria, o también en un trazo (*swoosh*) que claramente denota movimiento y velocidad (la empresa vendía sobre todo tenis). Otros han visto el signo de aceptación, verificación y comprobación, o una versión estilizada de la v griega (la letra inicial de *niké*); de hecho, en los logos iniciales el nombre aparecía en letra minúscula, aunque antes de acabar los setenta ya se había empezado a utilizar una Futura Bold impresionante por encima el símbolo. Lo más interesante de este ejemplo es la solución final por la que optaron los publicistas a partir de 1995: sencillamente, ¡hicieron desaparecer el nombre de la marca!

Como conclusión de esta aventura de las letras... es un punto final casi amenazador: después de tanto ir y venir, después de intentar representar con trazos arbitrarios el sonido que emitían las gargantas de los cavernícolas, y después de convencer a todo el mundo de la necesidad de emplear unos trazos u otros, dependiendo de la parte del globo donde se encontraran, y después crear todo un arte —y una industria— de esos trazos extraños y convencionales, la solución es un simple ideograma que *contiene* el nombre de la marca y todo lo que ello implica. En el mismo sentido actuó el cantante Prince, que decidió eliminar su nombre y cambiarlo por un símbolo.

Teniendo en cuenta la proliferación de signos, símbolos, emoticonos, emojis y demás parafernalia en la comunicación actual (esencialmente emocional), podría pensarse en una *evolución* cercana a la *disolución* de la escritura. Porque si esos símbolos modernos (un corazón, unas manos aplaudiendo, una mujer bailando o una cara sonriente) han sustituido a las palabras, y son representaciones de ideas y conceptos complejos, ¿hacia dónde se encaminan la facultad del habla, la variedad de las lenguas y las representaciones escritas? Bueno, es obvio que a finales del siglo XX y principios del siglo XXI las lenguas escritas —a raíz del desarrollo de nuevos medios de comunicación— entraron en un proceso que *supuestamen-*

*te* intentaba perfeccionar algunas deficiencias emocionales típicas de la escritura común. En algunos manuales[17] el desconcierto es tan grande que los autores se limitan a recomendar «responsabilidad» en el uso de los nuevos elementos característicos de los medios digitales y a recordar el riesgo de la ambigüedad o la descontextualización, como si la lengua escrita común no hubiera corrido esos riesgos a lo largo de los últimos treinta siglos de historia. O como si no los corriera ahora. Y resulta un poco desolador que algunos de estos manuales se empeñen en recomendar, por ejemplo, que tras un emoji debe ir un punto o una coma, dependiendo de su función gramatical. Aunque pudiera parecerlo en un análisis apresurado, la mayoría de esos símbolos *no* sustituyen nombres, adjetivos, adverbios o verbos: son ideogramas complejos, como el de la cara sonriente con una lágrima, que podría significar «siento una emoción —alegría, ternura, melancolía, recuerdos, amor, gratitud, etc.— tan intensa que se me saltan las lágrimas». Todo lo que pueden hacer los filólogos en este momento de transformación radical de la comunicación es cumplir con su obligación y sentarse a anotar lo que está aconteciendo para poder explicarlo y razonarlo, y procurar no atorarse en manuales de estilo que se quedarán obsoletos pasado mañana.

# COLOFÓN

## Palabras, palabras, palabras

Al cerrar esta colección de apuntes sobre las teorías relativas a la adquisición del lenguaje, la multiplicidad de las lenguas y sus variopintas representaciones, uno tiene la impresión de que la facultad del lenguaje (con todas sus ramificaciones: las lenguas y los idiomas, las variantes y dialectos, las gramáticas, los signos y los símbolos, las escrituras, las grafías, las representaciones literarias, el arte gráfico, etcétera, etcétera) es un fenómeno irreprimible, en constante expansión, incapaz de limitarse o contenerse: desde que esta facultad se empezara a desarrollar en los primeros homínidos como consecuencia de una mutación, de un proceso evolutivo o —como quieren algunos— desde que se pusiera en marcha como una casualidad o un accidente, el mecanismo neuronal que facilita esta extraordinaria habilidad —el cerebro humano— no ha dejado de expandirse: hablando, comunicándose y expresándose sin límites. Más que una habilidad, parece una propensión natural, una necesidad irreprimible, una orden biológica... ¡un imperativo divino!

En fin: ¡nunca nos callamos! Y esta irrefrenable locuacidad humana conlleva la necesidad de inventar nuevas fórmulas (para decirlo todo y continuamente, para crear arte, para mentir, para convencer), la obligatoriedad de importar palabras inexistentes en nuestra lengua, la «contaminación» léxica, fonética o gramatical con otras lenguas colindantes o más poderosas, y la inevitabilidad de que nuestra lengua se pliegue a los cambios que lleva en su estructura interna...

La maldición de Babel parece consistir más en el desbarajuste de la comunicación que en la confusión de las lenguas: la desatada elocuencia humana acarrea de manera inapelable la evolución, la disolución, la erradicación y la transformación de las lenguas. Los castellanos y los portugueses llegaron a las costas americanas a principios del siglo XVI: en quinientos años probablemente borraron del mapa centenares de lenguas, igual que los franceses, los ingleses y los irlandeses acabaron con la gran mayoría de las lenguas nativas (y de los nativos) del norte americano y en otras partes del mundo por donde acertaron a pasar. (El idioma navajo de Utah, Arizona y Colorado lo hablan hoy unas ciento setenta mil personas, pero llegó a tener cuarenta variantes.) El inglés de Estados Unidos, el castellano de América del Sur o el portugués de Brasil ya no son las lenguas de los colonos y conquistadores, sino variantes esquivas de la lengua originaria, con léxico, fonética y —en ocasiones— morfosintaxis cada vez más diferenciados —a pesar de los ímprobos esfuerzos institucionales—; son variaciones nuevas que conviven con lenguas de larguísima tradición, como el náhuatl, el quechua o el aimara, junto a otras quinientas minoritarias y desde luego amenazadas. La evolución lingüística es una consecuencia del uso continuado de una lengua, en el que se producen los ajustes derivados del contexto social, económico y cultural, y de las influencias, herencias, contactos y sustratos y superestratos lingüísticos.

(A los académicos de la RAE y de las sucursales americanas no les ha quedado más remedio que ejercitar el ingenio para declarar que todas esas variantes transoceánicas componen una sola lengua, el español, y, al mismo tiempo, subrayar «la unidad en la diversidad», que es una buena manera de admitir que la maldición de Babel acabará cumpliéndose, como se cumplió con el latín. Los esfuerzos son denodados: se han compuesto libros incluso en los que se habla de «la unidad y la variedad, o la variedad dentro de la unidad, de la lengua española».[1] En realidad, no importa mucho cuántos libros se publiquen arengando en favor de la «unidad y defensa del español»; la *-d-* intervocálica postónica no asiste a las reuniones académicas y tiende a desaparecer, igual que la palatal /ʎ/ de la antigua *ll* desapareció del cuadro fonético español y en el siglo XVIII surgió en el Río de la Plata como un yeísmo rehilado característico que, en 'uruguayo', 'playa', o 'yo', suena como // o /d/ o, en la versión sorda, como /ʃ/, una especie de *sh* alargado.)

A esta verborrea irreprimible en constante transformación, a este torrente de palabrería, invenciones, adaptaciones, préstamos, mutaciones, mixtificaciones o reestructuraciones fonéticas, léxicas y gramaticales, hay que añadir la pasión por representar los sonidos con signos convencionales de mil formas y estructuras distintas.

Según los arqueólogos, en el siglo VIII AEC se comenzó a reunir en Nínive una «biblioteca» que, con Asurbanipal (669-627 AEC), llegó a tener veintidós mil tablillas de arcilla. (A esas alturas, era evidente que el cerebro humano tenía tanto una *facultad* como un *problema*.) La variante escrita de la lengua se había convertido en una graforrea desatada solo para alimentar los cerebros humanos: dicen que Cleopatra le regaló a Marco Antonio los doscientos mil volúmenes de la maravillosa Biblioteca de Pérgamo y algunos historiadores están convencidos de que la antigua Biblioteca de Alejandría albergaba setecientas mil obras. La actual está preparada para contener ocho millones. Las cifras de publicación de periódicos, revistas, folletos, catálogos y libros causan pavor. Algunas estadísticas dicen que se ponen en circulación unos dos millones de libros anuales en todo el mundo. Aquí y ahora no nos interesa si esos libros se leen; lo asombroso es que haya tantas personas con deseo de contar historias, elaborar teorías, imaginar fantasías y personajes, recopilar datos, hacer informes, rimar versos o contar cuentos infantiles... Pero eso no es todo: en la época de los blogs (en torno a 2010) se decía que había doscientas mil bitácoras..., es decir, miles y miles de personas escribiendo, escribiendo, escribiendo... Pero hay miles y millones de páginas y sitios web en las que esos seres bípedos y claramente grafomaniacos se dedican a escribir sin control. La red de *microblogging* Twitter tiene trescientos veinte millones de usuarios activos, es decir, que escriben y procesan información constantemente. Pero hay que pensar también en la cantidad de periódicos (solo el *Yomiuri Shimbun* de Japón pone en circulación todos los días alrededor de ocho millones de ejemplares), a los que hay que añadir los diarios digitales, verborreicos hasta la histeria, los millones de emisoras de radio, los podcasts, los discos, las grabaciones de todo tipo, las televisiones, las películas, las series, la publicidad... ¡Es evidente que al cerebro ya se le fue de las manos el asunto de la comunicación!

El lenguaje es un producto del cerebro, pero también «es la parte más accesible de la mente humana».[2] Mientras la telepatía no sea más que una divertida fantasía, solo el lenguaje (en sus diferentes modalidades, desde las lenguas a los símbolos, y desde los signos a la escritura) nos permite saber qué demonios se está cociendo en el cerebro de los demás. Y esa accesibilidad a la mente del otro es un proceso asombroso —y vertiginoso—, aunque prácticamente nadie se detiene a pensar en él; en fin, estamos tan acostumbrados que nos resulta consustancial a nuestra naturaleza y poco llamativo. Sin embargo, cuando pretendemos acercarnos al extraordinario sistema que rige la comunicación humana, sus procesos nos resultan tan inaccesibles que causan intriga, desconcierto y casi estupefacción.

Al hablar de la comunicación, del lenguaje o de los signos y símbolos que empleamos para expresarnos, ni siquiera basta con concentrarnos en el cerebro: toda la comunicación se expande por nuestro cuerpo. Desde los músculos bucofaríngeos a los ojos, las manos, el tórax, los dedos... Digamos que hay dos escuelas principales de neurolingüística:[3] la «localizacionista» (que entiende que las funciones del lenguaje se concentran en determinadas áreas del cerebro) y la «holística» o «conexionista» (que sugiere que el cerebro desarrolla áreas diversas para diversos objetivos dependiendo de las necesidades y no se limita a emplear áreas predeterminadas). Un ejemplo de esta maleabilidad cerebral es que algunos pacientes que tenían lesiones en las áreas de Broca y Wernicke aprendieron a hablar y comunicarse con cierta fluidez, empleando sin duda otras zonas del cerebro.[4] La conectividad de nuestras neuronas se calcula en quinientos billones, así que los cerebros tienen espacio para elaborar el lenguaje en muchas zonas. Un caso curioso de la «conectividad» cerebral queda plasmado en los procesos neurológicos que se emplean en la mecanografía: aunque el acto de pulsar una tecla no dura más de cien milisegundos, «cada pulsación activa la corteza motora primaria, el área motora suplementaria, los ganglios basales, el cerebelo».[5] Además participan, y de manera importantísima, las células nerviosas periféricas, las de los dedos y las manos, que también son capaces de aprender, y con la misma facilidad que las del cerebro. (Por eso, al mecanografiar, no somos conscientes de lo que hacen los dedos, a los que les bastan —digamos— instrucciones internas inconscientes). Curiosamente, los neurocientíficos que midieron la capacidad motora para pulsar una tecla no comentaron nada de las áreas lingüísticas que están en el fundamento de esa acción: lo primero que prepara el cerebro cuando alguien se pone frente a un teclado es su «maquinaria lingüística»: las letras, las palabras, la organización gramatical, la sintaxis, la morfología... De la misma manera que la «maquinaria lingüística» del cerebro organizó los músculos y los nervios de Marilyn Monroe para que pudiera contestar las preguntas de los periodistas, así organiza el sistema nervioso periférico para que pulsemos las teclas de la computadora, para que recorramos con los complejos músculos oculares las líneas de una novela de Dickens, para que hagamos los gestos necesarios cuando empleamos una lengua de signos o para que hagamos un punto con el bolígrafo encima de la *ı* para que nos quede una *i* bien hermosa...

Pero este proceso —con ser asombroso— es solo mecánico: el meollo de la cuestión no está en cómo logramos hablar o escribir (los procedimientos), sino en cómo hemos conseguido generar todo un mundo simbólico que describe el lugar que habitamos y los mundos imaginarios que inventamos.

En realidad y a la hora de la verdad, por muy relevante que sea la investigación antropológica para la historia del conocimiento y el progreso humano, la conclusión que prefiero extraer de estos apuntes no depende mucho de la teoría que escojamos para explicar la adquisición del lenguaje: las hipótesis (el lenguaje es un órgano, o un instinto, o el resultado de un aprendizaje, el resultado de una cultura, o una *plantilla* llamada Gramática Universal, o una fórmula mixta, etcétera) son hipótesis porque no se han podido demostrar o las demostraciones están aún en fase de comprobación en los laboratorios. Casi todos los fenómenos lingüísticos posteriores a la adquisición del lenguaje se conocen y se han descrito científicamente, pero la red de sinapsis y sistemas operativos que han de ponerse en funcionamiento para la realización lingüística (músculos, aprendizaje, memoria, ¿instinto?, modelos gramaticales, oído, representación, abstracción, emoción, etcétera) es tan compleja que los especialistas han llegado a la conclusión de que el lenguaje ocupa amplias zonas que guardan relación con todos esos recursos: desde la memoria a la emotividad y desde las asunciones culturales a la psicomotricidad.[6]

Una de las claves del lenguaje, en la que los científicos y especialistas siempre hacen hincapié, es su utilidad: el lenguaje sirve para comunicarnos. Pero comunicarnos no significa solo que tengamos la posibilidad de hablar o expresarnos. Significa, sobre todo, que hay alguien que puede escucharnos y entendernos. Así, por la comunicación —transferencia de datos, lo llamaría un informático— los seres humanos crearon una red de información de tales dimensiones que la llamada World Wide Web (www) solo puede considerarse una pobre imitación. Para que una computadora realice la más simple de las funciones, hay que atiborrarla de informaciones precisas y, con frecuencia, se equivocará. Para que un niño de tres o cuatro años sepa que la sucesión de sonidos aleatorios y arbitrarios /g/+/a/+/t/+/o/ se refiere al animal peludo y displicente que ronronea en el sofá de la abuela solo hace falta que la escuche unas cuantas veces, sin importar acentos o variantes. Puede saber incluso, aun teniendo pocos años, que los estrafalarios sonidos /gato/ y /kæt/ pueden designar al mismo animal, aunque en modelos (lenguas) diferentes. Es ese proceso lo verdaderamente asombroso, lo que hemos denominado «milagros» de las lenguas, y no porque se deba entender como un hecho sobrenatural, sino porque es digno de asombro y maravilla: que una sucesión de sonidos arbitrarios y convencionales se configuren en sistemas gramaticales arbitrarios y convencionales y que estos sistemas a su vez se configuren en otros sistemas de signos (tan arbitrarios y convencionales como todos los anteriores) y que de la transferencia de datos de esos sistemas complejos y representativos el receptor obtenga una información bastante ajustada de lo que el emisor de datos está comunicando..., bueno, uno diría que es algo parecido a un milagro. Y que este proceso se haya dado de mil modos distintos, pero igual de efectivos, a lo largo de miles (tal vez millones) de años de historia, en fin, no deja de ser asombroso.

El universo de la comunicación humana —nuestra verborrea incontenible y nuestra grafomanía imparable— es representativo y simbólico. Ni una sola de las palabras que aparecen en este libro guarda ninguna relación en absoluto con el objeto que designa. Son arbitrarias y caprichosas: garabatos cuyo significado depende de un acuerdo al que hemos llegado (implícitamente) unos quinientos millones de personas, en la actualidad, y muchísimos más a lo largo de la historia.

Entonces, sí: no es una exageración sugerir que nuestro mundo es representativo, simbólico, figurativo. El calendario de nuestro escritorio, el teclado de la computadora, la señal de tráfico, lo que dice el presentador de las noticias, lo que leemos en el celular, lo que canta John Lennon en la radio, lo que escribió Jane Austen en inglés y lo que leemos nosotros en una edición española, el saludo del portero y la arenga del político, el periódico de la mañana, los versos de don Juan Tenorio en el teatro, ¿qué son, sino la *representación* de nuestro mundo? ¿En qué se resuelve toda esa palabrería sino en una narración que podemos entender? Nuestro mundo se configura como una narración y así es como adquirimos el conocimiento. Describimos el mundo narrándolo, nombrándolo, conformando historias (del 1 al 30 es junio; Roma es la capital de Italia), y nuestras palabras ordenan el mundo, lo clasifican, lo categorizan y lo disponen en una narración o en un relato. Nuestra vida, nuestro pequeño mundo es el *relato* de lo que se ha narrado durante siglos y de lo que se nos narra desde la cuna a la tumba. Un bonito cuento lleno de palabras, palabras, palabras..., como decía Hamlet, y más palabras.

Así es como entendemos el mundo.

«El hombre puso nombre a todos los animales.»[7]

# NOTAS

## I
## Alaridos gramaticales

### 1. El misterioso caso del origen del lenguaje

1. Morten H. Christiansen, Simon Kirby, Christine Kenneally, Philip Lieberman o Steven Pinker son de esta opinión. Noam Chomsky y Stephen Jay Gould, aunque hicieron alguna sugerencia al respecto, consideraban en general que el asunto del origen del lenguaje quedaba más cerca de la biología que de la lingüística. Kenneally hace un espléndido resumen del *statu quo* científico en *La primera palabra*, Alianza, 2009, introducción y pp. 41-113.
2. Noam Chomsky, *Language and Mind*, Harcourt, 1968, 1972, Cambridge University Press, 2006, *El lenguaje y el entendimiento*, Seix-Barral, 1977.
3. Steven Pinker y Paul Bloom, «Natural Language and Natural Selection», en *Semantics Scholar* (Massachusetts Institute of Technology), se publicó en *Behavioural and Brain Sciences*. Entiéndase que el lenguaje puede ser una facultad humana, pero la lengua es una institución convencional.
4. Kenneally, *La primera...*, *op. cit.*, p. 85.
5. Ídem, p. 91.
6. Derek Bickerton, *Language and Human Behavior*, University of Washington Press, 2017; Jared Diamond, *The Rise and Fall of the Third Chimpanze*, Vintage, 2002; Steven Pinker: *The Language Instict: How the Mind Creates Language*, Harper

Collins, 1995. David Christian y Cynthia Stokes Brown resumen sus teorías en *La gran historia de todo*, Crítica, 2019, p. 208 y ss., y *Gran Historia*, Alba, 2008, p. 119 y ss.

7. Stokes Brown (*op. cit.*) remite aquí a Diamond (*op. cit.*).
8. La expresión es de André Martinet, *Elementos de lingüística general*, Gredos, 1965, pero pueden aceptarse también otras parecidas o más precisas, como la interesantísima de Eugenio Coseriu, que no pasa por alto, entre otros muchos aspectos relevantes, uno principalísimo: la consideración del lenguaje como «técnica [del hablar] condicionada históricamente», en *El hombre y su lenguaje*, Gredos, 1977.

## 2. Bow-wow, Pooh-pooh y Yo-he-ho

1. Müller, F. M., «The theoretical stage, and the origin of language». Lecture 9, Lectures on the Science of Language [1861], ed. R. Harris, *The Origin of Language*, Thoemmes Press, 1996, pp. 7-41.
2. Frederic William Farrar, *An Essay on the Origin of Language, Based on Modern Researches*, Murray, 1860, p. 74.
3. No es extraño que la paternidad de esta teoría se atribuya a Condillac, uno de los grandes representantes del sensismo del siglo XVIII. Cfr. *Essai sur l'origine des connaissances* (1746) y sobre todo su *Traité des sensations* (1754).
4. John Horne Tooke, *The Diversions of Purley*, 1798 [Tegg, 1840], p. 32.
5. Müller, *op. cit.*, p. 32. El autor propone numerosos ejemplos para ilustrar su teoría en las páginas siguientes.
6. Alexander Murray, *History of the European Languages* (2 vols.), Archibald, 1823. Contra Murray y otros especialistas arremetió Paul Regnaud a principios del siglo XX, llamándolos «extravagantes» en sus *Principios generales de lingüística indoeuropea*, Consello da Cultura Galega, 2005, p. 32.
7. Murray, *op. cit.*, I, p. 31.

## 3. Jane Austen, Chomsky y un marciano filólogo

1. Sobre Charles Hockett y los universales lingüísticos, véase Sverker Johansson, *En busca del origen del lenguaje*, Ariel, 2021, sobre todo, pp. 46-50.

2. El determinismo lingüístico, ampliamente tratado en John Leavitt, *Linguistic Relativities. Language Diversity and Modern Thought*, Cambridge University Press, 2011, la cita, en p. 93. Resumido en Steven Pinker, *El instinto del lenguaje*, Alianza, [1995] 2019, p. 55 y ss.
3. Pinker, *op. cit.*, p. 68.
4. Todas las citas en II, ix, en Espasa/Austral, 2012, p. 169 y ss.
5. Luis Magrinyà me recordó que esta significativa frase era esencial para entender *Juicio y sentimiento*. Está en xxvii, p. 211, Alba, 2006.
6. Noam Chomsky, *Estructuras sintácticas*, Siglo Veintiuno Ed., 1974; *Reflexiones sobre el lenguaje*, Ariel, 1979; *El lenguaje y el entendimiento*, Seix-Barral, 1977; *El lenguaje y los problemas del conocimiento*, Visor, 1988. Y también, eds. Norbert Hornstein, Howard Lasnik, Pritty Patel-Grosz, Charles Yang, *Syntactic Structures after 60 Years: The Impact of the Chomskyan Revolution*, De Gruyter, [1957] 2018.
7. Pinker, *op. cit.*, p. 20.
8. Francisco Abad, *Nueve conceptos fundamentales para los estudios filológicos*, UNED, 1992, pp. 11-12.
9. Pinker, *op. cit.*, p. 256.
10. Traducido de Noam Chomsky, *Language and Politics*, AK Press, 1988, 2004, p. 782.
11. Pinker, *op. cit.*, p. 258.
12. En Jiří Černý, *Historia de la lingüística*, I, Universidad Andrés Bello, 1979, p. 107.
13. La *Gramática* de Port-Royal se puede leer en varios lugares de internet: en Gallica (de la BNF) hay un facsímil de Prault, 1754, y en Archive.org, la versión de Bossange, 1810.
14. *Grammaire*, II, i.
15. Otto Jespersen, *The Philosophy of Grammar*, Routledge, [1924] 2007, p. 46 y ss.

## 4. ¿UN *BIG BANG* LINGÜÍSTICO?

1. Son frecuentísimas las noticias en prensa que confirman las relaciones y los frutos de las relaciones de distintas especies de homínidos. El biólogo sueco Svante Pääbo, por ejemplo, secuenció el genoma de los restos de una niña hallados en los montes Altái, en Siberia, y demostró que era hija de

madre neandertal y padre *sapiens*, *El País*, 25 de enero de 2019.

2. Traducido de Charles Darwin, *On the Origin of Species*, Oxford World's Classics, [1996] 2008, p. 356. Este párrafo de las conclusiones se mantuvo en las dos primeras ediciones, pero luego se sustituyó por un sencillo «Todos los animales descienden de un solo creador», como aparece en la versión española de Espasa, trad. A. de Zulueta, [1988] 2008.
3. Cfr. Ángel Alonso-Cortés, *Lingüística*, Cátedra, 2015, p. 666.
4. Steven Pinker, *El instinto del lenguaje*, Alianza, 1995 [2019], p. 379.
5. Ídem, p. 382.
6. Ídem, p. 383.
7. Ídem.
8. Cfr. «¿Para qué pintaban los primeros humanos?», *El País*, 22 de diciembre de 2019.

## 5. ¿Por qué brillan las estrellas?

1. Gaston Dorren, *Babel*, Turner, 2019, p. 45.
2. Ferdinand de Saussure, *Curso de lingüística general*, Akal, 1980. También en otras editoriales, como Losada y Alianza.
3. *Curso*, *op. cit.*, pp. 104-105.
4. Dorren, *Babel*, *op. cit.*, p. 47.
5. «The coinage and meaning of the term 'ideophone'», disponible en: <https://tshwanedje.com/publications/Zulu-Ideo.pdf>, p. 34 y ss.
6. Platón, *Crátilo*, 426c; utilizo la traducción de Óscar Martínez García (*Apología de Sócrates, Menón, Crátilo*) en Alianza, 2004 [2018], p. 227 y ss. El *Crátilo* también se conoce como *Del lenguaje* y, entre sus muchas curiosidades, también se ocupa de este simbolismo fonético. Como suele suceder en el mundo antiguo y medieval, los análisis etimológicos son bastante *imaginativos*.
7. Dorren, *Babel*, *op. cit.*, p. 62.

## 6. Una lengua sin números ni colores

1. Gén, 2, 19. Esta curiosa decisión se especifica en el «Segundo relato de la creación». Quizá convenga recordar que la Biblia incluye *dos* relatos de la creación que difieren en bastantes aspectos.
2. Estamos tan acostumbrados a la expresión de Juan Evangelista, «En el principio fue el Verbo», que apenas si nos detenemos a reflexionar en su significado. Algunas versiones bíblicas dicen más claramente: «Al principio ya existía la Palabra, / y la Palabra estaba junto a Dios, / y la Palabra era Dios» (Jn, 1, 1). En griego era «Ἐν ἀρχῇ ἦν ὁ Λόγος, καὶ ὁ Λόγος ἦν πρὸς τὸν Θεόν, καὶ Θεὸς ἦν ὁ Λόγος», y en la Vulgata latina «In principio erat Verbum et Verbum erat apud Deum et Deus erat Verbum», donde el *logos* griego (Λόγος, palabra, conocimiento, discurso, sabiduría, inteligencia) se tradujo como *verbum*, concentrando la polisemia griega en el concretísimo *verbo* latino. Es fácil identificar el *logos* no solo con la sabiduría divina, sino con la palabra escrita de los judíos. San Irineo, por su parte, decía que san Juan había intentado refutar, con ese principio evangélico, ciertas teorías gnósticas de la época, que desvinculaban la Creación de la existencia de Dios. Al parecer, según san Irineo, Juan quiso dejar claro que la Creación fue obra de la voluntad y la *palabra* de Dios: «Dijo Dios: hágase la luz» (Gén, 1, 3).
3. Los textos más importantes de Daniel Everett son *How Language Began: The Story of Humanity's Greatest Invention*, Norton, 2017; *Dark Matter of the Mind: The Culturally Articulated Unconscious*, University of Chicago Press, 2016; *Language: The Cultural Tool*, Pantheon Books, 2012, y *Don't Sleep, There are Snakes: Life and Language in the Amazonian Jungle*, Pantheon Books, 2008, del que hay traducción española en Turner (2014): *No duermas, hay serpientes. Vida y lenguaje en la Amazonia.*
4. Everett, *How Language*, *op. cit.*, s. p.
5. Ídem.
6. Everett, *Language: The Cultural Tool*, *op. cit.*, (pref.).
7. Ídem, p. 6.
8. Ernst H. Gombrich, *Breve historia de la cultura*, Península, 2004, p. 77.

9. «Los pirahãs emplearán el presente simple, el pasado simple y el futuro simple, pues todos ellos se refieren al momento en que se habla, pero no usarán los llamados tiempos perfectos, y tampoco las oraciones que permitan formular una afirmación»; Everett, *No duermas...*, p. 165. El autor dedica la segunda parte de este libro a comentar las características de la lengua pirahã y, de paso, a desmontar los principales postulados de Chomsky y Pinker.
10. Everett, *Language*, p. 8.
11. Everett, *No duermas...*, p. 310.
12. Ídem, p. 308.
13. Ídem, p. 309.

## 7. El enigma número 6

1. Para los estudios de la electricidad en la fisiología, y cómo influyeron en el grupo de Villa Diodati, véase Mary Shelley, *Frankenstein*, Ariel, 2017, y la edición completísima de Charles E. Robinson en Espasa, 2009.
2. Traducción en Emil du Bois-Reymond, «The Limits of Our Knowledge of Nature», *Popular Science Monthly*, vol. 5, mayo de 1874, disponible en: <https://es.wikisource.org>.
3. Utilizo la lista que resume Marcus du Sautoy, *Lo que no podemos saber. Exploraciones en la frontera del conocimiento*, Acantilado, 2018, p. 482.
4. Ídem, p. 387.
5. La terminología es del paleontólogo Arthur Keith. Las opiniones de Holloway y Tobías están en la recopilación de entrevistas y programas de *Redes* (RTVE) que publicó Aguilar, 2006.
6. Ídem.
7. En el prólogo o prefacio. Ludwig Wittgenstein, *Tractatus logicus-philosophicus*, Alianza, [2003] 2019. Añade esta edición un completo análisis introductorio y el prólogo al *Tractatus* que en su momento hizo Bertrand Russell.
8. Hay algunas leves diferencias entre las distintas traducciones. He preferido copiar aquí la versión disponible en: <https://es.wikisource.org/>.
9. Auguste Comte, *Cours de philosophie positive: La philosophie astronomique et la philosophie de la physique*, vol. II, Bachelier, 1835, p. 8.

## 8. El gen FoxP2 y otras hipótesis sobre el nacimiento del lenguaje

1. Véase el muy esclarecedor trabajo de Ignacio Martínez Mendizábal y Juan Luis Arsuaga Ferreras: «El origen del lenguaje: la evidencia paleontológica», *Munibe Antropologia-Arkeologia*, 60, 2009, pp. 5-16, con abundante bibliografía de carácter anatómico y fisiológico especializado.
2. Peter Watson, *Ideas. Historia intelectual de la humanidad*, Crítica, 2006, p. 75 y ss.
3. Svante Pääbo, *Neanderthal Man: In Search of Lost Genomes*, Hachette, 2014, posfacio.
4. Watson, *Ideas*, *op. cit.*, p. 75.
5. Watson, *Ideas*, *op. cit.*, p. 76.

## 9. El amante loco que escribió un poema didáctico

1. En la BAC solo tenemos Eusebio de Cesarea, *Historia eclesiástica*, 2010; el texto del *Chronicon* en inglés puede consultarse en attalus.org y en *Eusebius' Chronicon*, NABC, 2016.
2. La traducción es de Stephen Greenblat, en Lucrecio, *De rerum natura / De la naturaleza*, Acantilado, 2012, p. 7. Los textos de Lucrecio también son de esta edición preparada por Eduard Valentí Fiol.
3. Zaborowski, *Origen del lenguaje*, Rivas, 1884, p. 6.
4. *De rerum natura*, *op. cit.*, v, vv. 1028 y ss.

## 10. Rousseau y el lenguaje del amor

1. Así comienza el «Essai sur l'origine des langues», de Jean-Jacques Rousseau, en *Collection complète des œuvres*, Genève, 1780-1789, vol. 8, in-4.º, edición disponible en línea: <www.rousseauonline>.
2. Traduzco de *op. cit.*, I. En adelante, con algunas precisiones, utilizo la traducción de María Teresa Poyrazian en J. J. Rousseau, *Ensayo sobre el origen de las lenguas*, EUNC, Encuentro, 2008.
3. Vicente Muñiz Rodríguez, *Introducción a la filosofía del lenguaje*, II, Antropos, 1989, p. 91.

4. Ídem, p. 92 y ss. Remite a John Locke, *Ensayo sobre el entendimiento humano*. Hay trad. en FCE, 2005, y compendios y selecciones en otras editoriales.
5. Una de esas interpolaciones la dedica al *problema* de la escritura. Es un problema porque, como hemos visto, la ruta que va de la expresión oral a la representación escrita no tiene por qué ser ni *natural* ni *lógica*. La escritura como representación, la escritura como convención léxica y sintáctica, y la escritura como convención aproximadamente fónetica: Rousseau establece estos tres modelos como históricos y consecutivos aunque, de nuevo, como no puede ser de otro modo, es solo una especulación.
6. Ídem, cap. IX.
7. Ídem.
8. Ídem, cap. X.
9. Ídem, cap. XII.

## 11. Cómo aprenden a hablar los monstruos

1. Lo cuenta Mary Shelley en la introducción a la edición de *Frankenstein* de 1831. Puede leerse en el apéndice C de la edición de Charles E. Robinson en Espasa, 2009 (p. 384 y ss.), junto a otros documentos y la doble versión (original y corregida) de la obra de Mary Shelley.
2. Ídem.
3. Véase la introducción en la edición de Austral, [2014] 2019.
4. Ídem, II, i.
5. Ídem, II, iii.
6. Ídem, II, iv.

## 12. La cabeza parlante

1. II, LXII. Utilizo la edición del Instituto Cervantes / Crítica dirigida por Francisco Rico, 1998, junto con las notas y advertencias del volumen complementario.
2. Cfr. Claus Priesner y Karin Figala (eds.), *Alquimia*, Herder, 2001.
3. Benito Jerónimo Feijoo, *Teatro crítico universal*; III, II, 6.
4. Balbino Lozano, «La cabeza encantada de Tábara», en *La Opinión-El Correo de Zamora*, 15 de febrero de 2016.

5. Thomas L. Hankins y Robert J. Silverman, *Instruments and the Imagination*, Princeton University Press, 2014, p. 178; eds. Sonia Bueno y Marta Peirano, *El rival de Prometeo*, Impedimenta, 2009.
6. Euler, *De sono*, cap. II, § 23, disponible en: <http://www.17centurymaths.com>.
7. *Mechanismus der menschlichen Sprache nebst Beschreibung einer sprechenden Maschine*.
8. De Klemperer, *Le méchanisme de la parole, suivi de la description d'une machine parlante*, B. Bauer, 1791; publicado en Viena.
9. Ídem, p. 459 y ss.
10. Hankins y Silverman, *Instruments...*, *op. cit.*, p. 183, n. 157.
11. Puede escucharse la voz de Pedro, el vocoder, «The Voder-Homer Dudley (Bell Labs) 1939», disponible en: <https://www.youtube.com>.

## II
## La maldición de Babel

### 1. Babel

1. Sigo aquí, en parte, la magnífica descripción del clásico divulgativo de C. W. Ceram, *Dioses, tumbas y sabios*, Destino, 1953 [1993], p. 281 y ss. Cfr. Eric H. Cline, *Tres piedras hacen una pared. Historias de la arqueología*, Crítica, 2017. Otro clásico de esta disciplina: Glyn Daniel, *Historia de la arqueología*, Alianza, [1974] 1986.
2. Heródoto, *Historias / Los nueve libros de Historia* pueden leerse en distintas traducciones: es antigua la de B. Pou (en distintas editoriales y pública en Wikisource); también en Cátedra (M. Balasch, 2006) y Gredos (C. Schrader, 1977-1988), entre otras.
3. Es traducción de la versión francesa: Diodoro de Sicilia, *Histoire universelle* (F. Hoeffer), II, ix. Hay traducción española en Gredos (*Biblioteca histórica*, 6 vols., 2001-2014).
4. Herder, 1976.
5. Traduzco de Flavius Josephus, *The Works of Flavius Josephus*. Trad. por William Whiston y John E. Beardsley, 1895; I, 115.

6. De los *Oráculos sibilinos*, III, 97-105, recogidos en el libro II de «Los tres libros a Autólico», de Teófilo de Antioquía: *Padres apostólicos y apologistas griegos* (s. II), ed. Daniel Ruiz Bueno, BAC, 2009, pp. 1467-1468.
7. Traduzco de *The Book of Jubilees, or The Little Genesis* (trad. R. H. Charles), Wellesley College, 1855-1931, p. 10 y 20.
8. Véase aquí Umberto Eco, *La búsqueda de la lengua perfecta*, Crítica, [1994] 2017, pp. 20-21.
9. Ídem.

## 2. San Isidoro

1. En el texto que se sigue aquí, el profesor Manuel C. Díaz y Díaz ofrece un detalladísimo estudio crítico sobre la vida y las circunstancias sociopolíticas y religiosas de Isidoro de Sevilla, con abundante bibliografía. San Isidoro de Sevilla, *Etimologías*, BAC, 2004.
2. Ídem, en la introducción, III, p. 163 y ss.
3. L. D. Reynolds y N. G. Wilson, *Copistas y filólogos. Las vías de transmisión de las literaturas griega y latina*, Gredos, 2013, p. 104.
4. En *op. cit.*, p. 731 y ss.
5. En *Los Diez Mandamientos* (1956), de Cecil B. DeMille.
6. Sobre la interminable y aburridísima polémica sobre lenguas/dialectos en su vertiente sociopolítica, tal vez resulte recomendable meditar la definición de Manuel Alvar en *Nueva Revista de Filología Hispánica*, 15 (1/2), 1961, pp. 51-60, donde se puede leer: «Lengua es [...] el sistema lingüístico del que se vale una comunidad hablante y que se caracteriza por estar fuertemente diferenciado, por poseer un alto grado de nivelación, por ser vehículo de una importante tradición literaria y, en ocasiones, por haberse impuesto a sistemas lingüísticos de su mismo origen». En todo caso, a la luz de la historia de las lenguas, resulta difícil establecer los límites cronológicos, formales, gramaticales e incluso políticos y culturales que, supuestamente, distinguen un dialecto de una lengua. André Martinet decía que, cuando los europeos hablan de dialectos, generalmente están haciendo juicios de valor.

## 3. Las primeras lenguas según Pedro Mexía

1. En el prólogo de Isaías Lerner (pp. 23-24) a Pedro Mexía, *Silva de varia lección*, Castalia, 2003.
2. Ídem, I, xxv; p. 175 y ss.
3. Gén, 11, 1.
4. *Memorabilium omnis aetatis et omnium gentium chronici commentarii* (1516), de un Johannes [Vergen o Bergen] Nauclero, profesor en Tubinga.
5. *Historia*, II, ii.

## 4. Las lenguas perfectas y el padre Feijoo

1. Sobre el tópico de Nebrija, véase sobre todo «La lengua, compañera del imperio», de Eugenio Asensio, en *Revista de Filología Española*, XLIII, n. 3/4, 1960, p. 399 y ss. El error común es pensar que Nebrija estaba diciendo que el castellano fue compañero del Imperio español. Pero no: Nebrija estaba tratando un asunto filológico común, examinado ya por Valla y otros: ¿las lenguas adquieren importancia de acuerdo con el poder (imperio) de las naciones que las hablan? Lorenzo Valla decía que no (el Imperio romano se había hundido y, sin embargo, el latín seguía teniendo su predicamento). Nebrija, en cambio, sostiene que el poder sí tiene una gran influencia en el devenir y el éxito de las lenguas.
2. Benito Jerónimo Feijoo, *Teatro crítico universal*, I, discurso XV. Hay escasísimas ediciones disponibles; la de Espasa-Calpe (3 vols.) es de 1951. La obra completa del benedictino puede consultarse en filosofia.org, aunque sin notas ni comentarios, en su Biblioteca Feijoniana. También hay varios compendios de carácter escolar, muy incompletos.
3. Sobre estas «aspiraciones estilísticas», véase Luis Magrinyà, *Estilo rico, estilo pobre*, Debate, 2015, pp. 28 y 29. Sobre la afectación de «floripondios y fanfarrias», en el prólogo de José Antonio Pascual, p. 11 y ss. Y, en este punto, dice Feijoo: «En los Españoles, picados de cultura, dio en reinar de algún tiempo a esta parte una afectación pueril de tropos retóricos, por la mayor parte vulgares, una multiplicación de epítetos sinónimos, una colocación violenta de voces

pomposas, que hacen el estilo, no gloriosamente majestuoso, sí asquerosamente entumecido».

## 5. Taxonomía lingüística

1. En Estados Unidos se publicó el trabajo de Holger Pedersen con el título *Linguistic Science in the Nineteenth Century: Methods and Results*, Harvard University Press, 1931; era una traducción del libro original publicado en danés en 1924 (*Sprogvidenskaben i det Nittende Aarhundrede. Metoder og Resultater*). Se han publicado reimpresiones y reediciones con otros títulos, como *The Discovery of Language: Linguistic Science in the Nineteenth Century*, Indiana University Press, 1959/1962; y recientemente, en 2017, también lo publicó Forgotten Books, Londres, 2017.
2. Merritt Ruhlen, *On the Origin of Languages: Studies in Linguistic Taxonomy*, Stanford University Press, 1994, pp. 1-2.
3. Lyle Campbell y William J. Poser, *Language Classification: History and Method*, Cambridge University Press, 2008, p. 393.
4. Pierre J. Bancel y Alain Matthey, «Brave New Words», en Claire Lefebvre y Bernard Comrie (eds.), *New Perspectives on the Origins of Language*, John Benjamins, 2013, p. 333 y ss.
5. Sigo aquí el esquema propuesto por Murray Gell-Mann y Merritt Ruhlen, «The Origin and Evolution of Word Order», en researchgate.net, agosto de 2011. El esquema está basado, entre otras investigaciones antropológicas y arqueológicas, en la evolución del orden de las palabras en la formulación gramatical de las lenguas (sujeto-verbo-objeto; SVO). En las lenguas ancestrales, dicen estos filólogos, el orden común era SOV, aunque diferentes *difusiones* y excepciones han podido dar lugar a fórmulas distintas, como los extrañísimos OVS y OSV.
6. Una visión amena y didáctica del uso del suajili como *lingua franca* puede leerse en el citado Gaston Dorren, *Babel*, Turner, 2019, p. 165 y ss.

## 6. Los hijos de Sem y la lengua de Jesús de Nazaret

1. Esta opinión no es en absoluto general; los manuscritos de Qumrán han aportado mucha información sobre la lengua de los primeros siglos del cristianismo y están escritos en hebreo y arameo, lo cual ha permitido cotejos más precisos. Un buen resumen del estado de la cuestión, en «Which language did Jesus speak? – some remarks of a Semitist», de James Barr, *Bulletin of the John Rylands Library*, 1970, 53(1), pp. 9-29.
2. George Aichele, *Jesus Framed*, Routledge, 1996, p. 57 y ss. Douglas Hamp, *Discovery the Language of Jesus: Hebrew or Aramaic?*, CCP, 2005, intenta demostrar que Jesús hablaba únicamente la lengua hebrea de Palestina.

## 7. La excelente lengua de los árabes

1. Rafael Lapesa, *Historia de la lengua española*, Gredos, [1942], 9.ª ed. corr. y aum., 1984, p. 129 y ss.
2. Se trata de José Antonio Conde (1766-1820), bibliotecario, filólogo, académico y arabista, entre otros mil oficios de extrema dificultad, traductor de la obra de Xerif Aledris (Al-Idrisi o El Edrisi, del siglo XII), *Descripción de España*, Imprenta Real, 1799; la cita, en el prólogo (p. iii). El texto cuenta con abundante anotación y un glosario toponímico asombroso.
3. Ídem; pág. 133, con bibliografía en nota. Se cuentan alrededor de mil topónimos de filiación árabe segura, más otros quinientos probables. El vocabulario que se desgrana a continuación se describe, en su mayor parte, en el texto del maestro Lapesa. Y en la *Historia de la lengua española* coordinada por Rafael Cano, *op. cit.*, Federico Corriente Córdoba estudia concienzudamente el «elemento árabe» y los arabismos en los romances peninsulares.
4. Juan Gil (dir.), *300 historias de palabras*, Espasa, 2015. El lector no tendrá ninguna dificultad a la hora de encontrar numerosísimos libros de etimologías curiosas. En todo caso, la referencia recomendable en este punto es Joan Corominas, *Diccionario crítico etimológico castellano e hispánico*, Gredos, [1954-1957] 1984-1991. Hay una versión abrevia-

da: *Breve diccionario etimológico de la lengua castellana*, Gredos, 1961.

5. *Geografía*, XI, 3, en Gredos, 2001. Se puede consultar también en internet la edición bilingüe griego-francés *Géographie d'Estrabon*, Hachette, 1873.

## 8. Indoeuropeos

1. Una visión general de la evolución de las lenguas europeas, en Francisco Rodríguez Adrados, *Lingüística indoeuropea*, Gredos, e *Historia de las lenguas de Europa*, Gredos, 2019.
2. Ídem, p. 16.

## 9. Shangri-La y otras extravagancias lingüísticas

1. James Hilton, *Lost Horizons*, Pocket, 1939, p. 125.
2. Johanna Nichols, *Linguistic Diversity in Space and Time*, University Chicago Press, 2018. Los lectores curiosos pueden acudir al World Atlas of Linguistic Structures (Atlas Mundial de Estructuras Lingüísticas, *www.wals.info*), donde se clasifican casi dos mil setecientas lenguas y se describen sus características, desde las familias a las que pertenece cada idioma a las áreas en las que se habla, desde la fonología a la organización gramatical, entre otros muchos aspectos.
3. Ídem, cap. 1.
4. Tyler Schnoebelen, «The weirdest languages», puede leerse: <https://corplinguistics.wordpress.com/2013/06/21/the-weirdest-languages/>.
5. Ídem.
6. No es raro que las lenguas tengan multiplicidad de géneros gramaticales. A los habituales masculino, femenino y neutro, se pueden incorporar otros rasgos como animado/inanimado, pequeño/grande, masculino singular/masculino plural, colectivo/individual, etcétera. Además, las tradicionales fórmulas de los géneros común, ambiguo y epiceno también pueden tener marcadores gramaticales. La lengua fula, de África, tiene dieciséis géneros.

## 10. Prohibido hablar del origen de las lenguas

1. Claudine Gauthier, «La Société de Linguistique (1863-). Historique», en *Bérose - Encyclopédie internationale des histoires de l'anthropologie*, París, 2008. Y en la página web oficial de la institución, <http://www.slp-paris.com>.
2. Son palabras textuales de Morten H. Christiansen y Simon Kirby, *Language Evolution*, Oxford University Press, 2003.
3. Gauthier, *op. cit.*
4. Brian D. Joseph y Richard D. Janda, *The Handbook of Historical Linguistics*, Blackwell, 2003, p. 8.
5. Francis Schiller, *Paul Broca: Founder of French Anthropology, Explorer of the Brain*, Oxford University Press, 1992; y Leonard L. LaPointe, *Paul Broca and the Origins of Language in the Brain*, Plural Pub., 2013. En realidad, el lenguaje no *reside* en el área de Broca: es la sección cerebral donde se concentra parte de las fibras nerviosas que contribuyen a la *producción* del lenguaje (el aparato fonador). El área de Wernicke, por Karl Wernicke, afecta a la «decodificación auditiva» del lenguaje.
6. Traducido de Abel Hovelacque, *La linguistique*, Reinwald, 1877, p. 9.
7. Reproduce el texto Francisco Abad, en *Diccionario de lingüística de la escuela española*, Gredos, 1986, p. 68.
8. En el prefacio de Abel Hovelacque. Antonio de la Calle, *La glossologie: essai sur la science expérimentale du langage. Premiére partie: La physiologie du langage*, Maisonneuve, 1881.
9. Ídem, II, p. 19.
10. Ídem, II, p. 23.
11. Ídem, XIII, p. 308.
12. André Martinet, *Elementos de lingüística general*, Gredos, [1965] 1978, p. 219.
13. Recogido en Francisco Abad, *Diccionario de lingüística de la escuela española*, Gredos, 1986, p. 195.

## 11. El peregrino refunfuñón y el vasco

1. Sigo aquí la introducción de Millán Bravo Lozano (trad.) al Codex Calixtinus, publicado por el Centro de Estudios Ca-

mino de Santiago, 1991, con abundante bibliografía de referencia y notas.

2. Ídem, p. 5.
3. W. von Humboldt, *Primitivos pobladores de España. Investigaciones con el auxilio de la lengua vasca*, José Anllo, 1879 y 1959. Theo Vennemann, *Europa vascónica, Europa semítica*, De Gruyter, 2003. Hay, como es natural, una notable abundancia de bibliografía respecto a los orígenes y características de la lengua vasca primitiva. Son clásicos Antonio Tovar, *La lengua vasca*, Biblioteca Vascongada de Amigos del País, 1950; Luis Michelena, «La lengua vasca», *Guipúzcoa*, CAP de Guipúzcoa, 1968. René Lafon, «La langue basque», *Bulletin du Musée Basque*, 1973; Georges Lacombe, «Langue basque», *Las langues du monde*, CNRS, 1952. Una bibliografía representativa, en *El libro blanco del euskera*, publicado por la Real Academia de la Lengua Vasca / Euskaltzaindia, 1977 (íntegro en euskaltzaindia.net.)
4. Un resumen en Lapesa, *op. cit.*, p. 28.
5. Ídem, p. 29.
6. Ídem, p. 34.
7. Ídem, pág. 36; lo cita de Joan Corominas, *Estudis de toponímia catalana*, Barcino, 1965-1970.
8. Rafael Cano Aguilar (coord.), *Historia de la lengua española*, Ariel, 2013, p. 41.
9. No deben confundirse con las realizaciones fonéticas reales, más numerosas, como en cualquier otra lengua. En castellano también hay una sustancial variedad de alófonos o realizaciones vocales particulares.
10. M. Teresa Echenique Elizondo, «Lengua española y vasca. Una trayectoria histórica sin fronteras», en *Revista de Filología*, 34, marzo de 2016: «Español y vasco son dos sistemas lingüísticos que, a lo largo de los siglos, se han relacionado intensamente, pero han estado siempre separados porque de su contacto no ha surgido o, al menos, no se ha consolidado una tercera lengua, aunque sus hablantes hayan estado vitalmente entrecruzados en la historia».
11. En Lapesa, *op. cit.*, p. 38; alega, además, otras razones para afirmar el sustrato vasco-ibérico también aquí. Sobre las características del ibérico y su extensión geográfica, véase Rafael Cano, *Historia...*, *op. cit.*, p. 38 y ss., donde se da cuenta también de los rasgos fonéticos y su relación con el vasco, e

incluye una amplísima bibliografía especializada y actualizada.

12. Ídem, p. 39.

## 12. Vascoiberismo ilustrado. Filólogos estrafalarios y párrocos furibundos

1. En Rafael Cano (coord.), *Historia...*; *op. cit.*, capítulo 2, p. 59 y ss.
2. En la *Historia de España* (*De rebus Hispaniae memorabilibus Libri XXV*, Alcalá de Henares, 1530), citado por Hervás, *Catálogo*, ídem, p. 187.
3. Del *Compendio historial de las chronicas y universal historia de todos los reynos de España*, impreso en Amberes en 1571, y citado por Hervás en *Catálogo*, *op. cit.*, V, p. 189.
4. En la *Corónica general de España*, de 1574, también citada oportunamente en el *Catálogo*, *op. cit.*, V, p. 191.
5. Citado por Hervás, en *Catálogo*, *op. cit.*, p. 195.
6. Manuel Larramendi, *De la antigüedad y universalidad del bascuenze en España*, Villagordo [Salamanca], 1728, p. 8. El tratado de Larramendi es un verdadero ejemplo de prosa vehemente.
7. José Antonio Conde, *Censura crítica del alfabeto primitivo de España, y pretendidos monumentos literarios del vascuence*, Imprenta Real, 1806, p. 5.
8. Del *Catálogo de las lenguas* de Hervás y Panduro hay facsímil en <cervantesvirtual.com>.
9. *Catálogo*, *op. cit.*, I, introd., p. 1.
10. Ídem, *op. cit.*, I, p. 16.
11. Ídem, p. 17.
12. Ídem, vol. IV, dedicatoria, s.p.
13. *Apología de la lengua bascongada*, Jerónimo Ortega, 1803, p. 6.
14. Ídem, pp. 5-6.
15. José Antonio Conde, *Censura...*, *op. cit.*, p. 4.
16. «En todos los siglos y países del mundo han pretendido introducirse en la república literaria unos hombres ineptos, que fundan su pretensión en cierto aparato artificioso de literatura. Este exterior de sabios puede alucinar a los que no saben lo arduo que es poseer una ciencia, lo difícil que es

entender varias al mismo tiempo, lo imposible que es abrazarlas todas, y lo ridículo que es tratarlas con magisterio, satisfacción propia, y deseo de ser tenido por sabio universal. Ni nuestra era, ni nuestra patria está libre de estos pseudoeruditos (si se me permite esta voz). A ellos va dirigido este papel irónico...», José Cadalso, *Los eruditos a la violeta*, Sancha, 1772.

17. Conde, *Censura...*, *op. cit*, p. 12.

## 13. El queso y las lenguas romances

1. De J. M. Fernández Catón, J. Herrero Duque, M. C. Díaz y Díaz, J. A. Pascual Rodríguez, J. M. Ruiz Asencio, J. R. Morala Rodríguez, J. A. Fernández Flórez y J. M. Díaz de Bustamante, *Documentos selectos para el estudio de los orígenes del romance en el Reino de León. Siglos* X-XII, León, 2003. Pueden consultarse aquí los textos originales, los facsímiles y una fabulosa aportación técnica y filológica.
2. Ídem, 1b.
3. Ramón Menéndez Pidal, *Manual de gramática histórica*, Espasa-Calpe, [1904] 1985, p. 52. Las glosas emilianenses y silenses, con otros textos, y el análisis de la evolución histórica de los primeros romances, en Ramón Menéndez Pidal, *Orígenes del español*, Espasa, [1926, 1950] 2010.
4. Del antiguo monasterio ya no queda nada. El lugar donde se encontraba es hoy propiedad privada de una empresa.

## 14. Las palabras esenciales y la teoría de Swadesh

1. Era la opinión del gran lingüista Eugen (Eugenio) Coşeriu y resultaba bastante graciosa, aunque él lo decía completamente en serio.
2. Sigo aquí el artículo «Crítica de la glotocronología (desde el punto de vista románico)» (1962), incluido en Eugenio Coseriu, *El hombre y su lenguaje*, Gredos, 1977, pp. 175-185.
3. Ídem, p. 180.
4. *300 historias...*, *op. cit*, p. 120.
5. Ídem, p. 182.
6. Trad. de *American Heritage Dictionary of the English Lan-*

*guage* (5.ª ed.), Houghton Mifflin Harcourt, 2016. La primera acepción en el diccionario Collins (Harper Collins, 2014) remite directamente a la psiquiatría: «(Psychiatry) a person with severe mental retardation».

7. *300 historias...*, *op. cit.*, p. 307.
8. Coseriu, *El hombre...*, *op. cit.*, p. 180.
9. Ídem, p. 182.
10. Ídem, p. 184.

## 15. Etimología popular

1. Sobre esta expresión, véase el documentadísimo y divertido artículo de Pedro Álvarez de Miranda, «Pasarlas moradas» (1 y 2), en *Rinconete*, 25 de junio de 2013, CVC (cvc.cervantes.es).
2. Ramón Menéndez Pidal, *Manual de gramática histórica española*, Espasa-Calpe, 1904 [1985], pp. 190 y 191.
3. Tito Livio, *Historia de Roma desde su fundación*, I (IX, 2), Gredos, 1990. Y en *History of Roma* (IX, 2), Dent & Sons, 1905.
4. Son ejemplos de Menéndez Pidal, *Manual...*, *op. cit.*, p. 191.
5. Elena Leal Abad, *Los denominados cambios esporádicos*, E-excelence, 2005, p. 21.
6. La tesis doctoral de Juan Manuel Seco («El problema conceptual de la etimología popular», 2007) hace un recorrido extensísimo y documentadísimo por este fenómeno lingüístico, aunque se centra sobre todo en la cultura inglesa. Aquí se cita a W. Wundt, A. Dauzat o J. Vendryes, que abordaron este asunto en la primera mitad del siglo xx, pero también examina las nuevas teorías a partir de la revolución chomskiana.
7. Ferdinand de Saussure, *Curso...*, *op. cit.*, p. 233 y ss. Y un análisis pormenorizado en Juan Manuel Seco, «El problema conceptual...», *op. cit.*, pp. 147-151.
8. En ediciones anteriores, los redactores del curso escribieron: «La etimología popular es un fenómeno patológico». Parece evidente que semejante opinión solo guarda relación con el carácter emocional (*pathos*) de la transformación léxica y no, como se ha sugerido absurdamente, con un supuesto carácter *enfermizo* de determinados procesos lingüísticos.

9. José Antonio Pascual, *No es lo mismo ostentoso que ostentóreo*, Espasa, 2013, p. 75 y ss.
10. Miguel de Cervantes, *Don Quijote de la Mancha*, Crítica, 1998; II, xiiii, p. 738.
11. Leo Spitzer, «Perspectivismo lingüístico en el Quijote», en *Lingüística e historia literaria*, Gredos, [1948] 1955, pp. 135-187, disponible en: <cvc.cervantes.es>.
12. *Quijote*, II, ii.
13. Ídem, II, iii.

## 16. Breve catálogo de lenguas hermanas, primas, sobrinas y nietas

1. Charles Bally, *Le langage et la vie*, Droz, 1952 (*sommaire*, 11).
2. Ídem, p. 14. Sobre el debate con Brunot o Vossler, véase Francisco Abad, *Nueve conceptos fundamentales para los estudios filológicos*, UNED, 1992.
3. Bally, *Le langage...*, *op. cit.*, p. 18.
4. Gaston Dorren, *Lingo*, Turner, 2017, p. 115 y ss.
5. Américo Castro, «La enseñanza del español en España», *Cauce*, 3, 1921, p. 229 y ss. Pasamos por alto aquí las consideraciones de Castro sobre el vasco y el catalán como idiomas que deberían estar supeditados política y socialmente al español, y sobre el nacionalismo catalán en concreto. «Sospecho que el catalanismo llevado a las cuestiones de lenguaje no es sino un fuego de artificio que a la inanidad e ineficacia del poder central se le aparece a menudo como un fiero bombardeo» (p. 231).
6. En Francisco Rico y Alan Deyermond, eds., *HCLE*, I; p. 37 y ss.: H. J. Chaytor, *From script to print. An introduction to medieval literature*, Heffer, 1945 y Sidgwick & Jackson, 1966.
7. Carlos Alvar y Jenaro Talens (eds.), *Locus amoenus. Antología de la lírica medieval de la península ibérica*, Galaxia Gutenberg, 2009, p. 18.
8. Extracto de una canción más larga, en Alvar y Talens, *Locus...*, *op. cit.*, p. 246 y ss.
9. Miguel Ramos Corrada, coord., *Historia de la lliteratura asturiana*, Academia de la Llingua Asturiana, 2002, p. 22 y ss.

10. Menéndez Pidal, *Manual...*, *op. cit.*, p. 27.
11. Ramón Menéndez Pidal, *Textos medievales españoles. Ediciones críticas y estudios*, Espasa-Calpe, 1976, p. 156. Véase la magnífica crítica en Inés Fernández-Ordóñez, «Los orígenes de la dialectología hispánica y Ramón Menéndez Pidal», Cien Años de Filoloxía Asturiana (1906-2006), Actes del Congresu Internacional, pp. 11-41.
12. Menéndez Pidal, *Manual...*; *op. cit.*, p. 2; y, especialmente, la crítica de Fernández-Ordónez, *op. cit.*
13. Fernández-Ordóñez, «Los orígenes...», *op. cit.*
14. Xandru Fernández, en «Escribir como un perro que escarba su hoyo», en *CTXT*, 26 de abril de 2017, hace una crítica política e histórica de la lengua asturiana.
15. Samuel M. Stern, «Les vers finaux en espagnol dans les *muwaššaḥs* hispano-hébraiques: una contribution...», *Al-Andalus*, XIII, 1948; reproducido en Francisco Rico y Alan Deyermond (eds.), *HCLE*, I, p. 58 y ss.
16. *Historia...*, *op. cit.*, p.189. Sobre el término «mozárabe» y sus implicaciones sociolingüísticas, véase «Romance andalusí y mozárabe: dos términos no sinónimos», en Francisco Marcos Marín, *Estudios de lingüística y filología españolas. Homenaje a Germán Colón*, Gredos, 1998, pp. 335-341.
17. Marcelino Menéndez Pelayo, *Historia de los heterodoxos españoles*, 2 vols., BAC, 1948; la cita, en I, libro II, cap. II, p. 348.
18. F. J. Simonet, *Historia de los mozárabes de España*, Tello, 1897-1903, p. vii, prólogo.
19. Álvaro Galmés de Fuentes, *Dialectología mozárabe*, Gredos, 1983, p. 14. Sobre la historiografía del mundo mozárabe, un amplísimo compendio en Diego Adrián Olstein, *La era mozárabe*, Universidad de Salamanca, 2006, pp. 23-50.
20. Margrit Frenk Alatorre (ed.), *Lírica española de tipo popular*, Cátedra, 1983, p. 13.
21. Los fragmentos mozárabes se han tomado de Alvar y Talens, *Locus...*, *op. cit.*, p. 225 y ss., con alguna modificación procedente de M. Frenk, *Lírica...*, *op. cit.*, pp. 35-40.
22. El propio Stern y Frenk Alatorre, Peter Dronke, Leo Spitzer, García Gómez y otros tantos magníficos hispanistas y filólogos han hecho sus propuestas, todas distintas en la transliteración vocálica y todas distintas en la traducción a un castellano moderno. Lapesa, por ejemplo, propone esta otra

lectura: «*¡Tant' amare, tant' amare, / habib, tant' amare! / Enfermiron welyoš [n]idioš, / ya duelen tan male*». En la web jarchas.net, al cuidado de Maricela Gámez Elizondo, se encuentran todas las variantes propuestas por los distintos investigadores.

23. Norman P. Tanner (ed.), *Conciliorum Oecumenicorum Decreta*, Sheed & Ward, 1990, pp. 266- 267.
24. Bernard Glassman, *Anti-Semitic Stereotypes without Jews: Images of the Jews in England 1290-1700*, Wayne State University Press, 2017, p. 17.
25. La bibliografía sobre la diáspora judía es, como puede suponerse, inabarcable. Pero vale la pena recordar algunos títulos clásicos que, como siempre en estos casos complejos, hay que leer con espíritu crítico, como el de Joseph Pérez, *Los judíos en España*, Marcial Pons, 2005; Luis Suárez, *La expulsión de los judíos: un problema europeo*, Planeta, 2012; Américo Castro, *España en su historia*, Crítica, [1948] 2001.
26. Abd, 1, 20.
27. Mark Mazower, *La ciudad de los espíritus*, Crítica, 2009, p. 71.
28. Carmen Hernández, «Un viaje por Sefarad», *Anuario 2001*, disponible en: <cvc.cervantes.es>.
29. Ídem.
30. Cfr. Lapesa, *Historia*..., *op. cit.*, p. 525.
31. Ídem. Con una abundantísima bibliografía especializada en pp. 531-534.
32. Ídem, p. 470, n.º 8.
33. Paloma Díaz-Mas, «Cómo hemos llegado a conocer el romancero sefardí», en *Acta Poética*, vol. 26 núm. 1-2 abril/noviembre, 2005. Véase también Iacob M. Hassán, Ricardo Izquierdo Benito y Elena Romero, *Sefardíes: literatura y lengua de una nación dispersa*, Universidad de Castilla-La Mancha, 2008, y Margrit Frenk Alatorre, «El antiguo cancionero sefardí», *Nueva Revista de Filología Hispánica (NRFH)*, 14(3/4), (1960), pp. 312-318.
34. Manuel Alvar, *Endechas judeoespañolas*, CSIC, [1953] 1969, p. 155; y reproducida (de la edición de 1953) en Frenk Alatorre, *Lírica española*..., *op. cit.*, pp. 258-259.
35. Lapesa, *Historia*..., *op. cit.*, p. 530.
36. Son palabras del historiador filipino Antonio M. Molina,

recogidas en Rafael Rodríguez-Ponga, «Pero, ¿cuántos hablan español en Filipinas?», *Cuadernos Hispanoamericanos*, 631, enero de 2003, p. 45 y ss. Los datos y cifras proceden mayoritariamente de este artículo también.

37. El trabajo imprescindible es de Antonio Quilis y Celia Casado Fresnillo, *La lengua española en Filipinas*, CSIC, 2008.
38. Ídem, con toda la información relativa a la fonología y la morfosintaxis, y donde se compara también con las adopciones del tagalo.
39. Ídem, p. 431.
40. John M. Lipsky, «Chabacano y español: resolviendo ambigüedades», *Lengua y Migración*, 2:1 (2010), Universidad de Alcalá, pp. 5-41.
41. Ídem, p. 8. En Quilis y Casado, *op. cit.*, se hacen más precisiones de tipo gramatical que confirman un sistema estructurado, no ocasional, pero diferenciado en distintos ámbitos geográficos.
42. Citado en Lipsky, *op. cit.*, p. 11.
43. Ídem, p. 35.

## 17. Silba, que no te entiendo

1. André Martinet, *Elementos de lingüística general*, Gredos, [1965] 1978; la teoría lingüística básica se desarrolla en el capítulo 1 (pp. 11-37), donde además se precisan dos teorías esenciales del autor: la doble articulación del lenguaje y la economía del lenguaje.
2. Sobre las funciones del lenguaje en Martinet, véase *op. cit.*, p. 15 y ss.; pero, sobre todo, el tratado clásico de Roman Jakobson, *Lingüística y poética*, Cátedra, 1983.
3. Véanse n. 213 y 214.
4. José Viera y Clavijo, *Descripción de La Gomera*, Idea, 2007, pp. 188, n. 8.
5. Juan A. Hasler, *El lenguaje silbado y otros estudios de idiomas*, Universidad del Valle, 2005, p. 34 y ss.
6. Ramón Trujillo, *El silbo gomero: análisis lingüístico*, Interinsular Canaria, 1978.
7. Ídem, p. 148.
8. Ídem, p. 150.

## III
## Sagradas escrituras

### 1. Milagros de las lenguas y las letras

1. *El criticón*, crisi III. Otro tanto pensaba el filósofo de la lengua Eric A. Havelock: «El lenguaje que hablamos mientras nos dedicamos a nuestros quehaceres cotidianos es un rasgo tan universal de nuestras vidas que por lo general no nos paramos a pensar en él». En Eric A. Havelock, *La musa aprende a escribir*, Paidós, 1996, p. 95.
2. «Solo la gramática basta para ser el tormento constante de toda una vida», Erasmo, *Elogio de la locura*, XXXII.
3. Gaston Dorren, *Babel*, *op. cit.*, p. 292. Como se recordará, esto también asombraba a la Criatura del doctor Frankenstein cuando veía leer a la familia granjera.
4. Havelock, *op. cit.*, p. 128.
5. Antonio Alegre Gorri, en el prólogo a Havelock, *op. cit.*, p. 11.
6. Havelock, *op. cit.*, p. 103.
7. Havelock, *op. cit.*, pp. 29 y 37.
8. Havelock, *op., cit.*, p. 133.
9. No es de esta opinión Marshall McLuhan, en cuyo popular libro *La galaxia Gutenberg* afirma: «Hay culturas que pueden elevarse muy por encima de la civilización en el arte, pero sin el alfabeto fonético continúan siendo tribales, como ocurre con los chinos y los japoneses» (p. 81). El famoso libro de McLuhan está repleto de este tipo de ocurrencias, como la que supone que la asimilación de un alfabeto fonético guarda relación con el deseo de conquista de los pueblos grecolatinos.

### 2. El cerebro humano antes de la escritura cuneiforme

1. Ewan Clayton, *La historia de la escritura*, Siruela, 2015, p. 19.
2. MacGregor, *La historia del mundo en 100 objetos*, Debate, 2012, p. 126 y ss.

3. Ídem, p. 128.
4. Ídem, p. 136.
5. MacGregor cita a John Searle, pero no la fuente; ídem, p. 131. De Searle, en español: *Actos de habla*, Cátedra, 1986; *La construcción de la realidad social*, Paidós, 1997; *El redescubrimiento de la mente*, Crítica, 1996; *Mentes, cerebros y ciencia*, Cátedra, 1985; entre otros muchos.
6. Especialmente combativos en este sentido son los equipos de investigación de la Universidad de Alcalá de Henares, con Rodrigo de Balbín y Javier Alcolea.
7. Roger Osborne, *Civilización*, Crítica, 2007, p. 29.
8. Copio casi literalmente la explicación de Paz Bataner y Carmen López en *Introducción al léxico. Componente transversal de la lengua*, Cátedra, 2019, p. 139.
9. Osborne, *Civilización*, *op. cit.*, p. 30.
10. Ídem.
11. «"Oldest" Prehistoric Art Unearthed», *BBC*, 10 de enero de 2010.
12. Gregory Curtis, *Los pintores de las cavernas*, Turner, 2009, p. 173.
13. Ídem, p. 168.
14. André Leroi-Gourhan, «La fonction des signes dans les sanctuaires paléolithiques», *Bulletin de la Société Préhistorique Française*, 1958 (55, 5-6), pp. 307-321. Y véase también Benito Madariaga, *Consideraciones sobre los signos en el arte prehistórico de las cuevas de la región cantábrica*, AA Cuevas del Castillo, 2014.
15. *Op. cit.*, p. 51 y ss.
16. Ídem.

## 3. Champollion y la escritura jeroglífica

1. *Historia*, II, CXXV.
2. Hay traducción española en Akal, 1991.
3. Ceram, *op. cit.*, p. 113.
4. Horapollo, *Delli segni hieroglíphici*, trad. Pietro Vasolli, 1547.
5. Ceram, *op. cit.*, p. 114.
6. *Mémoire dans lequel on prouve que les chinois sont una colognie égyptienne*, Desaint & Saillant, [1759] 1760.

7. Traducido de la *Mémoire*, p. 57.
8. Desde otra perspectiva, Umberto Eco trata algunas de estas teorías en *La búsqueda de la lengua perfecta en la cultura europea*, Crítica, [1994] 2016.
9. Ceram, *op. cit.*, p. 116.
10. Ídem.
11. MacGregor, *La historia...*, *op. cit.*, p. 253 y ss.

## 4. La esotérica vida de los signos

1. San Isidoro, *Etim.*, *op. cit.*; I, 3.
2. «*Phoenices primi, famae si creditur, ausi / mansuram rudibus uocem signare figuris*», *Farsalia*, III, v. 220 y 221. (Los fenicios fueron, si hemos de creer a la fama, los primeros que se atrevieron a grabar la voz mediante toscas figuras.)
3. Ez 9, 4.
4. Ovidio, *Fastos*, I, ix.
5. Cayo Julio Higino, *Fábulas. Astronomía*, Akal, 2008; trad. Guadalupe Morcillo Expósito. Esta historia, en CCLXXVII, p. 187.
6. Suetonio, *Los doce césares*, Hernando, 1890; Claudio, xli.
7. Menéndez Pidal, *Manual...*, *op. cit.*, p. 113, y replicado casi con las mismas palabras en el *Diccionario panhispánico de dudas* de la RAE, Santillana, 2005.
8. San Isidoro, *Etim.*, *op. cit.*, I, 4.
9. La expresión «turísta lingüístico» es original de Gaston Dorren. Tanto en *Babel* (2018) como en *Lingo* (2017), el autor ofrece abundantísima y entretenidísima información sobre las peculiaridades de todos estos alfabetos estrafalarios. Ambos están publicados por Turner.
10. unicode.org.

## 5. Sagradas escrituras

1. Santo Tomás de Aquino, *Suma de Teología* [*Summa Theologica*], BAC, 1994; III, c. 42, art. 3; vol. V, pp. 370-371. Marshall MacLuhan trata brevemente este asunto en *La galaxia Gutenberg*, *op. cit.*, p. 150 y ss.

2. Escojo algunas citas y ejemplos de Carlos García Gual, *Los siete sabios (y tres más)*, Alianza, [1989] 2007; y también de otros, como Diógenes Laercio o Aulo Gelio.
3. Juvenal, *Sátiras* (i), Gredos, 2016. Sobre la máxima *Periturae parcere chartae* (Ahorrar papel perecedero), véase P. Jiménez Gazapo, M. Morillas Gómez y F. Morillo Ruiz, *La musa sensata. Aforismos y proverbios en la sátira latina*, Cátedra, 2012; ep. 315.
4. Erasmo de Róterdam, *Alabanza de la estupidez*, Penguin, 2016, p. 84.
5. James Boswell, *La vida de Samuel Johnson*, Espasa-Calpe, 2007, viernes, 5 de abril de 1776.
6. Cfr. Ernest Yassine Bendriss, *Breve historia del Islam*, Nowtilus, 2013, pp. 47-48. Estos detalles pintorescos los contaba un Sahih al-Bukhari del siglo IX AEC, que se hizo eco de tradiciones y creencias relacionadas con las enseñanzas de Mahoma.
7. Jn 8, 3-11.
8. Jer 17, 13.
9. Sigo en todo las explicaciones y comentarios de la fabulosa edición de Aurelio de Santos Otero, *Los evangelios apócrifos*, BAC, [1956] 2006, p. 656 y ss.
10. Ídem, p. 664 y ss.

## 6. Elio Antonio de Nebrija y el negocio de la gramática

1. Sigo la edición de Carmen Lozano y Felipe González Vega en la *Gramática sobre la lengua castellana*, RAE, 2011. La cita de la reina, en p. ix., con otros comentarios.
2. En las *Introducciones*. «¿Qué es la gramática? La ciencia de hablar bien y escribir correctamente a partir del uso y la autoridad de los hombres más sabios.»
3. *Gramática*, *op. cit.*, p. 17 y ss.
4. Nebrija no se extiende en el asunto porque, seguramente, lo da por bien conocido. Los trabajos de Hércules pueden leerse en cualquier manual de mitología griega; aquí se sigue el de C. Falcón Martínez, E. Fernández-Galiano y R. López Melero, *Diccionario de la mitología clásica* (2 vols.), Alianza, [1980] 1990.
5. Las fuentes en las que Nebrija bebe todos estos embrollos

míticos son Plinio y su *Historia natural*, Silio Itálico, autor de un poema épico titulado *Púnica*, Cayo Julio Solino, recopilador de maravillas (*Collectanea rerum memorabilium*), San Isidoro, Eusebio de Cesarea, Heródoto o Varrón, entre otros.

6. *Gramática*, *op. cit.*, p. 21.
7. Todos estos datos, en la imprescindible edición de la *Gramática*, *op. cit.*, p. 23, n. 2. Por otro lado, la *Hyeroglyphica* puede consultarse fácilmente en la red: <https://openmlol.it/media/pierio-valeriano/>..., en la edición romana de 1575.
8. En la *Gramática*, *op. cit.*, pp. 345-452. Carmen Lozano también es la responsable de esta impagable edición de la RAE.
9. *Gramática*, *op. cit.*; Libro IV, cap. V, p. 125.

## 7. Voy a hablar de la letra q

1. Gregorio Salvador y Juan Ramón Lodares, *Historia de las letras*, Espasa-Calpe, 2008.
2. Gregorio Salvador, «Sobre la letra q», Discurso..., RAE, 1987, p. 10.
3. RAE, *Diccionario de autoridades* (1737), ed. facsímil, 3 vols., Gredos, 1990.
4. Gonzalo Correas (Korreas), *Ortografia kastellana nueva i perfeta...* y *El manual de Epikteto i la tabla de Kebes, filosofos estoikos...*, Tabernier, 1630. Pueden consultarse en la web de la Biblioteca Digital Hispánica de la BNE.
5. Hay numerosas ediciones del *Diálogo* de Valdés, en Castalia (1969), Cátedra (2006) o Planeta (1986), y una versión muy apreciable en cervantesvirtual.com, basada en la edición de José F. Montesinos para Espasa-Calpe, 1976.
6. Gregorio Salvador, *op. cit.*, p. 25.
7. Salvador y Lodares, *op. cit.*, p. 97.
8. Se cuenta esta historia con muchas variantes. En Salvador y Lodares, *op. cit.*, p. 251, también, aunque abreviada.
9. Ídem, p. 187.
10. Cfr. Menéndez Pidal, *Manual...*, *op. cit.*
11. En algún lugar se dice que la *ñ* aparece por vez primera en el *Origen y etymología de todos los vocablos originales de la lengua castellana* (1611) de Francisco del Rosal; en todo caso, no aparece como letra independiente en la «Disposi-

ción del alfabeto y la razón de las letras». Hay edición moderna, con prólogo de Manuel Alvar, en CSIC, 1992.

12. *Gramática*, *op. cit.*, I, v, p. 32.

## 8. Caligrafía nacional e industrial

1. Ewan Clayton, *La historia de la escritura*, Siruela, 2015, p. 29.
2. Mary Beard y John Henderson, *Classical Art. From Greece to Rome*, Oxford University Press, 2001.
3. «*Habeant qui volunt ueteres libros uel in membranis purpureis auro argentoque descriptos, vel uncialibus, ut uulgo aiunt, litteris onera magis exarata quam codices, dum mihi...*» San Jerónimo, *Obras completas*, II, BAC, 2002, pp. 488-489.
4. Clayton, *La historia de la...*, *op. cit.*, p. 68.
5. Charles Homer Haskins, *El renacimiento del siglo* XII, Ático de los Libros, 2013.
6. Clayton, *La historia de la...*, *op. cit.*, p. 113, que cita el colofón del Salterio de Mainz (1457).
7. Ídem, p. 120.
8. Peter Bain y Paul Shaw (coord.), *La letra gótica: tipo e identidad nacional*, Editorial Campgràfic, 2001; y puede consultarse en <https://maestriadicom.org/articulos/la-gotica-de-fractura-y-el-nacionalismo/>.
9. José María Ribagorda, «Las fuentes de la letra española. Diseño, tecnología y cultura de la lengua», en *Imprenta Real. Fuentes de la tipografía española*, MAEC, 2009.
10. Puede consultarse en bibliotecabodoni.net.
11. «Grandes maestros de la tipografía. Firmin Didot», en unostiposduros.com, 22 de abril de 2001.
12. Wally Olins, *Brand. Las marcas según Wally Olins*, Turner, 2004, p. 177; la cita se reproduce también en «Tipografía, territorio e identidad. La identidad pública a través de una tipografía personalizada», en Asociación Gallega de Diseño, *dag.gal*, s. d.
13. Ídem, «Tipografía, territorio...», *op. cit.*
14. Ídem.
15. Emilio Gil y Eduardo Azofra (eds.), *De vítores y letras*, Ediciones Universidad de Salamanca, 2017.

16. Véase Eduardo Herrera Fernández, «La letra vasca. Etnicidad y cultura tipográfica», en monografica.org, *Revista Temática de Diseño*, junio de 2012.
17. Véase, por ejemplo y entre otros muchos, el *Libro de estilo de la lengua española*, Espasa/RAE, 2018, pp. 269-312.

## Colofón

1. VV. AA., *Lo uno y lo diverso*, Instituto Cervantes / Espasa, 2021; en el prólogo del académico Álvarez de Miranda se recogen las visiones «pesimistas» de Rufino José Cuervo, Unamuno y Dámaso Alonso, que presagiaban una desintegración del español en distintas variantes, frente a la resistencia teórica de Menéndez Pidal. Dámaso Alonso, que se temía lo peor, hizo llamamientos desesperados «para evitar la diversificación de nuestra lengua» y alocuciones por la «unidad y defensa del idioma». En el resto del libro, distintos autores españoles y americanos se limitan a constatar que, efectivamente, las diferencias entre el español de España y el español de América son cada vez más significativas, tanto como lo son las del español del siglo XXI respecto al castellano del siglo XVI. Concédase tiempo y espacio a una lengua y se transformará en otra.
2. Pinker, *El instinto...*, *op. cit*, p. 441.
3. Loraine K. Obler y Kris Gjerlow, *El lenguaje y el cerebro*, Akal, 2001.
4. Véanse, por ejemplo, los casos relatados en Christine Kenneally, *La primera...*, *op. cit.*, p. 243.
5. *El País*, suplemento «Materia», abril de 2015.
6. El profesor Enrique Bernárdez hace un clarificador resumen en *¿Qué son las lenguas?*, *op. cit.*, p. 263 y ss.: «Lenguaje y cerebro».
7. Gén 2, 20.

# BIBLIOGRAFÍA

Abad, F., *Diccionario de lingüística de la escuela española*, Gredos, Madrid, 1986.

—, *Nueve conceptos fundamentales para los estudios filológicos*, UNED, Madrid, 1992.

Adrian Olstein, D., *La era mozárabe*, Universidad de Salamanca, Salamanca, 2006.

Aichele, G., *Jesus Framed*, Routledge, Londres, 1996.

Alonso-Cortés, Á., *Lingüística*, Cátedra, Madrid, 2015.

Alvar, C. y Talens, J., eds., *Locus amoenus. Antología de la lírica medieval de la península ibérica*, Galaxia Gutenberg, Barcelona, 2009.

Alvar, M., *Endechas judeoespañolas*, CSIC, Madrid, [1953] 1969.

Álvarez de Miranda, P., «Pasarlas moradas» (1 y 2), en *Rinconete*, 25 de junio de 2013, CVC (cvc.cervantes.es).

*American Heritage Dictionary of the English Language* (5.ª ed.), Houghton Mifflin Harcourt, Boston / San Francisco, 2016.

Armstrong, K., *Historia de la Biblia*, Debate, Madrid, 2015.

Asensio, E., «La lengua, compañera del imperio», en *Revista de Filología Española*, XLIII, n. 3/4 (1960), p. 399 y ss.

Aulo Gelio, *Noches áticas*, Alianza, Madrid, 2007.

Austen, J., *Orgullo y prejuicio*, Espasa/Austral, Madrid, 2012.

Bally, C., *Le langage et la vie*, Droz, Ginebra, 1952.

Bancel, P. J. y Matthey, A., «Brave New Words», en Lefebvre, C. y Comrie, B., eds., *New Perspectives on the Origins of Language*, John Benjamins, Ámsterdam, 2013.

Barr, J., «Which language did Jesus speak? – Some remarks of a Semitist», en *Bulletin of the John Rylands Library*, 1970, 53 (1), pp. 9-29.

Bataner, P. y López, C., *Introducción al léxico. Componente transversal de la lengua*, Cátedra, Madrid, 2019.

Bendriss, E. Y., *Breve historia del Islam*, Nowtilus, Madrid, 2013.

Bernárdez, E., *¿Qué son las lenguas?*, Alianza, Madrid, [1999] 2009.

Biblia, Herder, Barcelona, 1976.

Bickerton, D., *Language and Human Behavior*, University of Washington Press, Washington, 2017.

Bois-Reymond, E. du, «The Limits of our Knowledge of Nature», en *Popular Science Monthly*, vol. 5, mayo de 1874, en. wikisource.org.

Boswell, J., *La vida de Samuel Johnson*, Espasa-Calpe, Madrid, 2007.

Bueno, S. y Peirano, M., eds., *El rival de Prometeo*, Impedimenta, Madrid, 2009.

Cadalso, J., *Los eruditos a la violeta*, Sancha, Madrid, 1772.

Campbell, L. y Poser, W. J., *Language Classification: History and Method*, Cambridge University Press, Cambridge, 2008.

Cano Aguilar, R., coord., *Historia de la lengua española*, Ariel, Barcelona, 2013.

Castro, A., «La enseñanza del español en España», en *Cauce*, 3, 1921.

—, *España en su historia*, Crítica, Barcelona, [1948] 2001.

Ceram, C. W., *Dioses, tumbas y sabios*, Destino, Barcelona, 1953 [1993].

Černý, J., *Historia de la lingüística*, Universidad Andrés Bello, Santiago, 1979.

Cervantes, M. de, *Don Quijote de la Mancha*, Crítica, Barcelona, 1998.

Chaytor, H. J., *From Script to Print. An Introduction to Medieval Literature*, Heffer, Cambridge, 1945 y Sidgwick & Jackson, Londres, 1966.

Chomsky, N., *Estructuras sintácticas*, Siglo Veintiuno Ed., Madrid, 1974.

—, *El lenguaje y el entendimiento*, Seix-Barral, Barcelona, 1977.

—, *Reflexiones sobre el lenguaje*, Ariel, Barcelona, 1979.

—, *El lenguaje y los problemas del conocimiento*, Visor, Madrid, 1988.

—, *Language and Politics*, AK Press, Oakland, 1988, 2004.

Christian, D., *La gran historia de todo*, Crítica, Barcelona, 2019.

Christiansen, M. H. y Kirby, S., *Language Evolution*, Oxford University Press, Oxford, 2003.

Clayton, E., *La historia de la escritura*, Siruela, Madrid, 2015.

Cline, E. H., *Tres piedras hacen una pared. Historias de la arqueología*, Crítica, Barcelona, 2017.

Codex Calixtinus (ed. y trad. Millán Bravo Lozano), Centro de Estudios Camino de Santiago, Sahagún, 1991.

Comte, A., *Cours de philosophie positive: La philosophie astronomique et la philosophie de la physique*, Bachelier, París, 1835.

Conde, J. A., trad., ed., *Descripción de España de Xerif Aledris*, Imprenta Real, Madrid, 1799.

—, *Censura crítica del alfabeto primitivo de España, y pretendidos monumentos literarios del vascuence*, Imprenta Real, Madrid, 1806.

Condillac, *Essai sur l'origine des connaissances*, Pierre Mortier, París, 1746.

—, *Traité des sensations*, De Bure, Londres y París, 1754.

Corominas, J., *Diccionario crítico etimológico castellano e hispánico*, Gredos, Madrid, [1954-1957] 1984-1991. Versión abreviada: *Breve diccionario etimológico de la lengua castellana*, Gredos, Madrid, 1961.

—, *Estudis de toponímia catalana*, Barcino, Barcelona, 1965-1970.

Correas (Korreas), G., *Ortografia kastellana nueva i perfeta... y El manual de Epikteto i la tabla de Kebes, filosofos estoikos*, Tabernier, Salamanca, 1630 (Biblioteca Digital Hispánica de la BNE).

Coseriu, E., «Crítica de la glotocronología (desde el punto de vista románico)» (1962), en *El hombre y su lenguaje*, Gredos, Madrid, 1977.

—, *El hombre y su lenguaje*, Gredos, Madrid, 1977.

Covarrubias Orozco, S. de, *Tesoro de la lengua castellana o española*, Castalia, Madrid, 1995.

Curtis, G., *Los pintores de las cavernas*, Turner, Madrid, 2009.

Daniel, G., *Historia de la arqueología*, Alianza, Madrid, [1974] 1986.

Darwin, Charles, *On the Origin of Species*, Oxford World's Classics, 1996 [2008] (trad. A. de Zulueta), Espasa, Madrid, [1988] 2008.

De Guignes, J., *Mémoire dans lequel on prouve que les chinois*

*sont una colognie égyptienne*, Desaint & Saillant, París, [1759] 1760.
De la Calle, A., *La glossologie: essai sur la science expérimentale du langage. Première partie: La physiologie du langage*, Maisonneuve, París, 1881.
Diamond, J., *The Rise and Fall of the Third Chimpanze*, Vintage, Londres, 2002.
Díaz-Mas, P., «Cómo hemos llegado a conocer el romancero sefardí», en *Acta Poética*, vol. 26, núm. 1-2 abril/noviembre, 2005.
Diodoro de Sicilia, *Histoire Universelle* (F. Hoeffer), II, IX; Gredos, Madrid (Biblioteca histórica, 6 vols.), 2001-2014.
Diógenes Laercio, *Vidas de los filósofos ilustres*, Alianza, Madrid, 2011.
Dorren, G., *Lingo*, Turner, Madrid, 2017.
—, *Babel*, Turner, Madrid, 2019.
Echenique Elizondo, M. T., «Lengua española y vasca. Una trayectoria histórica sin fronteras», en *Revista de Filología*, 34, marzo de 2016.
Eco, U., *Historia de las tierras y los lugares legendarios*, Lumen, Barcelona, 2013.
—, *La búsqueda de la lengua perfecta en la cultura europea*, Crítica, Barcelona, [1994] 2016.
*El libro blanco del euskara*, Euskaltzaindia / Real Academia de la Lengua Vasca, 1977, disponible en <euskaltzaindia.net>.
Erasmo de Róterdam, *Alabanza de la estupidez*, Penguin Clásicos, Barcelona, 2016.
Estrabón, *Geografía*, Gredos, Madrid, 2001; *Géographie d'Estrabon*, Hachette, París, 1873.
Euler, *De sono*, cap. II, § 23, disponible en <http://www.17centurymaths.com>.
Eusebio de Cesarea, *Historia eclesiástica*, BAC, Madrid, 2010.
—, *Chronicon*, NABC, 2016, y disponible en <attalus.org>.
Everett, D., *Language: The Cultural Tool*, Pantheon Books, Nueva York, 2012.
—, *Don't Sleep, There are Snakes: Life and Language in the Amazonian Jungle*, Pantheon Books, Nueva York, 2008, versión castellana: *No duermas, hay serpientes. Vida y lenguaje en la Amazonia*, Turner, Madrid, 2014.
—, *Dark Matter of the Mind: The Culturally Articulated Unconscious*, University of Chicago Press, Chicago, 2016.

—, *How Language Began: The Story of Humanity's Greatest Invention*, Norton, Nueva York, 2017.

Fagan, B., *Breve historia de la arqueología*, Biblioteca Nueva, Madrid, 2018.

Falcón Martínez, C., Fernández-Galiano, E. y López Melero, R., *Diccionario de la mitología clásica* (2 vols.), Alianza, Madrid, [1980] 1990.

Farrar, F. W., *An Essay on the Origin of Language, Based on Modern Researches*, Murray, Londres, 1860.

Feijoo, B. J., *Teatro crítico universal*, Espasa-Calpe (3 vols.), Madrid, 1951.

Fernández, X., «Escribir como un perro que escarba su hoyo», en *CTXT*, 26 de abril de 2017.

Fernández Catón, J. M., Herrero Duque, J. *et al.*, *Documentos selectos para el estudio de los orígenes del romance en el reino de León. Siglos X-XII*, León, 2003.

Fernández-Ordóñez, I., «Los orígenes de la dialectología hispánica y Ramón Menéndez Pidal», Cien Años de Filoloxía Asturiana (1906-2006), Actes del Congresu Internacional.

Flavio Josefo, *The Works of Flavius Josephus* (trad. A. M. William Whiston y John E. Beardsley), Nueva York, 1895.

Frenk Alatorre, M., «El antiguo cancionero sefardí», en *Nueva Revista de Filología Hispánica (NRFH)*, 14 (3/4) (1960), pp. 312-318.

—, ed., *Lírica española de tipo popular*, Cátedra, Madrid, 1983.

Galmés de Fuentes, Á., *Dialectología mozárabe*, Gredos, Madrid, 1983.

García de Diego, V., *Diccionario de voces naturales*, Aguilar, Madrid, 1968.

García Gual, C., *Los siete sabios (y tres más)*, Alianza, Madrid, [1989] 2007.

Gauthier, C., «La Société de Linguistique (1863-). Historique», en *Bérose - Encyclopédie internationale des histoires de l'anthropologie*, París, 2008, disponible en <http://www.slp-paris.com>.

Gell-Mann, M. y Ruhlen, M., «The Origin and Evolution of Word Order», disponible en <researchgate.net>, agosto de 2011.

Gil, J., dir., *300 historias de palabras*, Espasa, Madrid, 2015.

Glassman, B., *Anti-Semitic Stereotypes without Jews: Images of the Jews in England 1290-1700*, Wayne State University Press, Detroit, 2017.

Gombrich, E. H., *Breve historia de la cultura*, Península, Barcelona, 2004.

Gracián, B., *El criticón*, Espasa-Calpe, [1943] 1975; Cátedra, Madrid, 2004; Galaxia Gutenberg, Barcelona, 2001; etc.

*Gramática [Grammaire] de Port-Royal*, Prault, París, 1754 (en Gallica, de la BNF), y Bossange, París, 1810, en archive.org.

Graves, R., *Los mitos griegos*, Alianza, Madrid, [1985] 2002, Círculo, Barcelona, 2004.

Hamp, D., *Discovery the Language of Jesus: Hebrew or Aramaic?*, CCP, Santa Ana (CA), 2005.

Hankins, T. L. y Silverman, R. J., *Instruments and the Imagination*, Princeton University Press, Princeton (NJ), 2014.

Harari, Y. N., *Sapiens. De animales a dioses*, Debate, Madrid, 2015.

Harris, R., ed., *The Origin of Language*, Thoemmes Press, Bristol, 1996.

Hasler, J. A., *El lenguaje silbado y otros estudios de idiomas*, Universidad del Valle, Cali, 2005.

Hassán, I. M., Izquierdo Benito, R. y Romero, E., *Sefardíes: Literatura y lengua de una nación dispersa*, Universidad de Castilla-La Mancha, Cuenca, 2008.

Havelock, E. A., *La musa aprende a escribir*, Paidós, Barcelona, 1996.

*HCLE*, F. Rico y A. Deyermond, eds., 1-3, y sup., 1/1, 2/1, Crítica, Barcelona, 1980.

Hernández, C., «Un viaje por Sefarad», Anuario 2001, disponible en <cvc.cervantes.es>.

Heródoto, *Historias / Los nueve libros de Historia*, Cátedra, Madrid, 2006; Gredos, Madrid, 1977-1988; Edaf, Madrid, 1989.

Hervás y Panduro, L., *Catálogo de las lenguas de las naciones conocidas, y numeración, división, y clases de estas según la diversidad de sus idiomas y dialectos*, 6 vols., Beneficencia, Madrid, 1778 y 1787, disponible en <cervantesvirtual.com>.

Hilton, J., *Lost Horizons*, Pocket, Nueva York, 1939.

Horapollo, *Delli segni hieroglíphici* (trad. Vasolli, P. y Di Ferrari, G.), Venecia, 1547.

Hornstein, N., Lasnik, H., Patel-Grosz, P. *et al.*, eds., *Syntactic Structures after 60 Years: The Impact of the Chomskyan Revolution*, De Gruyter, Berlín, [1957] 2018.

Hovelacque, A., *La linguistique*, Reinwald, París, 1877.

Humboldt, W. von, *Primitivos pobladores de España. Investigaciones con el auxilio de la lengua vasca*, José Anllo, Madrid, [1879] 1959.

Isidoro de Sevilla, *Etimologías*, BAC, Madrid, 2004.

Jakobson, R., *Lingüística y poética*, Cátedra, Madrid, 1983.

Jespersen, O., *The Philosophy of Grammar*, Routledge, Londres, [1924] 2007.

Jiménez Gazapo, P., Morillas Gómez, M. y Morillo Ruiz, F., *La musa sensata. Aforismos y proverbios en la sátira latina*, Cátedra, Madrid, 2012.

Johansson, S., *En busca del origen del lenguaje*, Ariel, Barcelona, 2021.

Joseph, B. D. y Janda, R., *The Handbook of Historical Linguistics*, Blackwell, Oxford, 2003.

Juvenal, *Sátiras*, Gredos, Madrid, 2016.

Kenneally, C., *La primera palabra*, Alianza, Madrid, 2009.

Klemperer, W. von, *Le méchanisme de la parole, suivi de la description d'une machine parlante*, B. Bauer, Viena, 1791.

Lacombe, G., «Langue basque», *Les Langues du Monde,* CNRS, París,1952.

Lafon, R., «La langue basque», *Bulletin du Musée Basque*, 1973.

Lapesa, R., *Historia de la lengua española*, Gredos, Madrid, [1942], 9.ª ed. corr. y aum., 1984.

LaPointe, L. L., *Paul Broca and the Origins of Language in the Brain*, Plural Pub., San Diego (CA), 2013.

Larramendi, M., *De la antigüedad y universalidad del bascuenze en España*, Villagordo, Salamanca, 1728.

Leal Abad, E., *Los denominados cambios esporádicos*, Liceus / E-excelence, Madrid, 2005.

Leavitt, J., *Linguistic Relativities. Language Diversity and Modern Thought*, Cambridge University Press, Cambridge, 2011.

Leroi-Gourhan, A., «La fonction des signes dans les sanctuaires paléolithiques», en *Bulletin de la Société Préhistorique Française*, 55 (5-6), 1958, pp. 307-321.

Lipsky, J. M., «Chabacano y español: resolviendo ambigüedades», en *Lengua y Migración* 2:1 (2010), Universidad de Alcalá, pp. 5-41.

Locke, J., *Ensayo sobre el entendimiento humano*, FCE, México, 2005.

López Estrada, F., *Introducción a la literatura medieval española*, Gredos, Madrid, 1979.

*Los evangelios apócrifos*, ed. De Santos Otero, A., BAC, Madrid, [1956] 2006.

Lozano, B., «La cabeza encantada de Tábara», en *La Opinión-El Correo de Zamora*, 15 de febrero de 2016.

Lucrecio, *De rerum natura / De la naturaleza*, Acantilado, Madrid, 2012.

MacGregor, N., *La historia del mundo en 100 objetos*, Debate, Madrid, 2012.

Madariaga, B., *Consideraciones sobre los signos en el arte prehistórico de las cuevas de la región cantábrica*, AA Cuevas del Castillo, Santander, 2014.

Magrinyà, L., *Estilo rico, estilo pobre*, Debate, Madrid, 2015.

Marcos Marín, F., «Romance andalusí y mozárabe: dos términos no sinónimos», en *Estudios de Lingüística y Filología Españolas, Homenaje a Germán Colón*, Gredos, Madrid, 1998.

Marineo Sículo, L., *Historia de España* (*De rebus Hispaniae memorabilibus* Libri XXV), Alcalá de Henares, 1530.

—, *Compendio historial de las chronicas y universal historia de todos los reynos de España*, Amberes, 1571.

Martinet, A., *Elementos de lingüística general*, Gredos, Madrid, [1965] 1978.

Martínez Mendizábal, I. y Arsuaga Ferreras, J. L., «El origen del lenguaje: la evidencia paleontológica», *Munibe Antropologia-Arkeologia*, 60 (2009).

Mazower, M., *La ciudad de los espíritus*, Crítica, Barcelona, 2009.

McLuhan, M., *La galaxia Gutenberg*, Galaxia Gutenberg, Barcelona, 1993.

Menéndez Pelayo, M., *Historia de los heterodoxos españoles*, 2 vols., BAC, Madrid, 1948.

Menéndez Pidal, R., *Textos medievales españoles. Ediciones críticas y estudios*, Espasa-Calpe, Madrid, 1976.

—, *Manual de gramática histórica española*, Espasa-Calpe, Madrid, [1904] 1985.

—, *Orígenes del español*, Espasa, Madrid, [1926, 1950] 2010.

—, *Estudios sobre lírica medieval*, CECE, Madrid, 2014.

Mexía, Pedro, *Silva de varia lección*, Castalia, Madrid, 2003; prólogo de Lerner, I.

Michelena, L., «La lengua vasca», en *Guipúzcoa*, CAP de Guipúzcoa, 1968.

Morales, A., *Corónica general de España*, Lequerica, Alcalá de Henares, 1574.

Müller, F. M., «The theoretical stage, and the origin of language», Lecture 9, *Lectures on the Science of Language* [1861].

Muñiz Rodríguez, V., *Introducción a la filosofía del lenguaje II*, Anthropos, Barcelona, 1989.

Murray, A., *History of the European Languages* (2 vols.), Archibald, Edimburgo,1823.

Nauclero, J. [Verge o Bergen], *Memorabilium omnis aetatis et omnium gentium chronici commentarii*, 1516.

Nebrija, E. A., *Gramática sobre la lengua castellana*, ed. Lozano, C. y González Vega, F., RAE, Madrid, 2011.

Ong, W. J. y Hartley, J., *Oralidad y escritura: Tecnologías de la palabra*, FCE, México, 2016.

Osborne, R., *Civilización*, Crítica, Barcelona, 2007.

Pääbo, S., *Neanderthal Man: In Search of Lost Genomes*, Hachette, París, 2014.

Pascual, J. A., *No es lo mismo ostentoso que ostentóreo*, Espasa, Madrid, 2013.

Pedersen, H., *Linguistic Science in the Nineteenth Century: Methods and Results*, Harvard University Press, Cambridge (MA),1931; *The Discovery of Language: Linguistic Science in the Nineteenth Century*, Indiana University Press, Bloomington, [1959] 1962; Forgotten Books, Londres, 2017. *(Sprogvidenskaben i det Nittende Aarhundrede. Metoder og Resultater.)*

Pérez, J., *Los judíos en España*, Marcial Pons, Madrid, 2005.

Pinker, S., *The Language Instict: How the Mind Creates Language*, Harper Collins, Madrid, 1995.

—, *El instinto del lenguaje*, Alianza, Madrid, [1995] 2019.

Pinker, S. y Bloom, P., «Natural Language and Natural Selection», en *Semantics Scholar* (Massachusetts Institute of Technology) y en *Behavioural and Brain Sciences*, 13 (4) (1990).

Platón, *Apología de Sócrates, Menón, Crátilo*, Alianza, Madrid, [2004] 2018.

Priesner, C. y Figala, K., eds., *Alquimia*, Herder, Barcelona, 2001.

Quilis, A. y Casado Fresnillo, C., *La lengua española en Filipinas*, CSIC, Madrid, 2008.

RAE, *Diccionario de autoridades* (1737), ed. facsímil, 3 vols., Gredos, Madrid, 1990.

Ramos Corrada, M., coord., *Historia de la lliteratura asturiana*, Academia de la Llingua Asturiana, Oviedo, 2002.

Regnaud, P., *Principios generales de lingüística indoeuropea*, Consello da Cultura Galega, Santiago de Compostela, 2005.

Renfrew, C. y Nettle, D., eds., *Nostratic*, McDonald Institute for Archaeological Research, University of Cambridge, Cambridge, 1999.

Reynolds, L. D. y Wilson, N. G., *Copistas y filólogos. Las vías de transmisión de las literaturas griega y latina*, Gredos, Madrid, 2013.

Rodríguez Adrados, F., *Lingüística indoeuropea*, Gredos, Madrid, 1975.

—, *Historia de las lenguas de Europa*, Gredos, Madrid, 2019.

Rodríguez-Ponga, R., «Pero, ¿cuántos hablan español en Filipinas?», en *Cuadernos Hispanoamericanos*, 631, enero 2003, p. 45 y ss.

Rosal, F. del, *Origen y etymología de todos los vocablos originales de la lengua castellana*, 1611 (ed. Alvar, M.), CSIC, Madrid, 1992.

Rousseau, J. J., «Essai sur l'origine des langues», *Collection complète des œuvres*, Genève, 1780-1789, 8 (4), disponible en <www.rousseauonline>.

—, *Ensayo sobre el origen de las lenguas*, EUNC, Encuentro, Córdoba (Argentina), 2008.

Rudgley, R., *The Lost Civilizations of the Stone Age*, Simon & Schuster, Nueva York, 2000.

Ruhlen, M., *On the Origin of Languages: Studies in Linguistic Taxonomy*, Stanford University Press, Stanford (CA), 1994.

Ruiz Bueno, D., ed., *Padres apostólicos y apologistas griegos (s. II)*, BAC, Madrid, 2009.

Salvador, G., «Sobre la letra q», Discurso..., RAE, Madrid, 1987.

Salvador, G. y Lodares, J. R., *Historia de las letras*, Espasa-Calpe, Madrid, 2008.

Saussure, F. de, *Curso de lingüística general*, Akal, Madrid, 1980. También en Losada y Alianza.

Sautoy, M. du, *Lo que no podemos saber. Exploraciones en la frontera del conocimiento*, Acantilado, Madrid, 2018.

Schiller, F., *Paul Broca: Founder of French Anthropology, Explorer of the Brain*, Oxford University Press, Oxford, 1992.

Searle, J., *Mentes, cerebros y ciencia*, Cátedra, Madrid, 1985.

—, *Actos de habla*, Cátedra, Madrid, 1986.

—, *El redescubrimiento de la mente*, Crítica, Barcelona,1996.

—, *La construcción de la realidad social*, Paidós, Barcelona, 1997.

Seco, J. M., «El problema conceptual de la etimología popular» (tesis doctoral), 2007.

Shelley, M., *Frankenstein* (ed. Robinson, C. E.), Espasa, Madrid, 2009.

—, *Frankenstein*, Ariel, Barcelona, 2017.

Simonet, F. J., *Historia de los mozárabes de España*, Tello, Madrid,1897-1903.

Spitzer, L., «Perspectivismo lingüístico en el Quijote», en *Lingüística e historia literaria*, Gredos, [1948] 1955. Y en <cvc.cervantes.es>.

Stern, S. M., «Les vers finaux en espagnol dans les *muwaššaḥs* hispano-hébraiques: una contribution...», *Al-Andalus*, XIII, 1948; reproducido en Francisco Rico y Alan Deyermond, eds., *HCLE*, I, pp. 58 y ss.

Stokes Brown, C., *Gran Historia*, Alba, Madrid, 2008.

Suárez, L., *La expulsión de los judíos: un problema europeo*, Planeta, Barcelona, 2012.

Tallerman, M. y Gibson, K. R., eds., *The Oxford Handbook of Language Evolution*, Oxford University Press, Oxford, 2012.

Tanner, N. P., ed., *Conciliorum Oecumenicorum Decreta*, Sheed & Ward, Nueva York, 1990.

*The Book of Jubilees, or The Little Genesis* (trad. Charles, R. H.), Wellesley College, Wellesley (MA), [1855] 1931.

Tito Livio, *Historia de Roma desde su fundación*, I: (IX, 2), Gredos, Madrid, 1990. Y en *History of Rome* (IX, 2), Dent & Sons, Londres, 1905.

Tooke, J. H., *The Diversions of Purley*, Tegg, Londres, [1798] 1840.

Tovar, A., *La lengua vasca*, Biblioteca Vascongada de los Amigos del País, Zarauz, 1950.

Trujillo, R., *El silbo gomero: análisis lingüístico*, Interinsular Canaria, Santa Cruz de Tenerife, 1978.

Valdés, J. de, *Diálogo*, Espasa-Calpe, Madrid, 1976; Castalia, Madrid, 1969; Cátedra, Madrid, 2006; Planeta, Barcelona, 1986; y <cervantesvirtual.com>.

Valeriano, P., *Hieroglyphica*, 1575, disponible en <https://openmlol.it/media/pierio-valeriano>.

Vennemann, T., *Europa vascónica, Europa semítica*, De Gruyter, Berlín, 2003.

Viera y Clavijo, J., *Descripción de La Gomera*, Idea, Santa Cruz de Tenerife, 2007.

Watson, P., *Ideas. Historia intelectual de la humanidad*, Crítica, Barcelona, 2006.

Wittgenstein, L., *Tractatus logicus-philosophicus*, Alianza, Madrid, [2003] 2019. Y <https://es.wikisource.org/>.

Wolfe, T., *The Kingdom of Speech*, Little, Brown & Co., Boston, 2016.

Zaborowski-Moindron, S., *Origen del lenguaje*, Rivas, Bogotá, 1884.

# ÍNDICE ONOMÁSTICO Y ANALÍTICO